わが国70有余年の
監査制度の分析と展望

千代田邦夫 [著]
Chiyoda Kunio

公認会計士の力

中央経済社

まえがき

　監査に従事する公認会計士は「強い」立場にあるように映る。

　なぜなら，被監査会社の作成した財務諸表が企業会計の基準に準拠していないと「文句」を言ってそれを修正させ，会社がその勧告に従わなければ財務諸表には一部重大な問題があると「難癖」をつけ，場合によっては意見表明できないと「突き放し」，稀には財務諸表は不適正だと「断じる」，からである。

　しかし，現実には，彼らは「弱い」立場にある。

　なぜなら，会社と公認会計士との監査契約の締結は，監査報酬の決定を含み会社側が主導権を握っているからである。そして，公認会計士が職業専門家としての自負をもって限定付適正意見を表明すると，多くの場合，任期満了の理由で「解雇」され，財務諸表の適正性を裏付ける監査証拠が入手できず監査意見を表明しない場合には，確実に「追放」される，からである。

　同じプロフェッショナルである弁護士は，ひまわりと天秤をモチーフにした銀製のバッジを胸に付けているだけで，人々は彼らに「尊敬の念」を抱く。

　公認会計士にもバッジは用意されているが，自らの存在に自信を持てないからか，ほとんどの公認会計士は胸に付けていない。たまにバッジを付けていると，仲間の公認会計士から「それ，何？」と尋ねられる。公認会計士の存在意義は薄い。

　だから，往々にして，「やってられるか！」という気持ちになる。

　だが，待てよ！

　言うまでもなく，情報の公開は民主主義の基本である。特に財務情報の開示（財務ディスクロージャー）が現代経済社会の骨格を形成していることは紛れもない事実である。それは，会社の開示する財務情報が，株主，債権者，取引先，従業員，消費者，国や地方自治体等のステークホルダーの意思決定の手段であり，かつ，国家の財政政策にとって欠くことのできない手段だからである。

それ故，その財務情報，特に上場会社や大会社の発表する財務諸表は信頼できるものでなければならない。信頼性を付与された財務諸表は「安全」なので，広範なステークホルダーは，それを「安心」して自らの意思決定の判断材料として活用するのである。

そして，その信頼性を付与する"プロフェッショナル"として公認会計士と監査法人が存在する。国家は公認会計士と監査法人に対してのみ財務諸表に信頼性を付与する権限を与えている。つまり，経営者による不正に起因する財務諸表の重要な虚偽表示の発見という「会計正義」を追求できるのは，公認会計士と監査法人だけだ。

だから，公認会計士や監査法人が頑張らなければ，誰が国民を，誰が国家を救うことができるのか，ということになる。

最初の赴任地である鹿児島での出来事。鹿児島経済大学（現・鹿児島国際大学）の教員のかたわら，地元のバス会社の監査に出かけた。関係会社間での３件の土地の売買が帳簿に記録されていたが，売買契約書は作成されていなかった。私の要請に応え，数週間後，会社は３件に係る青焼きのコピーの売買契約書を提示した。

土地の売却会社と購入会社の印鑑はそれぞれの会社の経理部長の認印であった。こんな大事な契約書が認印か。そして，売買契約書に貼られた収入印紙60,000円の「消印」が気になった。消印の位置と印影が３件ともほとんど同じだったのである。同一人が作成したのではないか？　原本を見せてほしいと要請したところ，原本は社長が保管し，出張中なので無理だと担当者は答えた。

その夜，経理部長に誘われ会食した。普段はあまり飲まない部長が焼酎の勢いで，タイプで打った売買契約書に60,000円の収入印紙を置き，セロハンの上から自分が机の中に保管している関係会社の経理部長の印鑑を押し，それをコピーした，と自責の念に駆られ吐露した。60,000円の収入印紙は未使用として残り，３通の売買契約書が作成されたのである。25歳の私は震えた。

と同時に，なぜ公認会計士監査が軽く扱われているのかを考えさせられた。私に，わが国の公認会計士監査制度の輸入元である米国における初期の公認会計士監査への関心を喚起させてくれた「貴重な事件」であった。

その後，多くの先輩のご厚意により，銀行，証券，ゼネコン，造船会社，農機具メーカー，繊維会社，運輸会社，ガス会社，専門商社，テレビ局，ホテル，ゴルフ場，スーパー，ノンバンク，学校法人，農業協同組合，地方自治体等々の監査に従事した。

監査人に必要な「独立性」とは，監査人としての実力を備えること，と確信した。問題点の発見と追及，論理的な説得力，そして大所高所からの的確な判断こそ，独立性を支える要因である。

わが国の公認会計士監査制度は，多くの問題を抱えながらも，そして厳しい批判に晒されながらも，着実に前進している。先人に感謝しつつ，"カンサ"ということばの響きに惑わされることなく，豊かな感性をもった若者がこの業界に関心をもち，世界で活躍してくれることを大いに期待している。

そんな思いを込めて，本書は，わが国公認会計士監査制度70有余年を分析し，今後の公認会計士監査制度の展望について考察する。

著　者

目　　次

まえがき　I

第1章　公認会計士監査は「盲腸」？

〔英国・米国の初期職業会計士監査状況〕………………………………… 1
1　わが国における公認会計士監査制度の導入 …………………………… 11
2　監査法人 信頼の危機 ──「しっかりしてよ 監査法人」………… 14
3　日本列島総不況 ………………………………………………………… 16
4　会計ビッグバン ………………………………………………………… 18
5　公認会計士監査制度50年「総括」…………………………………… 20

第2章　連結会計
── 企業の透明性の向上とグループ力の強化 ──

1　連結財務諸表の導入 …………………………………………………… 25
2　連結経営 ………………………………………………………………… 27
3　連結キャッシュ・フロー計算書 ……………………………………… 31

第3章　税効果会計
── 銀行には朗報！　が，りそな銀と足利銀 ──

1　税効果会計 ……………………………………………………………… 35
2　税効果会計の問題点 ──"水膨れ" ………………………………… 37
3　監査の厳格化と日本公認会計士協会の対処 ………………………… 38
4　税効果会計に係る事件 ………………………………………………… 40

第4章 「激震」会計基準
── 時価評価と減損 ──

1 販売用不動産の時価評価 …………………………………… 47

2 有価証券の時価評価 ………………………………………… 50

3 固定資産の減損会計 ── 政治からのプレッシャーを跳ね除ける

…………………………………………………………………… 54

第5章 労働者諸君　注目せよ！　退職給付引当金

1 退職給付引当金 ……………………………………………… 63

2 退職給付債務の積み立て不足 ……………………………… 65

3 前倒し加速 …………………………………………………… 66

4 退職給付会計義務化 ── 積み立て不足が「直撃」…………… 67

5 退職給付会計処理のバラツキ ……………………………… 68

6 経済状況に左右される年金財政 …………………………… 69

第6章 克服！ "会計ビッグバン"
── 日本の「地力」──

1 "会計ビッグバン"の影響 …………………………………… 75

2 特筆すべき事項 ……………………………………………… 78

第7章 国際会計基準
── 欧 vs. 米　会計戦争 ──

1 国際会計基準前史 …………………………………………… 81

2 わが国の会計基準設定主体 ………………………………… 83

3　EU，米国へ「会計戦争」を仕掛ける ……………………………… 84

4　国際会計基準に対する日本の姿勢 —— 会計外交戦略の欠如 ……… 85

5　EU，国際会計基準スタート，そして「同等性評価」…………… 87

6　米国と欧州との主導権争い —— 会計外交の行方　岐路に立つ日本

………………………………………………………………………… 88

7　トヨタ，国際会計基準に移行 …………………………………… 90

第8章　「対等合併」禁止と「のれん」の償却

1　持分プーリング法の人気と乱用，そして廃止 ………………… 93

2　わが国における展開 ……………………………………………… 95

3　議論再燃 —— のれんの定期償却 ……………………………… 97

4　膨らむ「のれん」と日本基準の孤立 …………………………… 99

第9章　米国の「力」
—— 監査風土の理解 ——

1　米国における1930年代〜1970年代 …………………………… 104

2　コーエン委員会報告書（1978年）と SAS No.16 ……………… 106

3　トレッドウェイ委員会報告書と SAS No.53（1988年）………… 111

4　POBの特別報告書と SAS No.82（1997年）…………………… 121

5　オマリー委員会報告書と SAS No.99（2002年）……………… 125

6　「創造的な刺激物」の成果と公認会計士の社会的責任 ………… 131

第10章 "クローズアップ" ── 財務諸表の虚偽表示の発見 ──

1 わが国の監査の基準 …………………………………………… 136

2 国際監査基準 …………………………………………………… 140

第11章 監査リスク・アプローチの本質

1 米国における監査リスク・アプローチの展開 ………………… 143

2 監査リスク・アプローチの2つの機能 ……………………… 146

3 重要性概念と重要性の基準値の決定 ………………………… 148

4 監査リスク・アプローチによる監査報告書 ………………… 150

5 ビジネス・リスク・アプローチと重要な虚偽表示 ………… 153

第12章 なに？ 職業的懐疑心

1 米国における展開 …………………………………………… 157

2 わが国の監査の基準 ──「職業的懐疑心」が躍る！ ………… 159

3 職業的懐疑心は浸透しているか？ …………………………… 161

4 国際監査基準 …………………………………………………… 162

5 「中立的な観点」から「推定上の疑義」へ，そして
「完全な疑義」へ …………………………………………… 164

第13章 監査現場が危ない！ ── なぜ不正を発見できないのか？ ──

1 監査人のミッションを忘れるな！ …………………………… 168

2	準備せよ！	169
3	仕訳の裏に存在する経済実態を把握せよ！	170
4	異常点や不規則性の発見に傾注せよ！	170
5	"バックテスト"を駆使せよ！	172
6	「誤謬」を軽視するな！	173
7	監査チームでの"ミーティング"を活発化せよ！	173
8	監査に対する姿勢が後ろ向きになっていないか！	174
9	納得のいく監査調書の作成を！	175
10	マネージャーは「監査現場のリーダー」であることを自覚せよ！	176

第14章 監査現場が危ない！
── すべての責任はパートナーにある ──

1	監査チームの編成は適切か？ ── 顧客は見ている	181
2	監査業務がベルトコンベアー式の「単なる作業」に陥っていないか？	182
3	監査チームでの"ブレーン・ストーミング"に指揮を執れ！	183
4	監査チームの査閲（レビュー）機能をいっそう強化せよ！	185
5	パートナーは現場に出よ！	186
6	パートナーは社長面談に全力を尽くせ！	187
7	他のチームのパートナーと議論せよ！　協働せよ！	187
8	「公認会計士監査の限界」を過度に強調していないか？	188
9	パートナーは被監査会社に関するデータベースの構築に前向きに取り組め！	189
10	財務諸表の「その他」には何かが潜む ── ブルータス，お前もか！	189

第15章 "ガラガラポン" ができなかった中央青山監査法人

1 中央青山の驕り ……………………………………… 196
2 カネボウ粉飾事件 ………………………………… 197
3 みすず監査法人スタート ………………………… 201
4 みすず監査法人解散 ……………………………… 201

第16章 東芝粉飾大事件
—— 陽はまた昇る？ ——

1 第三者委員会調査報告書 …………………………… 206
2 粉飾決算 —— 高度かつ巧妙な手口 ……………… 208
3 新日本監査法人の監査の「失敗」と金融庁による処分 ……… 218
4 ウェスチングハウス社破綻 ……………………… 219
5 東芝の業績 ………………………………………… 220

第17章 「安全港」を解放せよ！
—— 重要性の基準値 ——

1 第三者委員会調査報告書のウェスチングハウス案件 ………… 225
2 なぜ，167百万米ドル？ …………………………… 227
3 東芝に服する新日本監査法人 …………………… 228

第18章 監査法人にとっての潜在リスク
—— 監査人の異動 ——

1 なぜ，三菱重工業は監査人を変えたのか？ …………… 233
2 伝統を守ることとその危機 —— "監査人のローテーション" …… 237

補章 1 歴史的文書
―― コーエン委員会報告書 ――

1　社会における監査人の役割 …………………………………… 242

2　財務諸表に対する意見の形成 ………………………………… 244

3　財務諸表上の重要な未確定事項に関する監査報告 ………… 245

4　不正の発見に対する責任の明確化 …………………………… 246

5　企業の会計責任と法 …………………………………………… 251

6　監査人の役割の境界とその拡大 ……………………………… 251

7　監査人から利用者への伝達 …………………………………… 252

8　監査人の教育，訓練及び能力開発 …………………………… 252

9　監査人の独立性の維持 ………………………………………… 253

10　監査基準の設定過程 …………………………………………… 254

11　監査業務の質を維持するための会計プロフェッションに対する
　　規制 ……………………………………………………………… 254

補章 2 内部統制概念の「拡充」
――「統制環境」とは？ ――

1　外部監査から見た内部統制 …………………………………… 257

2　海外腐敗行為防止法 …………………………………………… 260

3　内部統制概念の拡充 …………………………………………… 263

4　「統制環境」が大きくクローズアップ ……………………… 265

5　COSO報告書 …………………………………………………… 266

6　サーベインズ・オクスリー法とわが国の内部統制監査 …… 269

あとがき　273

索　引　277

◆本書における文献引用等と記述スタイル

1 　文書の引用については原文の用字のまま収録し，読みにくいと思われる語句については振り仮名を付しました。

2 　引用した原文の〔　〕内は，千代田による原文の修正または補足説明です。

3 　■の太字表記は，千代田の見解です。

第 1 章

公認会計士監査は「盲腸」？

〔英国・米国の初期職業会計士監査状況〕

図表1−1を見てほしい。

図表1−1　英国・米国・日本における公認会計士監査制度の展開

注目すべきは，1844年，1896年，1900・1908年，1933・34年，1948年，1957年である。

(1) 英国の状況

世界の公認会計士監査制度は英国を起源とする[1]。

1825年に100年の長きにわたって続いた「泡沫会社禁止条例」（The Bubble Act, 国王の勅許状（royal charter）または議会の承認を得ていない会社が株式を発行することを禁止。1720年制定）を廃止した英国は，1844年，世界で初めて会社の設立に準則主義を認めた「ジョイント・ストック・カンパニーの登記・設立・定款についての法律─登記法」（An Act for the Registraton, Incorporation, and Regulation of Joint Stock Companies ── Joint Stock Companies Registration Act）を制定した。ここで見逃してはならないことは，同法は，一般出資者保護の見地から，取締役に対して，会計帳簿の適切な保全，完全かつ真実な（full and true）貸借対照表の作成と株主及び登記吏（Registrar）への送付（株主に対しては年次総会の10日前，登記吏に対しては年次総会後14日以内）の義務を課し，また，会社の設立に際して株主の中から監査役（auditor）を選任し，以後も年次株主総会においてこれを選任すべきこと，監査役は貸借対照表の監査を行い，その結果を年次株主総会で報告すべきこと，監査役の監査報告書も貸借対照表とともに株主及び登記吏に送付すべきこと等を定めたことである。

翌1845年，鉄道等の公益事業会社を対象とする「会社約款総括法」（Companies Clauses Consolidation Act）は，取締役の会計責任を強化し，帳簿記帳及び計算書作成の義務をさらに詳細に指示するとともに，その108条（「監査役の権限」）において，「監査役は，自ら適当であると認める会計士その他の者を会社の費用で委嘱することができる」（It shall be lawful for the auditors to employ such accountants and other persons as they may think proper, at the expense of the company）という規定を設けることによって，会計士等が監査役の補助者として会計監査を行い得る資格を有することを公的に認めたのである[2]。

■1844年法と1845年法は，会計・会計監査の視点からも画期的である。一方，日本は江戸時代。当時オランダ王国が幕府に書簡で開国を勧告し，フランス軍艦や英国軍艦が琉球や長崎に来航していた時である。また，1844年はメンデルスゾーンがあの「ヴァイオリン協奏曲」を作曲した時でもある。

そして，1856年の「ジョイント・ストック・カンパニー法」（Joint Stock Companies Act）は，会計及び会計監査に関する規定については強制規定とせず，

任意規定として模範定款の付則B表（Table B）に「後退」させたが，その76条で「監査役は自社の株主であることを要しない」（The Auditors need not be Shareholders in the Company）と規定した。つまり，会計士は，監査役にも選任されることになったのである。

さらに，「有限会社法に関する大憲章」（Magna Carta）とも呼ばれ，従前の諸法規の一切を総括した同国最初の一般的な株式会社立法である「1862年会社法」（Companies Act of 1862）も，56年法と同様，会計及び会計監査に関する規定は強制規定とせず，模範定款としての付則A表（Table A）としたが，山桝忠恕教授は，次のように指摘する[3]。

「この62年法により，またこれに先立つ56年法にしても，監査に関する規定を強制の枠からは外していたものの，それは立法自体の建前についてのことであり，実際には，やはりそれらの付則に示された模範定款をほとんどそのまま採用する会社も少なくなく，多数の会社に監査役がおかれ，しかもそれらの監査役が会計士にその監査を補助せしめる傾向も，年とともに一般的となっていった。そして，一方で監査思想の普及が進み，他方で会計士の資質の向上を見るにつれ，この傾向を更に推しすすめ，むしろ株主総会で会計士自体を監査役に選任し，それらの会計士をして直接会計監査にあたらせるほうが良いという空気をも生み，たまたま56年法の付則B表の76条や62年法の付則A表の86条が，監査役は必ずしも株主であることを要しないものとしていたことからして，漸次，監査役，またはそのうちの1名に，会計士を選任する慣習さえも芽生え始めた。それゆえ，この1862年の会社法の制定によって，他のどのような専門的職業にもまして恩恵をかち得たのは，やはり会計士界ではなかったか，ともいわれている。……したがって，この62年法に特に好感を寄せ，同法をもって，会計士の味方（accountants' friend）と呼ぶに値するなどとまで，述べている史家さえあるほどである」

その後1870年代に起こったグラスゴー市銀行（City of Glasgow Bank）の破産事件を直接の契機として，62年法を補足するため79年に公布された「会社法」（Company Act of 1879）では，強制監査復活への道を一歩進め，新しく保証責任制度の下に設立される銀行業に対してだけではあったが，会計士の資格を有する監査役による年度監査の強制を命じるに至ったため（7条），その後

同法によって設立された主要銀行の多くが，株主による監査の代わりに，チャータード・アカウンタントを起用し始めたのである。それゆえ，この79年法についても，同法をもって，チャータード・アカウンタントに対して重要性をもつ最初の法律である，と評価する学者もある[4]。チャータード・アカウンタントについては後述する。

20世紀に入ってからの同国では，産業界自体の発展に伴い，会計ならびに監査の重要性に対する社会的な認識が，ますます増大することになる。そして，1900年の「会社法」（Companies Act）及び1908年の「総括会社法」（Companies Consolidation Act。1862年法及びその後の補足法規を統合・総括・補修した集大成）は，ついに一般会社の計算と監査に関する強制規定を復活し，すべての会社は少なくとも1名の監査役をもつべきこと，監査役の選任方法や権限と職責の範囲を定めるべきことなどを命じるに至ったのである。

したがって，20世紀に入るとともに，株式公開会社に関するかぎり，監査役の監査を受けることが強制され，監査役は，登記吏に対して提出する計算書類（貸借対照表のみ）に関し監査報告書を作成する義務を負うこととなった。■今から125年も前である。

さらに，1929年の「会社法」（Companies Act。1908年の「総括会社法」に次ぐ「第2次総括会社法」ともいうべき重要な法律）は，監査役の欠格事由を明確にすることにより，身分面の資格をいっそう厳しくするとともに，その権限を強化することによって，制度の実効性の確保を図るに至った。また，同法は，損益計算書を添付した貸借対照表を株主総会に提出することも命じた。ただし，損益計算書については依然としてウエイトの置き方が軽く，その様式や記載事項等については何の指示もなく，また，監査役が監査報告書において損益計算書の内容にまで言及すべきことも，明らかにはなっていなかった[5]。

英国の職業会計士とその業界の動きを見てみよう。

上述のような立法過程において，1845年，27歳のW. W. Deloitte は "W.W. Deloitte" という名称で事務所を開設した[6]。そして，彼は，1849年，当時の英国のリーダーカンパニーであった Great Western 鉄道の監査役の補助者として雇用されたという[7]。同事務所は，その後 Deloitte, Dever, Griffiths & Co. と

名称変更（1873年から1905年まで），現在は Deloitte & Touche である。

　1849年，S. L. Price は，ロンドンに事務所を開設，1874年に Edwin Waterhouse とともに Price, Waterhouse & Co.（PW）を設立した[8]。

　1854年には William Cooper（13人兄弟の長男）がロンドンに事務所を開設，同年 Arthur Cooper が加わり，1861年には Francis Cooper が，64年には Ernst Cooper も合流し，Cooper Brothers & Co. を組織した[9]。

　このように，現在，世界をリードする4大会計事務所のうち2つの事務所は，1850年代までに誕生したのである（PW と Coopers は1998年に合併。PwC（PricewaterhouseCoopers）となる）。

　そして，1853年，スコットランド地区（Scotland）のエディンバラにおいて，英国（おそらく世界で）最初の会計士協会が設立された。同協会は，翌54年10月に法人組織に切り替え，「エディンバラ会計士協会」（The Society of Accountants in Edinburgh）と名付けた。そして，ヴィクトリア女王から勅許状を授けられたのである。また，同年，スコットランド南西部に位置するグラスゴーにも「会計士・保険数理士協会」（The Institute of Accountants and Actuaries in Glasgow）が発足，55年に勅許状を受けた。1866年にはスコットランドの東部の港町アバディーンにも会計士協会（The Society of Accountants in Aberdeen）が組織され，67年に勅許状が与えられた。それ以来，これら3つの勅許状を授けられた協会に所属する会計士達は，自らを"チャータード・アカウンタント"（chartered accountant）と称するに至った。「スコットランドはウイスキーと会計士を生んだ」といわれる所以である。

　イングランド地区（England）においては，スコットランド地区から多少おくれ，1870年1月リバプールに The Incorporated Society of Liverpool Accountants が，同年11月ロンドンに The Institute of Accountants in London が，翌71年2月マンチェスターに The Manchester Institute of Accountants が，72年1月ロンドンに The Society of Accountants in England が，77年3月にはシェフィールドに The Sheffield Institute of Accountants が，いずれも会社法に基づく法人協会として発足した。そして，1880年5月には，これらの5協会が合同し，国王の勅許状を得て，「イングランド・アンド・ウェールズ勅許会計士協会」（The Institute of Chartered Accountants in England and Wales）

を組織するに至った[10]。

　さらに，アイルランド地区（Ireland）では，1888年に「アイルランド勅許会計士協会」（The Institute of Chartered Accountants in Ireland）が設立された。ここに英国連合王国（United Kingdom）の３地区はいずれも勅許状に基づく協会を有することになったのである[11]。

　■以上を概観すると，英国における職業会計士とその業界の発展は，一般出資者を保護するための会社法の展開に大きく依拠しているのである。

(2)　米国の状況

　かの A. C. Littleton によると，1870年には，ニューヨークに12人，フィラデルフィアに14人，シカゴに２人，合計28人が，自らを「会計士」（accountant）として商工人名録（directory）に登録していたという[12]。彼らは，「もつれた勘定を整理します」（Tangled Accounts Straightened Out）と広告し，また，会社が倒産した時の「財務検死官」（financial coroner）とも揶揄されていた[13]。

　1887年８月20日，今日の米国公認会計士協会（AICPA：American Institute of Certified Public Accountants）の起源となる「米国公会計士協会」（AAPA：American Association of Public Accountants）が，会計士のみで構成する全米初の職業会計士団体として正会員24人，準会員７人をもって設立された[14]。

　ところで，1888年末から1889年初めにかけて，スコットランドやイングランドのチャータード・アカウンタントが大挙して渡来している。彼らは，アメリカで評判のよい会社を買収して新たに組織した会社の株式をロンドン市場で発行するための準備調査として，ロンドンのシンジケートによって派遣されたのである。シンジケートが狙いを定めた会社は例外なく醸造会社であった。その結果，1888年から1890年にかけて，ロンドン証券取引所には17社の新醸造会社の株式が上場された[15]。

　さらに，ほぼ時を同じくして1889年から1893年にかけて米国では企業合同が行われた。それは10年後の合同運動に比べると小規模であったが，ここでもスコットランドやイングランドの会計士が活躍している。例えば，デロイト事務所は，Procter ＆ Gamble がパートナーシップから株式会社へと組織変更した1889年に財産評価や新会社の会計システムの設計を依頼された[16]。そして，

同社の2023年度報告書に含まれる Deloitte & Touche の監査報告書（2023年8月4日付）は，「我々は1890年以来当社の監査人である」と付記している（"We have served as the Company's auditor since 1890."）[17]。今日までなんと135年間も継続しているのである。

このような状況のなかで，会計職業を展望したスコットランドやイングランドの会計事務所は，米国に「支店」を開設するのである。Price, Waterhouse & Co. は，1890年9月，ニューヨーク・ブロードウェイ45番地に Jones, Caesar & Co. という名称で米国事務所を設立[18]。また，同年，Deloitte, Dever, Griffiths & Co. も，ウォールストリートに事務所を構えた[19]。

1894年には，ダラスゴー大学を卒業し1890年に米国に渡ってきた Arthur Young が，C. W. Stuart とともにシカゴに Stuart & Young を設立した[20]。

そして，1895年，1886年より会計士業務を開始していた C. W. Haskins は，鉄道会社の内部監査人や財務部長を経験した E. W. Sells とともにニューヨークに Haskins & Sells を組織した[21]。その後の"ビッグ8"（8大会計事務所）の中で初の米国生まれの事務所である。

ところで，1893年6月に始まった恐慌は急激に全土を覆い，多くの鉄道会社が倒産した。その再建過程において，米国に新たな事務所を設立した勅許会計士が活躍するのである。当時の代表的な金融・証券の週刊誌である *The Commercial & Financial Chronicle* は，1897年10月9日号の社説（editorial）で，「鉄道会社では独立監査人による会計監査を採用することがまったくの流行（fashion）となった[22]」と伝えた。そして，Nashville Chattanooga & St. Louis Railway の社長は，1899年度報告書において，「多くの有力な鉄道（a number of leading railroads）がその年次報告書に対し会計士による監査を受けることを慣行（custom）としている。当社も年次会計監査を受けることが有益であると判断した[23]」と述べている。会計士による鉄道会社の会計監査は，19世紀末までに"ファッション"から"カスタム"になったのである。

19世紀末から20世紀初頭にかけて鉱工業における企業合同が大規模に展開された（「第1次企業合同運動」という）。この過程で，会計士は，J. P. Morgan や J. & W. Seligman & Co. のような投資銀行から大いに利用された[24]。

1897年には，スコットランド出身のJames MarwickとS. R. Mitchellが
ニューヨークにMarwick & Mitchellを組織している[25]。その後1911年に
Marwick, Mitchell, Peat & Co.，1925年にPeat, Marwick, Mitchell, & Co.と
名称変更，1987年にKlynveld Main Goerdeler（KMG）と合併，現在のKPMG
となる。

1898年，Lybrand, Ross Bros. & Montgomeryがフィラデルフィアで設立さ
れた[26]。R. H. Montgomeryの著作を含めた活躍はわが国でも広く知られている
が，その後，同事務所はCoopers & Lybrand（1973年）を経て，現在は
PwC（PricewaterhouseCoopers）である。

1900年3月，英国出身のG. A. ToucheとJ. B. Nivenによって Touche, Niven
& Co.が設立された[27]。1969年にTouche Ross & Co.と名称変更，1989年に
Deloitteと合併，現在のDeloitte & Toucheである。

1903年にはA. C. ErnstとT. C. Ernstの二人の兄弟がクリーブランドにErnst
& Ernstを組織した[28]。1989年にArthur Young & Co.と合併，現在のErnst
& Youngとなる。

このように，この第1次企業合同運動の期間中，その後の"ビッグ8"を
構成する3つの事務所（PW，H&S，AY）は大いに成長し[29]，他の4つの事務
所（M&M，LRM，TN，E&E）もこの期間中に誕生している。会計士に対する
需要の大きさを物語るものである。

1896年4月17日，先のAAPA（6頁）の努力により，ニューヨーク州におい
て全米初の「公認会計士法」（The Act to Regulate the Profession of Public
Accountants）が成立した[30]。このニューヨーク州公認会計士法は，同州の
「会計職審査会」（Board of Accountancy）に対し，試験等を含む一定の基準を
満たした者に"Certified Public Accountant"（CPA）という名称の使用を許可
する権限を付与した。AAPAは，州が与えるライセンスの「権威」を通して
有能な会計専門家という"スタンプ"を得ることにより，公認会計士のステー
タスと業界のポジションを高めることを狙ったのである。

3年後の1899年，ペンシルヴァニア州も公認会計士法を制定した[31]。

そして1921年，最後の48番目にニューメキシコ州が公認会計士法を制定し

た[32]。しかし，1896年のニューヨーク州以後，全米が公認会計士法を保持する
までに25年も要したという事実は，公認会計士に対する「社会的認識度」と
いう点からは，決して順調とはいえなかったことを示している。

　次に，米国の主な製造・商業会社の株主宛年次報告書の財務諸表に対する
職業会計士監査の導入状況について紹介する（次頁の**図表１－２**）。詳細につい
ては，拙著『闘う公認会計士―アメリカにおける150年の軌跡』（中央経済社，
2014年，23-27頁）を参照してほしい。

　すでに指摘したように，鉄道会社の株主宛年次報告書の財務情報（主として
貸借対照表）に対する職業会計士監査はおよそ1893年以降に始まったが，製造・
商業会社については，少し遅れて1890年代中頃から開始された。

　そして，1920年末までには次のように展開された。すなわち，私の調査に
よると，1920年12月31日現在，ニューヨーク証券取引所に株式を上場している
会社のうち *The Commercial & Financial Chronicle* の株式欄に掲載されて
いる「製造業等」205社のうち，清算・合併・会社名の変更等により確認できな
かった31社を除く174社のうち96社，55％は，職業会計士監査を導入していた。
さらに，5年後の1925年12月31日には，上記の「製造業等」356社のうち
287社，8割を超える会社が外部監査を採用していることが判明した[33]。

　なお，1932年6月30日号の *Fortune* は，ニューヨーク証券取引所上場全1,056
社のうち財務諸表に対する職業会計士監査を採用している会社は701社，66％
であることを明らかにした[34]。

　そして，大恐慌後の1933年に証券法（Securities Act）が，翌34年に証券取引
所法（Securities and Exchange Act）が成立（この34年法により SEC：Securities
and Exchange Commission が設置された）。米国は「法定監査」の時代に入って
いくのである。

　■このように，米国における職業会計士監査は1930年代初頭にはすでに制度
として確立していたといえる。そして，この「任意監査」約50年という経験が，
米国社会の公認会計士に対する理解と受容に大きな影響を及ぼしているので
ある。

図表 1 - 2 株主宛年次報告書の財務諸表に対する外部監査

採用年度	会 社 名	職業会計士名
1894	Anaconda Copper Mining Co.	Jones, Caesar & Co.
1898	General Electric Co.	Patterson & Corwin
〃	The United States Rubber Co.	Bragg & Marin
1902	U.S. Steel Corporation	Price, Waterhouse & Co.
〃	Eastman Kodak Co .	Price, Waterhouse & Co.
1906	Westinghouse Electric Corp.	Haskins & Sells
〃	Sears, Roebuck & Co.	Deloitte. D. Griffiths & Co.
1907	International Harvester Co.	Haskins & Sells
1909	The Goodyear Tire & Rubber Co.	The Audit Co. of New York
1910	E.I.Du Pont De Nemours Powder Co.	Public Accountant
〃	Otis Elevator Co.	CPA
〃	The May Department Stores	Touche, Niven & Co.
1911	Computing-Tabulating-Recording Co.(IBM)	The Audit Co. of New York
〃	F.W. Woolworth Co.	The Audit Co. of New York
1912	B.F. Goodrich Co.	Lovejoy, Mather & Hough
1913	Swift & Co.	CPA
〃	Pabst Brewing Co.	Price, Waterhouse & Co.
1915	Remington Typewriter Co.	Price, Waterhouse & Co.
1917	J.C. Penney Co.	M. Mitchell, Peat & Co.
1918	General Motors Corporation	Haskins & Sells
1919	Radio Corp. of America	CPA
1920	The Coca Cola Co.	Wolf and Co.

(注) The Audit Co. of New York とは，Louisville & Nashville 鉄道の取締役会議長 August Belmont が1897年に設立した会計監査を売り物とする資本金10万ドルの株式会社である。

1 わが国における公認会計士監査制度の導入

(1) 証券取引法と公認会計士法の制定

1945（昭和20）年8月15日，第二次大戦が終わった。連合国軍最高司令官総司令部（GHQ：General Headquarters）は，経済民主化政策の一環として財閥解体を命じた。1946年9月末時点において，三井，三菱，住友，安田の4大財閥とその他6財閥（鮎川，浅野，古河，大倉，中島，野村）傘下の会社の払込資本金合計は，前者が79億円，後者が114億円，合計193億円で，当時の全国の会社資本金合計323億円に対して，10大財閥は59.7％も占めていたのである[35]。この膨大な株式が放出された。

また，戦時中に政府が企業に支払いを約束した軍需補償がGHQ命令により打ち切られたことによる特別損失を処理するために企業再建整備法が制定され，対象となる特別経理会社約8,000社は，旧資本金131億円のうち38億円を減資した後に，あらためて420億円を増資した[36]。

このような株式放出と新たな株式の募集により，1945年に167万人であった個人株主は，4年後の1949年には419万人と約2.5倍にも増加した[37]。

そこで，1948（昭和23）年5月，投資者保護を目的とする証券取引法が制定され，また，同年7月には公認会計士法も成立，公認会計士監査が導入されたのである。この証券取引法に基づく公認会計士監査制度が，9頁で指摘した米国の連邦証券二法，つまり，1933年証券法（わが国の現在の金融商品取引法との関係では，有価証券の発行市場に係わる有価証券届出書に関する法律）及び1934年証券取引所法（金融商品取引法との関係では，有価証券の流通市場に係わる有価証券報告書に関する法律）を範とするものであることは，周知の事実である。

■もう一度，図表1-1を見てほしい。1948年に注目しよう。同年，わが国においては証券取引法と公認会計士法が成立した。その年，英国の会社法は「監査役は勅許会計士の資格を有する者」と限定し，勅許会計士（チャータード・アカウンタント）の存在意義をいっそう強固なものとした。また，米国においては，1896年にニューヨーク州で初の公認会計士法が制定されてから52年目に当たる。したがって，わが国の公認会計士監査制度は，英国の1844年登記

法から遅れること約100年，米国ニューヨーク州の公認会計士法から遅れること約50年後にスタートしたのである。

そして，1951（昭和26）年から始まった5年有余の「会計制度監査」（内部統制組織の整備及び運用状況の監査や貸借対照表の重要項目の監査等のいわば「準備監査」のこと。当初の対象会社は446社，公認会計士は400名弱）を経て，「正規の財務諸表監査」（財務諸表全体に対する意見の表明を目的とする監査）が，1957（昭和32）年1月1日以降に始まる事業年度から開始されたのである。

正規の財務諸表監査開始時点における，監査対象会社は952社，公認会計士は1,185名[38]。現在は金融商品取引法監査4,201社，会社法監査6,043社，合計10,244社（2023年3月31日現在），公認会計士35,781名（2024年4月30日現在）。監査対象数で約10.7倍強，公認会計士数では約30倍である[39]。

(2) 監査法人の発足と合併

1961年，"銀行よサヨウナラ，証券よコンニチワ"という株式ブームのなかで，東京・大阪・名古屋証券取引所に市場第二部が開設された。これに伴い新規上場申請会社に対する公認会計士監査が開始され，公認会計士業界は拡大していった。

しかし，1964年半ばすぎから次第に色濃くなった不況は65年に入ると一段と深刻化し，企業倒産が増加。1964年の日本特殊鋼とサンウエーブ工業に続いて，65年には山陽特殊製鋼や厚木ナイロン工業も倒産した。とりわけ山陽特殊製鋼の場合，その負債額は480億円という戦後最大の倒産であり，しかも同社の長期間にわたる大規模な粉飾決算が明らかとなり，大蔵省が有価証券届出書と有価証券報告書の虚偽記載を理由に，会社及び経営者を告発した初めての事件であった。世論は粉飾決算を行った経営者を厳しく追及するとともに，これを見逃し，虚偽証明を行った公認会計士に対してはもちろんのこと，公認会計士制度全体に厳しい批判を浴びせた。なお，山陽特殊製鋼は，1964年上場廃止，20年後の1985年東証第一部に再上場，再上場までになんと20年を要している。粉飾決算の代償がいかに大きいかを如実に物語っている。現在は日本製鉄の子会社である。

このため，1966（昭和41）年，監査人の独立性を強化し，監査の有効性を確保する観点から監査法人制度が創設された。監査法人第1号は，1967年1月に承認された監査法人太田哲三事務所である（その後，新日本監査法人の設立に参加）。第2号は同年5月に監査法人栄光（その後のセンチュリー監査法人），翌68年5月に等松青木監査法人（現・監査法人トーマツ），同年12月に監査法人中央会計事務所，69年3月に監査法人第一事務所（その後のセンチュリー監査法人），同年7月に監査法人朝日会計社（現・あずさ監査法人）と続いた。

1974（昭和49）年の商法特例法によりこれまでの証券取引法に加え商法も，資本金10億円以上の株式会社に対し会計監査人（公認会計士または監査法人）による監査を強制した。その後，ロッキード，ダグラス，グラマン等一連の航空機購入にまつわる疑惑と企業の不正支出が発覚したため，1982年10月より被監査会社の範囲は，「資本金5億円以上」または「負債の合計額が200億円以上」のいずれかの基準を満たす株式会社（「大会社」という）に拡大されたのである。

そして，1985（昭和60）年の「プラザ合意」（G5財務大臣・中央銀行総裁会議により発表された，主に日本の対米貿易黒字の削減の合意）がきっかけに，円高対応で日本企業による海外子会社の設立が急増，また金融のグローバル化により日本企業のニューヨーク証券取引所への上場や海外起債等も見られた。これらに対応するために，大手監査法人は米国の監査法人との連携を進めた。

同時に，国内では大手監査法人同士の合併が加速した。企業の国際化やコンピュータ化が急展開するなかで，監査法人としても国際化時代のリスクに備えるために，経営基盤をより強固なものにする必要があった。1985年7月に監査法人朝日新和会計社，同年10月に太田昭和監査法人，1986年にはサンワ・等松青木監査法人，1988年には中央新光監査法人が組織された。

■このように，わが国の公認会計士監査は，証券取引法と商法という法律に守られ，経済の発展とともに「成長」したのである。そして，英国のチャータード・アカウンタントによる監査も，会社法の展開に大きく依拠したことについてはすでに指摘した（6頁）。その意味で，両国の職業会計士監査の進展には相通じるものがある。

2 監査法人 信頼の危機 ──「しっかりしてよ 監査法人」

経済企画庁の「平成11〔1999〕年度年次経済報告」（経済白書）は，次のようにいう[40]。

「1989年12月29日（大納会），日経平均株価が史上最高の38,900円を記録した。しかし，1990年代に入ると株価は90年初から急落，上昇していた地価もそれを追うように暴落を始めた。大規模な景気後退，『バブルの崩壊』が起こった。90年から94年にかけての日本経済は下り坂を転がり落ちていった。

1995年1月，阪神淡路大震災が発生した。〔悲惨であったが〕日本経済には予想外の需要が追加された。設備投資や生産が好調だった。また95年4月の1ドル79円を天井として円為替レートが下降し始めたことも景気波動には有利に働いた。90年のバブル崩壊後で比較的経済が良好だったのはこの1995年度，96年度の2年間である。GDP成長率は，95年度3.0％，96年度4.4％，平均株価も95年7月から96年6月までの間には56％も上昇している」

ところが，1995年頃から監査法人と公認会計士業界は"嵐"のなかに置かれたのである。

1995年12月20日の日本経済新聞は，兵庫銀行や住宅金融専門会社等の破綻に関連し，「公認会計士は，『金融システムの安定維持』という錦の御旗の影に隠れ，投資家に対する監査責任を十分に果たしてきたとは言い切れない。会計士は，『護送船団方式』に寄り掛かった会計監査からの脱却を求められている[41]」と伝えた。

2カ月後の1996年3月，同紙は，「公認会計士監査に対する批判が高まっている。財務諸表が適正だとされた企業が1年ももたないうちに何千億という損失を計上するという例が相次いでいる。会計士には顧客である企業に遠慮する傾向がまだ残っている。会計士批判に十分こたえよ[42]」と報じた。

同年5月，朝日新聞は，「ノーといえる会計監査に」と厳しく糾弾した。

「金融機関の監査では，大蔵省の検査結果が事実上，優先されてきた。公認会計士や監査法人は甘い再建計画にそった決算処理を認めておきながら，当局が住専の処理に乗り出すと，姿勢を一転させた。そこからは自立した

専門職としての自覚は伝わってこない。いま，求められているのは企業に敢然と『ノー』がいえる監査のプロ集団だ[43]」

そして，同年6月にも，同紙は，「しっかりしてよ　監査法人」と衝撃的な見出しで，「会計監査の命は独立性だ。監査法人の制度ができて今月で丸30年。論語では『三十にして立つ』という。監督官庁の大蔵省や顧客の企業から真の意味で独立した存在になれるかどうか，転機だ[44]」と追及した。

1997年5月，「実態映さぬ財務諸表，モノ言わぬ公認会計士。バブル崩壊から6年，いまだ不動産や建設など多くの会社が土地に含み損を抱え，持ち合い株式の含み損が膨らむ企業もある。しかし，会計士は強い立場でモノを言わない[45]」と，日本経済新聞は批判した。

同年12月，「公認会計士監査への信頼が揺らいでいる。適切に処理されなかった『簿外負債』が企業倒産や巨額損失発生で次々と明らかになる一方，監査をしてきた会計士の無能ぶりが浮かび上がる。英フィナンシャル・タイムズも社説で『不思議の国の会計・監査，海外投資家は何が出てくるかもわからない日本企業のバランスシートに恐れをなしている[46]」と報じる。

1998年12月，2つの事件が発生した。

3日。富士銀行は，関連ノンバンクの資産査定は適正で不良債権の"飛ばし"はない，とする米大手監査法人アーンスト・アンド・ヤング（Ernst & Young）による外部監査の結果を公表した。日本長期信用銀行の破たんを機に，大手銀行の資産の自己査定に対する市場の不信感がくすぶっているため，資産査定の透明性を高めたい考え。邦銀が外資系の監査法人にこうした検査を委託するのは初めてである[47]。

2週間後の19日。大和証券は，"飛ばし"取引による簿外債務はない，とする社内調査が適正であることが米アーサー・アンダーセン会計事務所（Arthur Andersen & Co.）の調査で裏付けられたと発表した。「大和証券は『簿外債務を抱えているのではないか』といった市場のうわさをうち消すために，海外の会計事務所から『お墨付き』を得ようと，調査を依頼していた[48]」

■富士銀行にしても，大和証券にしてもわが国の大手監査法人の監査を受け，適正意見の監査報告書を公開財務諸表に添付している。にもかかわらず，海外の会計事務所からの"お墨付き"を得ようと，このような調査・検査を特別に

依頼したのである。すでに40年余を経ても，金融機関は日本の公認会計士監査を「さほど」信用していなかった。

　さらに1999年，次のような事件も発生した。それは，1999年３月期決算企業が任意で発表する英文アニュアルレポート（年次報告書）に添付される監査報告書に，「財務諸表は日本において一般に認められた会計原則に基づいて作られたものであり，財務諸表と監査報告書は日本の会計原則に精通している利用者のためのものである」という「警句」(legend) が付けられることになった（例示：The financial statements are prepared based on accounting principles generally accepted in Japan. Accordingly, the financial statements and the auditors' report are for users familiar with Japanese accounting principles.)[49]。

　これは，世界５大会計事務所の要請に対して提携関係にある日本の大手監査法人が従った結果で，日本経済新聞は「日本の監査に世界が『NO』を突き付け，日本がそれを受け入れたことを意味し，日本の会計基準の『非国際性』を自ら認めた格好だ[50]」と伝えた。なお，上の警句は2004年３月期決算から削除された[51]。

3　日本列島総不況

先の経済企画庁の「平成11年度年次経済報告」は，次のように続ける[52]。

　「バブル期の過剰投資と過剰負債のため，1997年３月頃を頂点にして景気が下降局面に入ると，各方面に様々な綻びが現れた。

　典型的には，金融機関の巨額の不良債権である。バブル期には金融機関は不動産担保で巨額の融資を行ったが，地価下降と地型不良等による利用不能地の多発によって融資先企業が大きな損失を抱える結果となり，金融機関側には膨大な不良債権が発生した。このため，金融機関の自己資本は激減，大手銀行の一部は国際業務を行うのに必要とされる自己資本比率８％を割り込み海外業務から撤退し，また，地方銀行や第二地銀の中には国内銀行の健全基準とされた自己資本比率４％を大幅に下回るところさえ現れた。

　1997年11月〔17日〕，債権評価に問題があった北海道拓殖銀行，〔24日〕株式や土地の『飛ばし』による損失隠蔽が判明した山一證券が〔そして26日

には徳陽シティ銀行が[53]破綻した。幸い預金保険制度によって2001年3月までは預金等は全額保護されていたので，連鎖的なパニックは生じなかったが，日本金融界にとって戦後初の本格的危機であった〔**■注53も是非お読みください**〕。

同年12月，政府は公的資金の注入を決意，翌98年3月には当時の主要行等21行に合計1兆8,156億円を注入した。各金融機関は低金利による営業利益の拡大で不良債権の償却を進める一方，自己資本比率の改善を目指して同比率の分母に当たる総資産の圧縮，つまり貸出総額の縮小に努めた。結果として，いわゆる『貸し渋り』が発生した。

このため，日本経済は資金の流動不全の危機に立ち至った。バブル期の過剰投資によって不良資産を抱える企業はもちろん，通常の営業活動を続ける企業までが，景気が減退するなかで金融機関の貸し渋りによって資金不足となり，倒産閉業に追い込まれた例もあった。このことが，勤労者多数の不況感と不安感を煽って消費性向をも押し下げた。日本経済は1998年度には，主要な需要項目が前年を下回り，大部分の業種が減収減益に見舞われる『日本列島総不況』に陥ったのである。

これに対して，1998年7月30日に発足した小渕内閣は，総計60兆円に達する金融対策スキームを決定，同年6月に設置された金融監督庁の検査結果に基づき，債務超過となっていた金融機関の処理が実行された。<u>このことは，政府がこれまでの主要金融機関は破綻させずに保護するという『護送船団方式』〔『落伍者を出さないこと』〕の官僚保護を排し，自由競争市場経済を目指していることを示す強烈なメッセージとなった</u>（下線著者）」〔**■下線部分について。当時の経済企画庁長官の堺屋太一氏をして，こう言明させていることの意義は大きい**〕。

1998年3月期決算の上場企業1,716社の有価証券の含み益は，96年3月末には45兆4,000億円あったが，2年後の98年3月末には31兆円も減り，14兆4,000億円になった[54]。

1998年9月，日立製作所は来期（99年3月期）において1,000億円を上回る赤字に転落する見通しになったと発表した。年間ベースで赤字決算に陥るのは

初めてである。このため，98年度内に従業員を3,000〜4,000人削減。これまで
の総合路線を転換して事業の選択と集中を進めるなど大規模なリストラクチャ
リング（事業の再構築）に取り組むことを明らかにした。長引く国内景気の
低迷は日本を代表するメーカーを戦後最悪の決算に追い込んだのである
〔■日本列島総不況を象徴する出来事である〕[55]。

　1998年。9月 日本リースが破綻，10月 政府は長期信用銀行を債務超過と
判定，一時国有化を決定，12月 政府は日本債券信用銀行の破綻を認定した。

　1999年3月期の大手17行の不良債権処理額は約10兆4,300億円と，過去最大
規模となった。最終損益は東京三菱銀行を除く16行が赤字となり，最終赤字は
合計3兆5,900億円であった[56]。このため，政府は1999年3月末，主要行等15行
に対して合計7兆5,000億円弱の公的資金を注入した[57]。

　そして，1999年。4月 国民銀行，5月 幸福銀行，6月 福徳銀行と東京
相和銀行，東邦生命，10月 新潟中央銀行が破綻した。

4　会計ビッグバン

　14頁で指摘したように，経済が比較的好調だった1996（平成8）年11月，
第83代内閣総理大臣に任命された橋本龍太郎氏は，直ちに"ビッグバン"
宣言を行った。すなわち，行政改革（行政のスリム化），財政構造改革（2003年
を目標に財政の健全化），社会保障構造改革（高齢化への対応），経済構造改革
（強靭な経済基盤の確立），金融システム改革（東京市場をニューヨーク，ロンド
ン並みに），教育改革（チャレンジする人材の育成）の6つの改革である。

　このうち，金融システム改革については2001年までに行うよう指示。改革案
の柱として，"フリー"（市場原理が機能する自由な市場），"フェア"（透明で公正
な市場），"グローバル"（国際的で時代を先取りする市場）の3つの原則を掲げた。

　金融システム改革（"金融ビッグバン"）の中核が企業会計改革，すなわち
"会計ビッグバン"である。大蔵大臣の諮問機関である企業会計審議会は，
1997（平成9）年11月，国際的に通用する企業会計制度を作るための議論を
開始。翌98年6月頃までには，次頁のような企業会計改革案がほぼ出そろった。

(1) 連結財務諸表を2000年3月期から強制適用。単体主体から連結主体への主従の逆転，連結対象範囲の拡大（子会社の範囲を保有株式の比率だけでなく実質支配で判断），関連会社に対し持分法評価を適用。そして，連結キャッシュフロー計算書の開示

(2) 連結決算では税効果会計を2000年3月期から強制適用。単体決算では1999年3月期から前倒し適用も容認

(3) 金融商品に時価評価を導入
・2001年3月期から短期保有株式の価格変動を損益計算書に反映
・2002年3月期から持ち合い株式に対し時価評価を適用

(4) 2001年3月期から退職給付（退職金及び企業年金）会計の導入

言うまでもなく，これらの一連の改革は日本の会計基準を「国際会計基準」に近づけるものである。企業の活動が国境を越えて広がったことで，投資家の立場から各国固有の会計基準を統一し，国籍の異なる企業を比較しやすくする必要に迫られたことにある。同時に，それは，企業の業績を表す財務諸表の透明性と経営の透明性を高めるためでもある。

さらに，日本経済新聞は，次のように主張する[58]。

「忘れてならないことは，世界標準（グローバル・スタンダード）への適応を図る新会計への移行は経営者に企業観の転換を促すということである。

日本的経営を可能にしたのは経済環境が右肩上がりだったからだけではない。企業が本来，処理すべき損失や負担すべき費用を先送りし，株式と土地の含み資産を利益調整に使えたから可能だったのであり，会計制度がそれを許した側面がある。

新会計は合法だが合理的な経済計算をゆがめたところで成り立っていた事実をあぶり出す。実態が明らかになれば，経営者は認識を改めざるを得なくなる。会計制度の改革は，経営者に企業観の転換をもたらさずにはおかない」

■新会計基準は，合法だが合理的な経済計算をゆがめたところで成り立っていた事実をあぶり出し，経営者に「企業観」の転換をもたらす。まさにそのとおりである。

5 公認会計士監査制度50年「総括」

　公認会計士が適正のお墨付きを与えた企業や金融機関が倒れ，粉飾決算の事実が露呈する事例の続出で，公認会計士監査の信頼が大きく揺らいだ。"プロフェッショナル"である公認会計士の存在意義が問われたのである。

　1999年8月23日，日本経済新聞の編集委員末村篤（すえむら・あつし）氏は，「会計監査に信頼の危機，公認会計士はプロ意識を」と，わが国の公認会計士監査を次のように「総括」した[59]。

　「企業が公表する会計情報が信用されてないという『信頼の危機』は，職業専門家である公認会計士の存在意義を否定している。会計監査の信頼の獲得には，公認会計士はもとより企業経営者を含む関係者の『公共の利益』に対する責任の自覚という，日本社会に欠落した重い課題が重なる。

　日本に公認会計士制度が導入されたのは占領下。証券民主化とともに，公共の利益に貢献する社会的役割が期待された。会計の憲法たる『企業会計原則』も戦後の輸入品である。会計制度も監査制度も『官主導のお仕着せ』である。

　日本的な換骨奪胎が今日まで続いたのは，企業財務の開示情報への切実な需要がなかったからである。株式持ち合いで株主と債権者の立場を兼ねたメーンバンクの銀行が企業の資金調達を牛耳り，銀行は護送船団行政で決算指導から配当政策まで大蔵省の管理下にあった。

　金融機関はもちろん，公開企業も『原則倒産なし』の時代はリスクテイカーが不在だから，決算や監査の質が問題にならなかった。

　いわば盲腸だった公認会計士の存在意義が問われ出したのは『原則倒産あり』の時代に移行して，会計と監査の質の重要性が広く認識されはじめたからだ〔傍点著者〕。

　北海道拓殖銀行，山一證券，日本長期信用銀行，日本債券信用銀行の大規模破たんでは，例外なく粉飾が指摘され，訴訟の対象にもなっている。矢面に立たされた公認会計士は『大蔵省が認めた決算に異議をはさむ余地はなかった』と正直に証言すべきである。

資本主義・市場経済は株式市場の価格形成や信用リスクの格付けを通じて資源配分を行う経済システムだ。企業の開示情報が不正確で信頼できなければ，これほど危険な体制はない。開示情報の品質を保証するのが会計制度と会計監査で，公認会計士は市場の保証人の役割を負っている。

制度改革は進行している。日本公認会計士協会が要望した，企業の存続可能性についての意見表明のルール化を昨年まで取り合わなかった大蔵省が，今度は逆に要求せざるを得なくなった。

問題は制度を作るだけでなく，制度を使いこなして実効性を確保することだ。作った仏に入れる魂を担うのは生身の人間である。職業専門家の公認会計士は高い倫理性を求められる。企業から報酬を得ても，独立した第三者として企業の財務情報の信ぴょう性を保証し，社会の信用を得る仕事は医師や弁護士以上に公益に直結するからだ。

公認会計士と企業経営者双方に受託者の責任を自覚して公益に奉仕する精神の覚醒がなければ，信じられる公認会計士を目指す努力は結実しない。それは日本経済と日本社会の再生の課題そのものなのである」

■末村氏の主張は重い。「公認会計士は盲腸だった」は別にして，「正直に証言すべき」であった公認会計士も大蔵省の支配下にあった。特に大手監査法人は必ずしも表に出なかった「監査の失敗」の事例を大蔵省に握られていたのである。大蔵省幹部の大手監査法人への「天下り」がそれを物語っている。

いずれにせよ，バブルが崩壊し，銀行に膨大な公的資金が投入され，日本列島総不況のなかで，企業と公認会計士業界は「会計ビッグバン」という重い荷物を背負いながら再生しなければならなかった。特に，公認会計士業界は「公共の利益」のために自立した"会計プロフェッション"として存在しうるか，そして，公認会計士と監査法人は自発的な"プロフェッショナル"として生き残れるかが問われたのである。

◆注 ────────

1　英国の状況については，山桝忠恕『監査制度の展開』（有斐閣，1961年，16-52頁）に依拠している。

2 Companies Clauses Consolidation Act of 1845, Legislation, Gov. UK. 108.

3 山桝忠恕, 同上書, 1961年, 33-34頁。N.A.H. Stacy, *English Accountancy 1800~1954*, p.37. R. Brown, *History of Accounting and Accountants*, 1905, p.318.

4 山桝忠恕, 同上書, 1961年, 34頁。F.W. Pixley, *Auditors : their duties and responsibilities under the companies acts, partnership acts, and acts relating to executors and trustees, and to private audits*, 1922, p.9.

5 山桝忠恕, 前掲書(注1), 1961年, 43-44頁

6 Deloitte, Dever, Griffiths & Co., *Deloitte & Co., 1845-1956*, University Press, Oxford, 1958, p.x, p.1.

7 澤登千恵「19世紀中葉イギリス鉄道会社における監査の展開：London and North Western 鉄道会社における内部監査人の設置と外部会計士支援の導入」『大阪産業大学経営論集』第19巻第3号, 2018年3月31日

8 C.W. DeMond, *Price, Waterhouse & Co. In America, A History of a Public Accounting Firm*, New York, 1951, pp.1-5.

9 Cooper Brothers & Co., *A History of Coopers & Co., 1854-1954*, Privately Published, B.T. Batsford Ltd., London, 1954, p.1.

10 Peter Boys, "The mystery of the missing members : the first 600 Chartered Accountants in England and Wales," *Accounting, Business & Financial History*, 14 : 1 March 2004, p.32.

11 山桝忠恕, 前掲書(注1), 1961年, 37-39頁

12 A.C. Littleton, *Directory of Early American Public Accountants*, University of Illinois Bulletin, Vol.40, No.8, 1942, p.15.

13 J.T. Anyon, *Recollections of The Early Days of American Accountancy, 1883-1893*, Privately Printed, 1925, p.38. T.E. Ross, "Random Recollections of an Eventful Half Century," *The Journal of Accountancy*, October 1937, p.267.

14 N.E. Webster, "Public Accountancy In The United States," in *The AIA, 1887-1937, Fiftieth Anniversary Celebration*, 1937, p.108.

15 Cleona Lewis, *America's Stake In International Investments*, The Brookings Institution, Washington D.C., 1938, pp.98-100.

16 W.B. Mayr, Division Comptroller, Corporate General Accounting of The Procter & Gamble Co. からの私信(1982年12月8日)。

17 The Procter & Gamble Co., 2023 Annual Reports, Report of Independent Registered Public Accounting Firm, p.33.

18 C.W. DeMond, *op. cit.*, 1951, pp.5-12.

19 Deloitte, Dever, Griffiths & Co., *op. cit.*, 1958, p.47.

20 Arthur Young & Co., *Arthur Young and The Business He Founded*, Privately Printed, 1948, pp.20-25.

21 Haskins & Sells, *Haskins & Sells, Our First Seventy-Five Years*, 1970, pp.1-15.

22 *The Commercial & Financial Chronicle*, October 9, 1897, p.649.

23 *The Commercial & Financial Chronicle*, October 14, 1899, p.807.

24 拙著『闘う公認会計士―アメリカにおける150年の軌跡』中央経済社, 2014年, 14-16頁

25 W.E. Hanson, *Peat, Marwick, Mitchell & Co., 80 Years of Professional Growth*, Peat, Marwick, Mitchell & Co., 1978, p.9.

26 Lybrand, Ross Bros. & Montgomery, *Fiftieth Anniversary, 1898-1948*, Privately Printed, 1948, pp.7-8. A.R. Roberts, *Robert H. Montgomery : A Pioneer Leader of American Accounting*, Research Monograph No.63, Georgia State University, 1975, p.8.

27 T. Swanson, *Touche Ross : A Biography*, Touche Ross & Co., 1972, pp.83-84.

28 Ernst & Ernst, *Ernst & Ernst, A History of The Firm*, 1960, p.3.

29 拙著『アメリカ監査論―マルチディメンショナル・アプローチ＆リスク・アプローチ』中央経済社, 1994年, 15-17頁

30 拙著, 前掲書（注24）, 2014年, 16-18頁

31 J.S. McAllister, *Fifty Years of The Pennsylvania Institute of Certified Public Accountants*, University of Pennsylvania, 1949, p.66.

32 拙著, 前掲書（注24）, 2014年, 48頁

33 拙著, 前掲書（注29）, 1994年, 21, 25頁

34 *Fortune*, "Certified Public Accountants," June 1932, p.63.

35 有沢広巳監修『証券百年史』日本経済新聞社, 1978年, 193頁

36 「会社経理応急措置法」, 1946（昭和21）年法律第7号

37 日本公認会計士協会編『公認会計士制度二十五年史』1975年, 110頁

38 同上書, 138頁

39 日本公認会計士協会「監査実施状況調査2022年度」『会計・監査ジャーナル』, 2023年12月20日, 『JICPAニュースレター』, 2024年7月号, 12頁

40 経済企画庁「平成11年度年次経済報告」, 1999年7月16日

41 日本経済新聞「問われる会計監査責任」, 1995年12月20日

42 日本経済新聞「会計士批判に十分こたえよ」, 1996年3月3日

43 朝日新聞「ノーといえる会計監査に」, 1996年5月15日

44 朝日新聞「しっかりしてよ 監査法人」, 1996年6月8日

45 日本経済新聞「モノ言わぬ公認会計士」, 1997年5月2日

46 日本経済新聞「揺らぐ会計監査―『簿外債務』開示されず」, 1997年12月26日

47 日本経済新聞「不良債権“飛ばし”なし―富士銀行, 外部監査公表へ」, 1998年12月3日

48 日本経済新聞「大和証券に飛ばしなし, 外資系会計事務所報告」, 1998年12月19日

49 日本経済団体連合会「企業会計制度に関する提言」, 2001年3月27日

50 日本経済新聞「『国際基準と異なる』と警句」, 1999年7月28日

51 日本公認会計士協会「我が国のIFRSの取組み」「レジェンド問題」, 2021年6月11日

52 経済企画庁, 前掲（注40）, 1997年7月16日

53 朝日新聞は,「戦後の日本経済が最大の危機に直面した日をあげるなら, それは1997年

11月26日だろう」という（朝日新聞「変転経済―金融危機10年」, 2007年10月20日）。

「始まりは, 株式市場が開く前の午前7時45分, 仙台市で発表された地元の徳陽シティ銀行の経営破綻だった。銀行窓口が開いた午前9時すぎころから, 大蔵省銀行局と日銀信用機構局の電話が一斉に鳴り始めた。各地の銀行からの取り付け騒ぎの報告だった。11月17日に都市銀行で初となる北海道拓殖銀行が破綻, 1週間後の24日に4大証券の一角である山一證券が自主廃業を公表した。拓銀, 山一の破綻で漠然と不安を抱いていた預金者たちが, 朝からの報道で徳陽シティ破綻を知り, 不安になって銀行へと押し寄せたのだ。

取り付けのような動きがわずかでもあった銀行は全国で約20行にのぼった。預金者が最も殺到したのは, 山一證券と関係が強かった安田信託銀行だった〔36頁参照〕。東京・八重洲の本店や全国の支店で預金者の列ができた。店外まで列が伸びると風説が広がりかねないので, 会議室や補助いすを使って客をすべて店内に入れた。人いきれでむっとするほどの混雑になった。

北海道拓殖銀行の余韻が生々しい札幌市では預金者の動揺がひどく, 安田信託銀行の札幌支店では来客数が1,000人を超えた。窓口での対応が追いつかなくなり, 整理券を翌々日分まで配ってしのいだ。これだけ全国規模で取り付けが同時多発したのは, 戦前の昭和金融恐慌以来のことだった。……

金融市場もこの日, 銀行に牙をむいた。東京株式市場では大手18行のうち富士銀行やさくら銀行など9行が値幅制限いっぱいのストップ安まで売り込まれた。安田信託株は『危険水域』と目された100円を割り込み, 79円になった。東京の融資担当者には『山一の連鎖で（関係が深い）富士銀行もつぶれるのか』と問い合わせてくる米銀もあったという。

金融当局も動かざるを得なかった。午後6時, 大蔵大臣と日銀総裁の共同談話には, 預金のみならず銀行の全債務を保護することが盛られた。それまで政府がタブー視していた銀行への公的資金導入がにわかに動き出したのである（下線著者）」

54 日本経済新聞「企業経営を変える, 会計国際化の衝撃―『時価』」, 1999年1月22日
55 日本経済新聞「日立初の赤字」, 1998年9月3日
56 日本経済新聞「不良債権処理総額」, 1999年5月25日
57 飯村慎一「公的資金注入と銀行経営について」『資本市場クォータリー』野村資本市場研究所, 1999年春
58 日本経済新聞「『日本的経営』に企業観の転換を迫る―新会計が問う」, 1999年8月22日
59 日本経済新聞「会計監査に信頼の危機, 公認会計士はプロ意識を」, 1999年8月23日

第2章

連結会計
── 企業の透明性の向上とグループ力の強化 ──

　"会計ビッグバン"のうち，わが国においてもすでに導入されていたのが連結財務諸表制度である。連結財務諸表の重要性が注目されるようになったのは，1964（昭和39）年から65年にかけて発覚した粉飾決算がきっかけである。日本特殊鋼，サンウエーブ工業，山陽特殊製鋼，厚木ナイロン工業等が相次いで倒産，子会社を利用した粉飾の事実が明らかになった。親会社の個別財務諸表だけでは企業グループの実態がわからない。その反省と日本企業の国際化等に対応するため，大蔵省主導で1977（昭和52）年度から上場企業に対して連結財務諸表の公表が義務付けられた。ただし，当初は，単体が「主」で，連結は「従」（補足的）という関係にあった。

1　連結財務諸表の導入

　1961（昭和36）年，ソニー（当時資本金9億円）は，日本企業として初めてADR（American Depositary Receipt：米国預託証券）を発行，連結財務諸表をSEC（米証券取引委員会）に提出した（同社のニューヨーク証券取引所上場は9年後の1970年である）。

　1996年末のニューヨーク証券取引所には，松下電器産業（1971年上場，2013年上場廃止），久保田鉄工（1976年上場，2013年上場廃止），本田技研工業（1977年より上場），日立製作所（1982年上場，2012年上場廃止），東京三菱銀行（1989年より上場）等11社が上場，連結財務諸表を公表した。

また，1998年３月期には，トヨタ自動車，日本興業銀行，野村証券，武田薬品工業，日本電産等26社が米国会計基準により連結財務諸表を公表した。

　これらの企業が連結財務諸表の公表を通して，わが国企業の財務ディスクロージャーを高める先導役を果たしたのである。

　連結財務諸表の発表は徐々に進んだ。会計ビッグバン宣言の前，東京証券取引所上場の1995年３月期決算企業1,418社のうち1,069社，約75％，つまり４社のうち３社が連結決算による情報を開示した[1]。

　連結財務諸表の開示が進む中で，1999年２月10日の日本経済新聞は，興味ある情報を伝えた[2]。それは，東京証券取引所上場企業の「1997年度（1998年３月期）連結債務超過企業」である。同取引所上場1,360社の中で，連結債務超過は14社。上位５社は，以下のとおりである（金額は連結債務超過額）。

　「１．鐘紡233億円，２．日本重化学工業150億円，３．シントム73億円，４．住友炭鉱60億円，５．伊豆急43億円

　"ワースト１"の鐘紡は1996年３月期以来３期連続で連結債務超過。98年３月期末の債務超過額は233億円に達した。不採算の繊維事業を子会社に移管することなどで，単独決算は97年３月期から最終黒字を確保。連結業績を改善するため，99年３月期から３年間でグループ社員の13％に当たる2,400人を削減するなど重い腰を上げた。帆足　隆社長は『2001年３月期に連結経常利益を270億円にし，連結債務超過を解消する』と決意を示す」

■そして，６年後の2005年４月，カネボウの長年の粉飾決算が発覚するのである。同社は，記者会見で粉飾決算は1990年代から始まり，９年間連続の債務超過で，粉飾総額は215億円であることを明らかにした（第15章の「"ガラガラポン"ができなかった中央青山監査法人」を参照のこと）。

　企業会計審議会が会計ビッグバンの第一弾として1997年６月に発表した「連結財務諸表制度の見直しに関する意見書」と「連結財務諸表原則」は，単体主体から連結主体への主従の逆転をもたらした[3]。それは，会計の枠組みを個別企業単位からグループ単位へ変更するものである。連結の範囲も，保有株式比率の形式基準だけではなく，取締役の過半数を派遣しているか，財務や営業の方針の決定に関与しているか等，人的基準や業務内容を加味した

「実質支配力基準」に変わった。

また，これまで蚊帳の外に置かれていた関連会社（他の会社等の財務及び営業または事業の方針の決定に対して重要な影響を与えることができる場合における当該他の会社等をいう。ただし，子会社は除く）に対しても，「持分法」（投資会社が，被投資会社の純資産及び損益のうち投資会社に帰属する部分の変動に応じて，その投資の額を連結決算日ごとに修正する方法）で評価し，その実態を連結財務諸表に反映することになった（連結貸借対照表上は「投資有価証券」の修正，連結損益計算書上は「持分法による投資損益」の計上）。

その結果，例えば銀行は，他の会社に対する直接の出資比率をこれまでは5％以下に抑えられていたため，当該投資対象を子会社や関連会社として連結決算に反映することはなかった。リース会社やファイナンス会社等のノンバンクも多くが連結対象外だった。しかし，一般企業より1年早く1999年3月期決算から実質支配力基準が適用されたことにより，連結対象会社が大幅に増加した。富士銀行の場合，1998年3月期末は子会社114社，関連会社16社，合計130社だったが，99年3月末では，それぞれ184社（70社増），52社（36社増）と，合計236社，1.8倍になった[4]。

■連結財務諸表の公表により，企業及び企業グループの多様な経済活動と経済事象に関連する会計情報の「量」と「質」は大幅に改善された。

2 連結経営

本章冒頭で指摘したように，日本の連結財務諸表制度は，1960年代に相次いだ子会社絡みの粉飾決算への反省や日本企業の国際化等に対応するため，大蔵省の主導で1977年度から上場企業に公表が義務付けられたのが始まりであり，企業内部からの連結経営に対するニーズに対応するためではなかった。

NECは1994年度から，部門別の月次管理会計を連結ベースにし，同時に，本社従業員の賞与に連結ベースの部門業績を反映するようにしたという。担当常務は「実際にモノを作っているのは全部子会社。単独の業績だけでは生産性や品質管理など，メーカーの最も大事な部分の判断ができない[5]」と，連結をベースにした経営の必然性を強調した。

メディアの情報で見る限り，企業側の連結経営重視は，1997年6月に新たに発表された「連結財務諸表原則」以降である。

1年後の1998年7月20日の日本経済新聞は，「雇用を維持するための子会社や過剰在庫を抱える子会社，含み損を抱えている子会社，債務超過の子会社の整理などが加速した[6]」と伝える。

そして，同年9月，同紙は，「連結時代の本格到来は企業経営のあり方を大きく変えそうだ」との見出しで，1998年3月末時点における連結対象社数の多い上場企業20社を掲載した（次頁の**図表2－1**）[7]。

このように，連結子会社数"トップ10"のうち総合商社が7社を占める。連単倍率とは，グループ会社の連結決算と親会社の単体決算との比率である。純利益を指標とすると，計算式は「連結純利益÷単体純利益」となる。例えば，純利益の連単倍率が1倍を下回っていれば，グループ内の子会社の純利益合計が赤字であることを示す。逆に，連単倍率が1倍を上回っていれば，グループ内の子会社が全体として黒字だといえる。

総合商社では，三菱商事（2.60倍）が圧倒的にリード，三井物産（1.56倍）と住友商事（1.16倍）が続く。日商岩井（0.37倍）は苦戦。

連単倍率の低い日立（0.34倍）と東芝（0.22倍）を見よう。

「1999年3月期の連結最終損益が2,500億円の赤字となる日立は，持株会社への移行を視野に入れた経営改善策を打ち出した。『原子力からエアコンまで』という総合型経営を売り物にしてきた同社も，専業メーカーの台頭で最近は苦戦続き。ここにきてグループ全体の競争力を高める必要があるとして，日立自身のリストラに加えグループ会社の事業集約化も進める。半導体事業の国内関連5社を3社に，重電は8社を4社に統合。一方，家電は製造部門の別会社化を図る方針だ。

東芝も15事業部を9つの社内カンパニーに再編する。15年単位の重電事業と，年に3，4回新製品を出すパソコンや家電を同じ扱いにするのは無理だと判断したからだ。今年に入って東芝は東芝テックや芝浦製作所の再編を決め，連結ベースの運営体制に移行する[8]」

1999年に入ると，連結改革は急速に進展する[9]。

年明け早々の1月5日，新日本製鐵（当時）の千速 晃社長は，主要グルー

第2章　連結会計 ── 企業の透明性の向上とグループ力の強化　29

図表2-1　連結対象社数（1998年3月末）

		連結子会社	持分法	連結対象社数	連単倍率
①	ソニー	1,142	61	1,203	2.91
②	伊藤忠商事	752	340	1,092	―
③	日立製作所	975	73	1,048	0.34
④	三井物産	561	344	905	1.56
⑤	住友商事	500	219	719	1.16
⑥	丸紅	479	214	693	―
⑦	三菱商事	415	182	597	2.60
⑧	日商岩井	354	204	558	0.37
⑨	富士通	513	32	545	0.11
⑩	トーメン	298	184	482	―
⑪	本田技研工業	285	118	403	2.04
⑫	松下電器産業	300	63	363	1.03
⑬	リコー	257	76	333	1.34
⑬	東芝	306	27	333	0.22
⑮	トヨタ自動車	261	62	323	1.24
⑯	ニチメン	175	138	313	1.32
⑰	日産自動車	201	105	306	―
⑱	新日本製鐵	237	48	285	0.17
⑲	日本郵船	214	39	253	1.69
⑳	大日本インキ	188	58	246	1.44

（注）　連単倍率は純利益，単位は倍，―は比較できず

プ企業の社長約30人に異例の招集をかけ，来季から連結ベースで事業別収益管理を徹底すること，新たに導入する収益管理システムにより，グループ企業の評価基準を連結収益への貢献度とし，社長の評価にも適用すると宣言した。

　日野自動車工業の湯浅 浩社長も言う。「苦しくなったら販売会社に助けてもらって業績を良く見せるようなことはもうできない。関連会社の日野自動車販売が抱える在庫は適正水準の5割以上も上回る。甘えの経営から脱却しなければならない」

総合商社が動く。同年2月，総合商社は連結経営強化を狙い，関係会社の経理内容等をチェックする監査機能を拡充し始めた。三菱商事，日商岩井，ニチメン，兼松等は，「関係会社監査役室」の新設や「関係会社監査チーム」を再編し，またOBを利用して「関係会社巡回監査制度」を実施する等，日常の業務指導より強い権限のある監査機能を拡充して，より厳密に経営内容を把握し，改革を進めるという。最大の伊藤忠で約1,000社（図表2－1），最小の兼松でも約240社という膨大な子会社を抱えている。連結決算重視の流れや不況長期化の中で，子会社の経営改善が急務となっている[10]。

　同年3月，日本経済新聞社が実施した「社長（頭取）100人アンケート」によると，66％の社長が迅速なグループ経営判断を下すため，持株会社や分社化等の組織改革を検討し，47％が不採算部門の徹底や事業売却を検討する等，事業の再編にも意欲的だという[11]。■グループ全体の採算を向上させなくては国際競争の舞台から追い落とされるという，社長の「危機感」が見える。

　同年4月，連結重視の会計は，子会社や関連会社に隠されていた問題もあぶり出した。朝日新聞は，こう伝える[12]。

　「総合商社は大手6社で4,000を超すグループ企業の再編を急いでいる。伊藤忠商事は昨年10月，マグロ，エビ，肉，青果物など品目ごとにあった生鮮食品販売の子会社6社を1社に統合。3年連続赤字の会社は整理・撤退するなどして，99年3月末で1,033社あった連結対象子会社を2000年度末には700社以下にする〔■1年間で333社もの整理である〕。これに住友商事と丸紅，日商岩井を合わせた4社で約850のグループ企業を減らす。

　また，グループ会社は親会社で余った人材の受け皿としても利用されてきた。だから，親会社が人員削減してもグループ全体では人数は減らないことが普通だった。ところが，1999年に入り，NECやソニー，三菱電機等の電機大手がグループの人員を各1万数千人ずつ減らすことを発表した」

　そして，同年7月，上場企業1,602社の1999年3月期決算では，連結最終損益が単体を下回る企業が855社と過半数（53.3％）を占めたという〔■上場企業の半数以上の関係会社が，親会社の足を引っ張っているのである〕。「天下り先の確保や決算の帳尻合わせに親会社が子会社を好きなように使った結果[13]」との指摘もある。

第2章　連結会計 —— 企業の透明性の向上とグループ力の強化　31

■以上の事例はすべて，2000年3月期の連結決算強制適用以前の状況である。連結会計制度は，経営者をしてグループ経営への注力をもたらした。各社は，連結経営指標をベースに「グループ全体の企業価値を高める経営」に転換せざるを得なかったのである。そして，ここでも，有力企業の「先取り」が鮮明だ。

3　連結キャッシュ・フロー計算書

企業会計審議会は，1998年3月，「連結キャッシュ・フロー計算書等の作成基準の設定に関する意見書」を公表[14]，キャッシュ・フロー計算書が貸借対照表と損益計算書に並ぶ第3の財務諸表として登場したのである。

証券取引法に基づく連結または個別キャッシュ・フロー計算書は2000年4月1日以降開始される事業年度から適用されたが，注意することは，会社法ではキャッシュ・フロー計算書の開示を求めていないということである。したがって，株主総会に提出される計算書類にはキャッシュ・フロー計算書は含まれていない。なお，国際的にはキャッシュ・フロー計算書はすでに財務諸表の1つとして位置付けられていた。

キャッシュ・フロー計算書は，1会計期間におけるキャッシュ・フローを「営業活動によるキャッシュ・フロー」，「投資活動によるキャッシュ・フロー」，「財務活動によるキャッシュ・フロー」の3つに区分して表示する。

「営業活動によるキャッシュ・フロー」の区分には，会社の本来の営業活動（商品・製品及び役務の販売と購入）による収入と支出を記載する。「投資活動によるキャッシュ・フロー」の区分には，設備投資，証券投資，融資の3つの事項に関する現金預金の入りと出を記載する。「財務活動によるキャッシュ・フロー」の区分には，会社の営業活動と投資活動を維持するために，現金預金をどのようにして，どれだけ調達し返済したのかを記載する。

そして，これらの3つの区分によるキャッシュ・フローの合計額が当期中の現金預金増減額であり，これに期首の現金預金を加算すると，期末の貸借対照表の現金預金残高と一致する。そこで，キャッシュ・フロー計算書は「現金預金の原因別増減明細表」ともいえるのである。

ところで，営業活動によるキャッシュ・フローと投資活動によるキャッシュ・フローの残高を足した合計額は，"フリーキャッシュ・フロー"（純現金収支）と呼ばれる。経営者が「自由に使えるお金」とでもいうのであろう。

　フリーキャッシュ・フローがマイナスの場合，つまり，投資活動によるキャッシュ・フローの金額が営業活動によるキャッシュ・フローの金額より多い場合には，投資資金を自社の本来の営業活動で得た現金預金で賄えていないということなので，相対的にリスクは高まる。

　一方，フリーキャッシュ・フローがプラスの場合には，一般には，企業は借入金を返済する。財務体質はより強固になる。また，自己株式の取得も考えられる。会社が自社の株式を買い取ってしまうので，市場に出回る株式は少なくなり，"ROE"（Return on Equity）といわれる「株主資本純利益率」（当期純利益÷株主資本）は高まる。すると，株主からの資金を効率的に利用していると評判になり，株価は上昇する。

　このように，フリーキャッシュ・フローは，企業活動とそれに必要な投資活動を行いながら生み出すことのできる"キャッシュ"の大きさを示しており，企業価値評価の観点からも重要な指標として注目されている。

　■図表2－2を見よう。それは，損益計算書と貸借対照表それにキャッシュ・フロー計算書の3者の関係を示している[15]。

　すなわち，キャッシュ・フロー計算書は，発生主義に基づく損益計算書を現金主義に基づくキャッシュ・フロー計算書に変換することによって当該期間の現金預金の流れを測定し，その増減残高と期首の現金預金残高の合計額が発生主義に基づく貸借対照表の現金預金であることを示している。つまり，キャッシュ・フロー計算書は，現金主義を基軸に，発生主義に基づく損益計算書と貸借対照表を結ぶ「連結管」の役割を果たしているのである。

　そして，図表2－2の矢印を遡ってみよう。出発点はどこか？　まさしく売上高である。売上高は基本財務三表の"アタマ"に位置するのである。つまり，利益の拡大も現金預金の増加も，売上げが源泉なのだ。

第2章 連結会計 —— 企業の透明性の向上とグループ力の強化　33

図表2−2 基本財務三表の相互関係

損益計算書
自20x1年4月1日 至20x2年3月31日

売上高
売上原価
　　　　製品期首棚卸高
　（＋）当期製品製造原価
　（−）製品期末棚卸高
　　売上総利益
販売費及び一般管理費
　営業利益
営業外収益
営業外費用
　経常利益
特別利益
特別損失
税引前当期純利益　　×××
法人税，住民税及び事業税
当期純利益

キャッシュ・フロー計算書
自20x1年4月1日 至20x2年3月31日

営業活動によるキャッシュ・フロー
　税引前当期純利益　　　　×××
　減価償却費
　………

投資活動によるキャッシュ・フロー
　有価証券の取得による支出
　有形固定資産の売却による収入
　………

財務活動によるキャッシュ・フロー
　短期借入れによる収入
　社債・株式の発行による収入
　………

現金預金の増加（減少）額
現金預金期首残高
現金預金期末残高　　　　×××

貸借対照表
20x2年3月31日

（資産の部）	（負債の部）
流動資産	流動負債
現金預金　×××	支払手形
………	
固定資産	（純資産の部）
建　物	株主資本
………	………

〔付記〕

3つの基本財務諸表の関係が成立する底辺には，500年以上も厳然として存在する複式簿記がある。かの文豪ゲーテは，今から230年も前の1796年に，こう指摘した[16]。

「商売をやっていくのに，広い視野を与えてくれるのは，複式簿記による整理だ。整理されていればいつでも全体が見渡される。細かいことでまごまごする必要がなくなる。複式簿記が商人にあたえてくれる利益は計り知れないほどだ。人間の精神が生んだ最高の発明の一つだね。立派な経営者は誰でも，経営に複式簿記を取り入れるべきなんだ」

皆さん！　複式簿記を「文化」として再認識しよう。

◆注 ─────

1　日本経済新聞「連結決算を読む─広がる連結対象」，1995年7月12日
2　日本経済新聞「1997年度（1998年3月期）連結債務超過企業」，1999年2月10日
3　企業会計審議会「連結財務諸表制度の見直しに関する意見書」「連結財務諸表原則」，1997年6月6日
4　日本経済新聞「銀行の連結対象拡大」，1999年7月1日
5　日本経済新聞「変わる連結決算制度」，1996年8月1日
6　日本経済新聞「連結経営，市場が選別」，1998年7月20日
7　日本経済新聞「企業経営，連結時代先取り」，1998年9月24日
8　同上
9　日本経済新聞「企業経営を変える，雇用・人事評価揺さぶる」，1999年1月23日
10　日本経済新聞「総合商社　関係会社の監査を強化」，1999年2月20日
11　日本経済新聞「66％が組織改革を検討─社長100人アンケート」，1999年3月30日
12　朝日新聞「企業を変える　会計ビッグバン」，1999年4月22日
13　日本経済新聞「連結会計の試練─変わるグループ像」，1999年7月16日
14　企業会計審議会「連結キャッシュ・フロー計算書等の作成基準の設定に関する意見書」，1998（平成10）年3月
15　拙著『新版会計学入門─会計・監査の基礎を学ぶ（第8版，通算17版）』中央経済社，2024年，136-137頁
16　ゲーテ作・山崎章甫訳『ヴィルヘルム・マイスターの修業時代（上）』岩波文庫，2000年，54頁

第 3 章

税効果会計

—— 銀行には朗報！　が，りそな銀と足利銀 ——

　日本列島総不況のなかで全国の銀行の抱える不良債権残高は，2000年9月末現在約32兆円。借り手企業の業績悪化や担保の土地価格の下落等で残高は膨らむばかり。毎年巨額の処理を進めてもほとんど減らない。金融庁によると全国の銀行が処理した不良債権は，1992年から2000年9月末までの8年半の累計で68兆円。これをドルに換算すると，5,600億ドル強。カナダの1999年の名目国内総生産（6,300億ドル）に迫る規模の損失を生み，その分のお金を捨ててきた計算となる[1]。

　そして，2000年度の企業倒産は負債総額が前年度の2.2倍の26兆円と，戦後最悪を記録した[2]。石川銀行，第百生命，大正生命，協栄生命，千代田生命，第一火災海上保険という金融機関が，また，長崎屋やそごう等も破綻した。

1　税効果会計

　会計ビッグバンの諸改革において，この税効果会計については，経営者が賛成し積極的に導入した。なぜか？

　税効果会計は，連結決算では2000年4月以降に適用されるが，単体決算では1999年3月期から前倒しで可能となった。その背景には，不良債権処理を急ぐ銀行界の強い要望があった。それは，1998（平成10）年10月に成立した金融早期健全化法（「金融機能の早期健全化のための緊急措置に関する法律」）により，政府は各銀行に経営の健全化に全力を尽くすよう強く求めていたが，銀行は，

税効果会計の適用で自己資本が増えた分を不良債権償却の「原資」として期待していたからである。

図表３－１の「税効果会計の活用度ランキング」を見よう[3]。

図表３－１　税効果会計の活用度ランキング（1999年３月期）

		税効果相当額（A）	資本勘定（B）	比率（A/B）
①	安田信託	2,538（億円）	3,492（億円）	72.7（%）
②	横浜	1,875	4,059	46.2
③	住友信託	2,877	6,905	41.7
④	三菱信託	2,972	7,380	40.3
⑤	住友	7,199	18,464	39.0
⑥	東洋信託	1,829	5,532	33.1
⑦	三井信託	2,435	7,495	32.5
⑧	富士	7,325	23,218	31.5
⑨	さくら	6,777	22,235	30.5
⑩	三和	5,925	21,051	28.1
⑪	日本信託	200	725	27.6
⑫	第一勧銀	6,134	24,042	25.5
⑬	日本興業	4,062	16,239	25.0
⑭	あさひ	3,341	13,724	24.3
⑮	東海	3,704	16,111	23.0
⑯	東京三菱	6,226	28,862	21.6
⑰	中央信託	686	3,532	19.5
	（合計）	（66,107）	（223,066）	（29.6）

(注)　税効果相当額は，原則として繰延税金資産を採用。

　1999年５月24日までに決算発表を終えた大手16行（大和銀行を除く）と公的資金注入を申請した横浜銀行を加えた17行の税効果会計による資本増強額は６兆6,100億円に達し，1999年３月期の資本勘定の３割弱になった。これは，約７兆円の公的資金に匹敵する資本増強効果だそうだ。ランキングトップの安田信託銀行の税効果相当額は資本勘定の７割を超えた（23頁の注53参照）。

第3章　税効果会計 —— 銀行には朗報！　が，りそな銀と足利銀　37

■図表3－1により，税効果会計が資本増強に貢献していることは明らかである。日本列島総不況の中で，不良債権処理に追われ，国民の税金である「公的資金」を投入された銀行経営者が，税効果会計導入に積極的であったことが理解されるであろう。

2　税効果会計の問題点 ——"水膨れ"

そもそも，税効果会計基準の目的は，税法に基づいて算定されている損益計算書の「法人税，住民税及び事業税」（費用）を，企業会計の基本原則である発生主義に基づいて，税引前当期純利益と合理的に対応させることによって当期純利益を算定することにある。つまり，損益計算書の「法人税，住民税及び事業税」の下に「法人税等調整額」という勘定科目を表示して，「法人税，住民税及び事業税」に加算・減算した結果を税引前当期純利益から控除することによって，「当期純利益」を算出する。これにより，ボトムラインの当期純利益は税法の影響を受けず発生主義により算定され，国内の企業間はもとより，外国企業との比較も可能となるのである。

そして，税効果会計を適用すると，多く払い過ぎているとか，早く払い過ぎた税金等については将来戻ってくるので前払費用と考えて，資産の部に「繰延税金資産」という項目で表示することになる。したがって，繰延税金資産分，当期純利益が大きくなる。当期純利益は貸借対照表の株主資本に含まれるので，いわゆる「自己資本」がその分かさ上げされる。つまり，税効果とは自己資本を増やすことができるという「効果」があるということだ。

ところが，税効果会計導入後の2002年になると，その問題点も顕在化してきた。払い過ぎた税金が将来戻ってくることを前提とする税効果会計が自己資本を"水膨れ"させていることに対する懸念である。将来に課税所得（企業会計上の利益のこと）が発生しない限り，実際には税金は戻らない仕組みだからだ。

論議の口火を切ったのは速水 優日銀総裁だ。総裁は「大手銀行の自己資本比率は2001年3月末では11％というが，公的資金を除き，繰延税金資産（税効果会計では同額を資本計上）も米国基準で限度を設ければ7％台になる」といった発言を繰り返している。株主から払い込まれた資本金や資本剰余金，過去の

利益の蓄積である利益剰余金等は実態のある自己資本で，赤字決算時の穴埋め原資にも使える。一方，税効果資本は「まだ実現していない自己資本」である。米国の上限ルールも，そうした特殊性を踏まえたものとみられる。日銀は，銀行を監査する監査法人にも税効果資本〔具体的には繰延税金資産〕を厳しくチェックしてほしい，と注文を付けている[4]。

■税金の「還付」といっても，現金が実際に戻ってくるということではない。翌年度以降に企業会計上の損失が続き，課税所得が計上されなければ税効果に基づく自己資本は実態のない見せかけの資本になってしまう。銀行の所有する株式の含み益の減少や不良債権処理コストの増加等の状況において，銀行が十分な利益を計上できるのか，そのベースとなる銀行の「甘い」事業計画への批判も根強い。

3 監査の厳格化と日本公認会計士協会の対処

第1章で見たように，銀行を監査する監査法人は悪者のような扱いを受けてきた。過去の銀行の破綻では直前の決算まで健全性の指標である自己資本比率が8％を超えていたのに，ふたを開ければ債務超過という例が続出したからだ。監査法人からしてみれば，銀行決算は大蔵省と銀行の間で固められた色合いが強く，外部からのチェックが困難との思いがあったものの，同省から監督を受ける立場にあることもあり，面と向かって反論することはほとんどできなかった。

しかし，1998年から，政府はいわゆる「護送船団方式」を廃止（17頁），銀行が不良債権を自らの判断で計算する「自己査定システム」を導入，その後，金融庁の検査マニュアルも公表された。こうしたなかで，監査法人による自発的かつ客観的なチェックの重要性が高まったのである。

この流れをはっきりと行政に位置づけようとしたのが，竹中平蔵経済財政・金融担当大臣である。2002年9月の就任以来，「銀行の信頼回復へ監査法人は非常に大きな社会的責任を負っている」と繰り返し強調した[5]。

そして，10月の「金融再生プログラム」（いわゆる「竹中プラン」）では，特に「外部監査人の機能」という項目を立て，厳正に監査することの必要性を

第3章　税効果会計 —— 銀行には朗報！　が，りそな銀と足利銀　39

強調した[6]。つまり，竹中プランは主要行の不良債権問題を通じた経済再生が主軸であるが，新しい金融行政の枠組みの一環として，「資産査定の厳格化」，「自己資本の充実」及び「ガバナンスの強化」の3点を掲げた。

やや詳細に紹介するならば，資産査定の厳格化については，特に金融機関の資産査定については，市場評価との整合性を図るため，DCF（ディスカウント・キャッシュ・フロー。割引キャッシュ・フロー法）的手法を採用すること。

自己資本の充実については，真の充実を図るため，①繰延税金資産の合理性を確認するために，外部監査人に厳正な監査を求めるとともに，〔当局に対しても〕主要行の繰延税金資産が厳正に計上されているかを厳しく検査すること。②自己資本比率の算定を外部監査の対象とすること。

ガバナンスの強化については，外部監査人は，引当・償却の正確性や継続企業の前提に関する評価について，重大な責任をもって厳正に監査を行うこと。

そして，自己査定と金融庁検査の格差を公表するとともに，自己査定の是正不備に対する行政処分を強化すること，健全化計画等の未達に関しては，行政処分を行うとともに，改善がなされない場合は責任の明確化を含め厳正に対応すること等も明らかにした。

この竹中プランに対して，日本公認会計士協会（会長：奥山章雄）は，翌年の2003年2月24日，会長通牒「主要行の監査に対する監査人の厳正な対応について」を公表，「繰延税金資産の合理性の確認」（特に，繰延税金資産の回収可能性の判断指針，非経常的な特別な原因の判断，課税所得の合理的な見積り，将来の不確実性の考慮，将来減算一時差異の解消のスケジューリング）等に関して，主要行の財務諸表監査を担当する会員に対して，よりいっそう厳正に監査することを求めた。

そして，同時に，「銀行等金融機関において貸倒引当金の計上方法として割引キャッシュ・フロー見積法（DCF法）が採用されている場合の監査上の留意事項」，及び引当金算定における期間の見直しに関して，「銀行等金融機関の正常先債権及び要注意先債権の貸倒実績率又は倒産確率に基づく貸倒引当金の計上における一定期間に関する検討」も公表した[7]。

日本経済新聞社が148監査法人のすべてにアンケート調査を実施したところ，

監査大手・準大手を含む37監査法人は，2003年3月期決算において繰延税金資産の査定や売掛金等の貸倒引当金の評価等について68％が厳しく監査したと回答，繰延税金資産の査定では32％の12法人が「企業側と対立があった」とのことである[8]。

　■竹中プランと日本公認会計士協会との“コラボレーション”は評価される。

4　税効果会計に係る事件

　税効果分の自己資本が過大であるという問題は当初から指摘されていたが，案の定，大事件が発生した。

(1)　りそな銀行事件 ──「背信行為じゃないか」

　2003年5月17日夕方5時30分，日銀の記者クラブで行われた会見で，りそなホールディングスの勝田泰久社長は，経営危機のため政府に公的資金の注入申請をしたと表明した。りそなホールディングスは，2003年3月期の最終赤字が8,380億円となり，同年3月期末の連結自己資本比率が国内営業の最低水準である4％を下回り，りそな銀行単体では2％台まで落ち込んだと発表したのである[9]。

　会見後の6時30分，小泉純一郎首相は，預金保険法に基づく史上初の金融危機対応会議を招集，りそな銀行に過去最大となる2兆円規模の公的資金を注入し，実質国有化して再建を目指すことを決めた。また，日銀は同日政策委員会を開き，必要に応じて無担保無制限の特別融資を実施して，資金繰りを援助する方針を決定した。

　問題は，繰延税金資産の回収可能性にあった。毎日新聞の記者・山口敦雄氏は，次のように指摘する[10]。

　「りそな側の説明によればこうである。〔2003年〕3月期決算において，りそな側は『繰延税金資産』を5年分の約7,000億円を主張したのに対して，〔同銀行の会計監査人である〕新日本監査法人は3年分の約4,300億円しか認めなかった。5年分が認められていれば，りそなホールディングスの自己資本比率は6％で，4％の基準を楽々上回っていた。しかし，3年分

しか認められなかったため，4％を下回る3.78％となった。繰延税金資産を何年分認めるか，それが焦点となった。将来の期間が長くなるほど，当然この額は増える。3年か5年か，その違いがりそなの命運を決した」

山口記者の指摘と日本経済新聞の記事を重ねると，以下のようになる[11]。

ゴールデンウィーク明けの2003年5月6日，「長年の信頼関係を崩す背信行為じゃないか。理事長はどう考えているのか」。大阪市中央区にそびえるりそなホールディングス本社の一室に勝田泰久社長の怒声が響いた。向かい合う新日本監査法人の社員3人の一人が「我々と同じです」と淡々と答えた。新日本が，りそな銀の「税効果資本」の大幅取り崩しを通告した瞬間だった。

翌日の7日，勝田社長は，旧知の竹山健二新日本監査法人理事長を訪問，トップ交渉に挑み，再考を促した。だが「らちがあかなかった」（りそな筋）。

「5月に入って突然，監査法人が方針を変えた。背信だと抗議した」と勝田社長が言うのは，連休入り前は自己資本比率が4％を割るほどの繰延税金資産の取り崩しは回避できると勝田社長が踏んでいたからだ。なぜか。

勝田社長はすでに自ら竹山理事長に再検討を要請していた。同理事長はかつて旧大和銀行の監査を担当し，勝田社長とは「大和銀行ニューヨーク支店事件以来の旧知の間柄」でゴルフ仲間だった[12]。竹山理事長は再検討を約束。新日本監査法人においては「収益計画の着実な実行」という条件付きで，自己資本比率が4％を超える決算を認める折衷案も浮上したもようだ。新日本監査法人幹部自身も「法人内の審査会では楽観論も悲観論もあった」と税効果の妥当性を巡って意見の相違があったことを認める。

だが，新日本監査法人は連休中の5日に開いた本部審査会において，りそな銀行が示した2003年3月期決算の原案を認めなかった。何が新日本監査法人の姿勢をかたくなにしたのか。

りそな銀行は大和銀行とあさひ銀行が合併し2003年3月3日に営業を開始したが，大和銀行はそれまで新日本監査法人が，あさひ銀行は朝日監査法人がそれぞれ監査しており，両監査法人が新設のりそな銀行に係る監査を共同で実施していた。ところが，パートナーである朝日監査法人が，4月22日に開いた審査会で2003年3月期に係る繰延税金資産の「全額否認」を決定，4月30日には，りそな銀行に対し同行の監査を辞退すると伝えた。

朝日監査法人の税効果資本のゼロ査定という衝撃的な決定に新日本監査法人は「揺れた」（りそな幹部）。朝日監査法人の監査拒否が表面化すれば自らの監査の妥当性を問われかねない。折しも，すでに指摘したように，竹中大臣は竹中プランで税効果資本を厳格に算定するよう呼びかけ，そして日本公認会計士協会も呼応している。新日本監査法人は決算期の3月末が終わって1カ月以上も過ぎた異例の時期に，大幅取り崩しを決定したのである。

　その後も，りそな銀行と新日本監査法人の担当者レベルで引き続き協議，「見解が二転三転した」という（金融筋）。しかし，5月15日，新日本監査法人は審査会を再び招集しないことをりそな銀行に回答した。りそな銀行の実質国有化が確定した。

　2003年4月24日，朝日監査法人の38歳の公認会計士が亡くなった。自身が住むマンションからの飛び降り自殺だった。同僚の話では4月24日は，りそな銀行の決算数値が固まる日だったという[13]。その2日前の4月22日，彼の所属する朝日監査法人の本部審査会は，繰延税金資産のゼロ査定を決定した。彼はシニアマネージャーという監査現場責任者の立場にあった。自殺の原因は不明だが，繰延税金資産の回収可能性を巡り追い込まれていたのかもしれない。

　■なんとも残念です。若い公認会計士諸君，監査問題程度で死んではいけない！

　2015年6月25日，りそなホールディングスは，ピークには3兆円を超えていた国からの公的資金を完済したと発表した[14]。2003年に2兆円の公的資金が投入され，実質国有化された「りそなショック」から12年，ようやく民間銀行として再スタートを切った。

　そして，2024年3月期のりそなホールディングスは，連結経常収益（連結売上高）9,416億円（前期8,679億円），連結経常利益2,229億円（前期2,276億円），連結当期純利益1,589億円（前期1,604億円）を計上した[15]。

(2) 足利銀行事件

　足利銀行（本店：栃木県宇都宮市）は，1980年代のバブル経済時代に急成長

し，1990年には預金額において地銀第5位になるまでに至った。その要因は不動産への積極的な融資によるものであったが，バブル崩壊後は巨額の不良債権を抱えることになった。

吉見　宏北海道大学教授は，次のように指摘する[16]。

足利銀行は，1996（平成8）年3月期において不良債権処理のため919億円の損失を計上する。これは創業以来初の赤字決算であった。さらに98年，99年の両3月期決算でも赤字を計上，99年度以降は3回にわたり総額1,350億円の公的資金の注入を受けることとなった。

その後の2年間は，表面的には小康状態を保っていたが，再び2002年3月期には1,280億円，翌03年3月期には710億円の赤字決算となるに至った。この03年3月期の自己資本比率は4.54％と発表されている。

そこで，金融庁は同行に業務改善命令を出すとともに2003年9月から金融検査に入った。同庁の検査は，融資先企業の収益見通しや担保不動産の評価額の見直し等，大手銀行並みの資産査定で大幅な引き当て不足を指摘，足利銀行からの異議も全面的に却下したという。

その検査結果を2003年3月期決算に反映させると，自己資本比率は足利銀行が発表していた4.54％からマイナス0.7％へと債務超過に転落。その後の景気回復や株価上昇を勘案しても，2004年3月期の中間決算の9月末の自己資本比率はプラス1％弱となり規制値の4％を下回る。ただ，繰延税金資産については「監査法人が判断すべき問題」とした〔■おそらく「監査法人と相談してください」と，一歩引く姿勢に止めたと思われる。金融庁の同様な姿勢については，私も地方銀行の監査で経験をしたことがある〕。

金融庁から判断を委ねられた格好の同行の会計監査人である中央青山監査法人は急きょ審査会を開催，すでに2003年3月期に容認していた繰延税金資産1,387億円を否認することを決定した。結果として，同行の2003年3月期の自己資本比率は4.54％からマイナス0.7％へ転落，同行は債務超過に陥った。そして，2004年3月期の9月中間決算も1,862億円の赤字，1,023億円の債務超過となった[17]。

これを受けて政府は，11月29日，足利銀行を特別危機管理（一時国有化）とすることを決定，同行は事実上破綻したのである（その後足利銀行は，2008年に

野村ホールディングスを中心とする企業連合に1,200億円で譲渡され，特別危機管理体制から脱却した）。

2005年1月，金融庁は中央青山監査法人に対し，地方事務所に対する審査体制及び指導・教育体制の不備，監査調書作成等に係る業務管理体制の不備があったとして戒告処分を下した。

同年9月，足利銀行は，中央青山監査法人と破綻当時の監査役4人を相手取り，11億3,580万円の支払いを求める損害賠償請求訴訟を提起した[18]。この訴訟は2007年に和解が成立，みすず監査法人（旧中央青山監査法人）は，法的責任を認めていないとしているものの，2億5,000万円を支払った。

■りそな銀行の最大の問題は，資本不足という極めて厳しい経営状況だ。そのような状況をもたらした社長をはじめとする経営陣の責任が，まず問われなければならない。そして，2002年以降の監査厳格化の流れを読むことができなかった点も，経営者として失格だ。

一方，社長本人は繰延税金資産の回収可能性に不安を覚えながらも，お友達の監査法人理事長が救ってくれると“高を括って”いたのかもしれない。そうでないと「背信行為じゃないか」という言葉は咄嗟には出てこない（41頁）。

そして，その社長と旧知の間柄で背信行為だとまで言わせたゴルフ仲間の監査法人トップの「独立性」の欠如も，問題視されなければならない。

足利銀行も破綻した。同銀行を長年監査していたパートナーは地元の公認会計士であった。足利銀行も長年お付き合いしていた公認会計士が救ってくれると期待していたのであろう。そして，中央青山監査法人も合併で傘下に入った地方事務所の監査品質に“メス”を入れることができなかった。

被監査会社と監査法人との「信頼関係」は，両者がお互いの立場を理解しつつ真剣勝負することによって構築される。ゴルフ場や仲間意識から生まれるものでは決してない。

◆注 ───────

1 日本経済新聞「不良債権」，2001年5月4日

2 日本経済新聞「企業倒産 戦後最悪」，2001年4月14日

3 日本経済新聞「資本押し上げ6兆6,000億円」，1999年5月25日

4 日本経済新聞「銀行の自己資本 水膨れ？」2002年3月13日，「日銀考査，監査法人に厳格監査求める」2003年3月29日

5 日本経済新聞「どうなる大手銀自己資本─会計士厳格査定」，2003年4月25日

6 金融庁「金融再生プログラム─主要行の不良債権問題解決を通じた経済再生」，2002年10月30日

7 日本公認会計士協会会長通牒「主要行の監査に対する監査人の厳正な対応について」2003年2月24日。「銀行等金融機関において貸倒引当金の計上方法としてキャッシュ・フロー見積法（DCF法）が採用されている場合の監査上の留意事項」2003年2月24日。「銀行等金融機関の正常先債権及び要注意先債権の貸倒実績率又は倒産確率に基づく貸倒引当金の計上における一定期間に関する検討」2003年2月24日

8 日本経済新聞「監査厳格化した68％」，2003年7月20日

9 日本経済新聞夕刊「りそな，実質国有化へ公的資金2兆円投入」，2003年5月17日

10 山口敦雄『りそなの会計士はなぜ死んだのか』毎日新聞社，2003年7月25日，26-27頁

11 日本経済新聞「政府・日銀 りそな支援決定，資本注入2兆円，特融も準備，不良債権分離し再建」，「りそな支援決定，甘かった自己資本算定」，「勝田会長会見─監査法人と激しく交渉」2003年5月18日，「検証りそな支援─『金融危機』の影」2003年6月1日

12 大和銀行ニューヨーク支店事件

　1995年7月，大和銀行ニューヨーク支店の元嘱託行員が，1984年から1995年までの11年間にわたって米国債の不正な簿外取引で約11億ドルもの損失を出したことを取締役に告白した。ところが，大和銀行はその損失を伏せたままの資産報告書を米連邦準備制度理事会（FRB）に提出したため，「共同謀議」等24の罪で起訴された。同行は96年2月，16件の有罪を認め，残りの起訴を取り下げてもらう司法取引に応じ，3億4千万ドルの罰金を支払った。この事件で大和銀行は米国からの全面撤退を余儀なくされたのである。

　同行の株主は，当時の取締役ら49人に対して，約11億ドルの損失と捜査当局に支払った罰金等3億5,000万ドルの総額14億5,000万ドル（約1,550億円）を賠償するよう求めた。2000年9月20日，大阪地裁は，株主側の訴えを一部認め，ニューヨーク支店長だった元副頭取に単独で5億3,000万ドル（約567億円），11人の取締役に計約2億4,500万ドル（約262億円）という株主代表訴訟では前例のない巨額な損害賠償を命じた。

　そして，地裁は，元行員が11億円の損失を出したことについての取締役の管理責任について，「大和銀行ニューヨーク支店の証券保管残高の確認方法が著しく適切さを欠いていたことなどにより，元行員に不正の機会を与える結果になった」と判断，取締役の内部統制システムの整備義務違反を善管注意義務違反としたのである。つまり，大阪地裁は，内部統制システムは会社の自律的な法令遵守やリスク管理などのために必要な基本的体制

であり，それを自ら構築し適切に運用しなければ，取締役は任務懈怠責任に問われること
を判示したのである。

　この事件を契機に，2006年5月施行の会社法は，「大会社」（資本金5億円以上または
負債総額200億円以上の株式会社）に対し内部統制システムに関する基本方針を取締役が
決定することを5月施行後の最初の取締役会で行うこと，そして内部統制システムの概要
を事業報告の一部として株主に報告することを求めた。

　現在のわが国の会社法第362条第5項は，大会社である取締役会設置会社に対して，「取
締役会は，取締役の職務の執行が法令及び定款に適合することを確保するための体制その
他株式会社の業務並びに当該株式会社及びその子会社から成る企業集団の業務の適正を確
保するために必要なものとして法務省令で定める体制の整備を決定しなければならない」
と定めている。この「体制」のことを「内部統制システム」と呼んでいる。そして，その
体制については，法務省令（会社法施行規則第100条）が定めている。

　　加藤亮太郎「大和銀行ニューヨーク支店損失事件　株主代表訴訟第一審判決—内部統制
　と取締役の責任について」『彦根論叢』（滋賀大学経済学会）第331号，2001年6月
13　山口敦雄，前掲書，13頁
14　りそなホールディングス「公的資金の完済について」，2015年6月25日
15　りそなホールディングス第23期有価証券報告書，2024年6月24日，2頁
16　吉見　宏「不正事例と監査の品質管理—足利銀行の事例」『経済学研究』（北海道大学）
　　第58巻第3号，2008年12月
17　日本経済新聞「激動地域金融，足利銀ショック」，2003年12月3日
18　朝日新聞「足利銀　中央青山を提訴へ，『粉飾決算に加担』」，2005年9月13日

第4章

「激震」会計基準
──── 時価評価と減損 ────

　企業が保有する資産は取得時の価額で評価することが原則である（取得原価主義）。「会計は事実を映す鏡」といわれるが，この取得原価主義には資産価値の変動という事実を会計に適切に反映できないという弱点がある。

　そこで，1990年代に入り，「国際会計基準」は一部資産を時価で評価することになり，わが国でも会計ビッグバンの下，金融商品，典型的には有価証券について，以下のように時価評価が導入されることになったのである。

①　短期保有株式等の時価評価を2001年3月期から適用

②　子会社及び関連会社の株式については取得原価を原則とするが，時価が著しく下落したときは，回復する見込みがあると認められる場合を除き，時価評価，2001年3月期から適用

③　長期保有株式（持ち合い株式等）の時価評価を2002年3月期から適用

　そして，固定資産の減損会計が早ければ2003年3月期にも導入される見通しとなった（55頁）。

1　販売用不動産の時価評価

(1)　巨額な含み損

　驚くべき事実がある。日本経済新聞によると，上場ゼネコン62社の1998年度の販売用不動産は合計7兆3,965億円であるが，簿価の4割が損失になると仮定すると評価損は2兆9,586億円にものぼる。1998年度の62社の経常利益の

合計は2,913億円にすぎず，経常利益で損失を消すには10年強もかかる計算だというのである[1]。

　ゼネコン（総合建設会社）は，本来は施主から発注を受けて工事を始めるが，バブル期には自ら土地を購入してビルやゴルフ場等を次々に建設，販売しようとした。ところがバブル崩壊後，これらの販売用の不動産は売れ残り，地価の大幅下落に伴って巨額の含み損を抱えることになったのである。第1章の「経済白書」で見たとおりである（16頁）。

　企業が保有する販売用不動産は，棚卸資産として扱われ流動資産に分類される。従来，棚卸資産については「低価基準」，すなわち時価と簿価のいずれか低い方を期末資産の評価額とする方法が採用されていたが，販売用不動産については時価の算定が困難であること等から，ほとんどの企業は簿価を維持し，損失処理を先送りすることができた。

(2)　日本公認会計士協会が"リード"

　販売用不動産の時価評価の問題は，日本公認会計士協会が監査の立場からリードした。それには，わけがある。すでに第1章で紹介したように，1990年代中頃から銀行等の金融機関の経営破綻後に粉飾決算が相次いで発覚し，会計監査人たる監査法人に対して内外から厳しい批判が浴びせられた。監査不信を払拭し，そして，会計ビッグバンの下での新会計基準に時価評価の国際ルールが導入されると，わが国の監査実務のレベルが国際水準に達しているかが問われるからである。

　企業会計審議会が固定資産の会計処理について審議事項として取り上げたのは1999（平成11）年10月の総会であったが，日本公認会計士協会（会長：中地宏）はそれ以前の同年9月，ゼネコンの監査体制見直しに関する報告書を発表。不良資産の評価，特に多額の含み損を抱えた販売用不動産等を可能な限り現在の価格で評価するよう会員の公認会計士に求めた。そして，協会が独自に資産算定ガイドラインを作成することも明らかにした[2]。

　2000年1月，日本公認会計士協会は，企業が開発や分譲を目的に取得した販売用不動産について時価評価による損失処理を義務付ける監査実務指針（公開草案）を発表した。時価が取得価額より5割以上下落し，今後値上がり

する可能性がないと判断した場合には評価損を計上させる。適用は2001年3月期（2000年4月1日以降に始まる事業年度）からだが，前倒しも可能とした[3]。

(3) 前倒し

この監査実務指針はまだ「公開草案」であったが，この発表を受けて，大手不動産会社や建設会社では，販売用不動産の損失処理の前倒しが見られた[4]。

三菱地所は，販売用不動産のうち時価が取得価額（簿価）を5割以上下回っているすべての物件の含み損300億円超を2000年3月期に損失処理する。三井不動産も，都市部の開発用地等の流動資産（簿価約1,500億円）の評価減約900億円を，また保有不動産に含み損を抱え経営不振に陥っている子会社の三井不動産建設に対する債務保証の損失460億円，計約1,400億円を2000年3月期に特別損失として処理する。これにより同社の単体の当期利益予想は110億円の黒字から640億円の赤字へ，連結純利益も50億円の黒字から585億円の赤字に転落する〔■業界最大手の三井不動産の積極性が目立つ〕。東急建設は，親会社の東京急行電鉄の支援を受けて半値以下になった販売用不動産を中心に評価減409億円を2000年3月期に計上する。そして，大手ゼネコンの大成建設が約280億円，大林組が約130億円の含み損を2000年3月期に特別損失として計上予定だ。

(4) 日本公認会計士協会の実務指針

2000年7月，日本公認会計士協会は「販売用不動産等の強制評価減の要否に関する監査上の取扱い」（監査実務指針）を発表，時価が簿価の50％以下に下落した販売用不動産については含み損を損失計上することを強制した。大筋は草案どおりだが，仕掛中の「未成工事支出金」も評価減の対象としたこと，含み損が巨額な場合には下落率が50％未満でも評価減を求める等，一段と踏み込んだ内容となった。導入時期も2001年3月期からと明記した[5]。

そして，注目すべきは，日本建設業団体連合会が強力に求めていた適用時期の延期や評価損の繰り延べ等の激変緩和措置を拒否したことである[6]。■この日本公認会計士協会の毅然とした姿勢は評価される。

これにより早くも影響を受けた会社がある。「黒四ダム」で有名な熊谷組だ。

2001年3月期に420億円の損失計上が不可避となったため，2000年9月18日，取引銀行に計4,500億円の債務放棄を要請，自力再建を断念した。同社の社長は，「7月に決まった新しい会計基準に対応するには他に手がなかった[7]」と語った。

10月16日の日本経済新聞は，「本番迎えた時価会計，負の遺産処理 企業に迫る」と，次のように伝える[8]。

「企業が保有する資産を市場価格に基づいて厳格に評価する時価会計が始まり，最初の関門である〔2001年3月期の〕9月中間決算の発表が本格化する。時価会計の導入は単に会計制度の変更にとどまらず，株式持ち合いや含み益に支えられた日本的経営をも変えつつある。……上場企業2,180社が固定資産で保有する土地の簿価は，2000年3月期で計38兆円。1991年3月期のほぼ2倍だ。この10年間で全国の商業地の公示地価は約5割になっており，企業の所有地の含み損が拡大していることは容易に想像できる。含み損処理を求める『減損会計』は2003年3月期にも導入予定だ」

2 有価証券の時価評価

(1) 新会計基準と新監査実務指針

1999（平成11）年1月，企業会計審議会は「金融商品に関する会計基準」を発表した。企業が所有する有価証券については，その目的別に，①売買目的有価証券，②満期保有目的の債券（国債や社債等），③子会社株式及び関連会社株式，④その他有価証券の4つに分類し，①については決算日現在の時価で評価，②については取得原価で評価，③についても取得原価で評価，④については時価で評価することを要求した。ただし，③の子会社株式や関連会社株式については，時価が著しく下落したときは，回復する見込みがあると認められる場合を除き，時価評価とし，評価差額は当該期の損失とする。適用時期は，①②③については2001年3月期から，④については2002年3月期からとした。

2000年1月，日本公認会計士協会は，売買目的有価証券以外の有価証券，つまり，②③④の有価証券のうち時価のあるものについては，以下のように定めた[9]。

・有価証券の時価が簿価を50％以上下回った銘柄で，かつ，回復可能性が

見込めないと判断した場合には減損処理をする（「有価証券の減損」という。減損損失を損益計算書の特別損失に計上）。

・下落率が30％以上50％程度の場合は，状況によっては時価の回復可能性がないとして減損処理を要する場合もあることから企業の判断に委ね，個々の企業が「著しく下落した」と判定するための合理的な基準（例えば，下落率が30％以上は減損処理をするというような基準）を設定し，それに準拠して減損処置をする。

・30％未満の場合は減損の対象としない。

　■**下落率が30％以上50％程度の場合について，企業がどのような基準を定めるかによって，当該企業の会計・監査全般に対する姿勢（積極的か消極的か）が窺える。**

(2)　企業側の対処

　適用期限の2001年3月期，企業側はいかに対応したか？

　①の売買目的有価証券の時価評価については，企業は特に問題なくこれを受け入れた。売買目的有価証券が全体として少額であったからであろう。

　②の満期保有目的の債券についても，目立った動きはなかった。

　注目は，③の子会社株式及び関連会社株式である。すでに指摘したように，これまでは子会社株式の含み損処理については明確なルールが存在せず，多くの企業が処理を先送りしていた。

　NEC は2001年3月期単独決算で，関係会社株式評価損1,121億円を特別損失として計上，富士通も単独決算で同期に子会社株式評価損1,330億円を特別損失とした〔■**ライバル2社のせめぎ合い**〕。ホンダは，2001年3月期，ホンダモーターヨーロッパの株式を減損，単独決算で815億円を特別損失とした[10]。■**このように，業績不振で株価が低迷している"親不孝な息子"に関して，一部の有力企業によっては関係会社株式を評価損処理した。**

　しかし，子会社株式と関連会社株式の減損処理は順調ではなかった[11]。その最大の理由は，回復可能性が見込まれると判断される場合には減損処理をしなくても済むことができるからだ。また，減損処理をした子会社株式と関連会社株式は，当該会社の業績が回復しても，元の帳簿価額に戻せないことも，その

一因であろう。

④の「その他有価証券」に含まれる代表的なものは，企業が相互の株式を持ち合う「持ち合い株式」である。企業は所有する持ち合い株式を時価評価の対象にしたくないという思惑から，時価会計の導入に反発してきた。

ところが，2000年3月，東京三菱銀行は持ち合い株式を含めた金融商品の時価会計の適用を1年繰り上げ，2001年3月期に実行すると発表した[12]。ほとんどの都市銀行が前倒しに消極的ななかで，同行は財務内容の透明性を高める必要があると判断，早期実施に踏み切った。

そして，朝日新聞は，次のように報じる[13]。

「2001年3月期決算において，持ち合い株の時価評価を企業の7割程度が前倒し導入している。一方で，大幅赤字に陥る企業も出ている。市場の評価を意識し，むしろ業績のいい企業から損失処理をする動きが広がっている」

■企業の7割程度の1年前倒しには，正直，かなり驚かされる。追い込まれた多くの経営者の勇断だ。

ところで，興味あるニュースが伝えられた[14]。2001年3月期決算における大手銀行3行による保有株式の株価下落に伴う損失処理についてである。以下の**図表4－1**を見よう。

図表4－1 **大手3行による株式評価**

	処理額	評価損を計上する株式	
		下落30%以上50%	下落率50%以上
三菱東京フィナンシャルグループ	4,170億円	破綻懸念先と要注意先の銘柄	すべての銘柄
みずほフィナンシャルグループ	1,500億円	株価回復の可能性がない銘柄	株価回復の可能性がない銘柄
UFJグループ	2,950億円	株価回復の可能性がない銘柄	株価回復の可能性がない銘柄

三菱東京グループは，時価の簿価に対する下落率が50%以上の銘柄は株価回復の可能性が低いと判断，一律に特別損失処理した。4,170億円は巨額である。一方，みずほグループは，「銘柄ごとに株価回復の可能性を調べ，回復が

見込めるものは減損処理をしていない」という。また，UFJ グループは，1 年程度で株価が回復すると予想できる銘柄等は評価損を計上していない。三菱東京と同様の処理をすれば評価損はさらに1,000億円近く増えるという。

■会計処理の違いは，明らかに「経営体力」の違いであろう。三菱東京フィナンシャルグループが"ダントツ"だ。

このように大手行の会計処理の違いが見られるなかで，これに「対峙」する監査法人の姿勢はどうか？

日本経済新聞は，「4 大監査法人，簿価が50％以下でも損失処理強制せず」と，次のように伝えた[15]。

「〔図表 4 - 1 で見るように，みずほフィナンシャルグループは株価回復の可能性がある銘柄については評価損を計上しない方針であるが，〕みずほフィナンシャルグループやあさひ銀行を監査する新日本監査法人の S 代表社員は，『銀行は詳しい情報を持っており株価の回復可能性を一般事業会社よりも理論的に証明できる』と述べている〔■これは，すべてを銀行の判断に委ねているとする姿勢であるが，何のための独立監査か，不見識な発言である〕。また，UFJ ホールディングスを監査する中央青山監査法人は審査部門で慎重に判断するとしているが，すでに認めているケースもある。

三井住友フィナンシャルグループを監査する朝日監査法人も，『来年 3 月末までに50％まで戻る可能性があれば強制しないこともある』（T 専務理事）と処理の先送りを容認する構え。監査法人トーマツの場合は，監査対象である三菱東京フィナンシャルグループが，50％を下回った場合はすべて損失処理することを明らかにしている。ただトーマツも，他法人と共同監査になる銀行などでは減損処理を強制するのは難しいとみられる」

■日本公認会計士協会の監査実務指針は「時価が簿価を50％以上下回った銘柄で，かつ，回復可能性が見込めないと判断した場合には，減損処理をする」と定めて，時価の回復可能性の最終的判断を監査人に委ねた。極めて難しい判断であるが，結局は，被監査会社と監査人との「力関係」であろう。監査人の論理に裏付けられた独立性と誠実性が物を言う。

一方で，監査法人の立場は「微妙」だ。銀行の相次ぐ合併が監査法人の顧客

争いに拍車をかけているからだ。「銀行に対して強く主張できない」との見方も，あながち誤りとは言えない。例えば，2000年4月1日，会計事務所第4位の太田昭和監査法人と第5位のセンチュリー監査法人が合併，太田昭和センチュリー監査法人が組織された。太田昭和とセンチュリーの合併のきっかけは，大手銀行3行（富士銀行，日本興業銀行，第一勧業銀行）の統合にある。3行の監査法人との関係は，富士—太田昭和，日本興業—中央，第一勧業—センチュリーであった。結局，富士と第一勧銀を監査していた太田昭和センチュリーが，新生みずほホールディングスを獲得した。銀行統合に伴う絞り込みを想定し，重要顧客をつなぎ止めるために会計事務所が合併に動いたという側面も見える。

　持ち合い株式の時価評価が強制された2002年3月期。同年6月29日の日本経済新聞は，次のように伝える[16]。
　「2002年3月期決算を特徴づけたのは，持ち合い株の時価評価が強制的に始まり，銀行株を中心に多額の評価損計上が相次いだことだ。上場企業の特別損失は11兆円強にのぼったが，そのうち，3割程度を株式評価損が占めたとの見方もある。なかでも持ち合いの象徴であるみずほホールディングス株の値下がりによる評価損は合計1兆円を超えたようだ。株式時価評価は持ち合い解消を促す。この流れを押し止めることはできない」
　■持ち合い株式の時価評価により，企業及び企業グループの財務の透明性は著しく向上した。

3　固定資産の減損会計
── 政治からのプレッシャーを跳ね除ける

(1)　迷走しつつも前倒し

　2000（平成12）年6月，企業会計審議会は，「固定資産の会計処理に関する論点の整理」を公表。日本経済新聞は，「固定資産の減損処理義務，2002年度にも導入，建設業など影響必至」と煽った[17]。
　この論点の整理は固定資産の減損の導入時期を明示しなかったが，それが公表された5ヵ月後の2000年11月，三菱地所が900億円，東京建物が約350億円，

第4章　「激震」会計基準 ── 時価評価と減損　55

三井不動産が約200億円，清水建設が190億円，鹿島（単体）が140億円の固定資産（未着工の開発用土地，子会社の賃貸ビルやゴルフ場等）の含み損を2001年3月期に処理すると伝えられた[18]。このような有力企業に対し，含み損の先送りができなくなる多くの企業を抱える不動産業界や建設業界，生命保険業界等は強く抵抗したという。

　2001年2月15日，自民党企業会計小委員会（委員長：塩崎恭久衆院議員）において，金融庁は日本を除く先進国が固定資産の減損会計を導入している実情を説明，経済界は導入に慎重な姿勢を見せ，経済産業省も「十分な時間的余裕を」と訴えた。一方，日本公認会計士協会は会計基準の国際的調和化の重要性を強調する従来の姿勢を崩さなかった[19]。

　そして，同年4月30日の日本経済新聞は，「減損会計導入論議迷走，建設や不動産『再建へ配慮』求める」と伝えた[20]。

　7月6日，迷った企業会計審議会は，減損会計の2003年3月期導入を断念した[21]。

　その4カ月後の11月末，金融庁は減損会計を早ければ2004年3月期から導入する方針を固めた。遅くとも2004年4月以降に始まる決算期（2005年3月期）から企業が選択適用できるようにする。全上場企業に適用を義務付けるのは2005年度（2006年3月期）とする考えだ。背景には，小泉純一郎政権の誕生で（2001年4月26日），損失の表面化を避けて問題を先送りするより，企業が抱える損失を早期に処理することが経済再生につながるという「発想の転換」が起き，また，産業界の姿勢も変化し，日立やコマツ等の優良企業を中心に損失を処理し，早期の収益回復を狙う例も出始めたからだ。経団連や経済産業省も当初の反対姿勢を撤回した。主要国で日本だけに減損会計がないことで不信感をもたれるより，早期導入を打ち出すことが重要という意見に転じた[22]。

　2002年6月。ゼネコン大手4社の2002年3月期の決算発表では，「減損会計への対応はおおむね完了しました」が各社の合言葉になったという。各社が前倒し処理を急ぐのは，手をこまねいていると市場の信認低下が避けられないからだ[23]。そして，東芝は，市況悪化と需要減に伴い一部の半導体製品の製造装置を減損し552億円の損失を2002年3月期に計上，NECも同期に機械装置の減損や廃棄損等で2,029億円の損失処理をした（両社とも，減損会計を導入済みの

米国会計基準を適用）。また，日本の会計基準を採用している KDDI は，2002年3月期に旧式の携帯電話設備の除却損として1,283億円を計上した[24]。

8月9日，企業会計審議会は「固定資産の減損に係る会計基準」を発表，前倒し適用を認めつつ2005年4月1日以後開始する事業年度（2006年3月期）より全面的に適用するとした[25]。

(2) 減損会計凍結論

このように，当初のメディアが予想する2002年度（2003年3月期）から3年遅れて2005年度から全面適用の会計基準が発表されたが，減損会計導入延期論が政治サイドからもたらされた。

2003年3月5日，自民党の麻生太郎政調会長，堀内光雄総務会長，相沢英之デフレ対策特命委員長の三者は，党本部に高木祥吉金融庁長官を呼び，減損会計の導入延期を検討するよう求めた。長官は「金融庁は直接担当していない」と説明，わが国の会計基準設定主体である「企業会計基準委員会」（83頁）から検討状況を聞いたうえで，党と協議することになった[26]。

朝日新聞は，こう伝える[27]。

「その背景には株価急落という事実がある〔2003年3月11日に1983年以来20年ぶりとなる日経平均終値が8,000円台を割り7,862億円を記録。イラク戦争開戦秒読みによる米国経済への懸念が要因〕。与党は，固定資産の含み損処理を義務付ける減損会計の導入を2年程度先送りすること，そして，現在は株価が帳簿価額より50％以上下がった場合に『強制評価減』として当期損失の処理を義務付けているが，強制評価減をするかどうか企業に任せる選択制を2003年3月期から導入するという方針を打ち出した。企業決算に株価や地価の変動が与える影響を軽減する狙いだ」

このような動きに対して，キヤノンの御手洗冨士夫社長は，「減損会計は会計ビッグバンの総仕上げの部分に当たる。企業の実態を丸裸にして安心して投資できる基盤をつくろうという考えが根っこにある。先送りすべきではない。延期しようと今からいうのは，導入時もまだ景気が悪いだろうと悲観するようなものだ。それまでに日本経済を再建するのが先決だろう。……一連の会計制度の見直しは株式市場や投資家保護の観点から見ると，極めて当たり前の

ことだ。時価会計で正しい決算をし，時価経営を進めるやり方は間違っていないと確信している[28]」と述べた。■**御手洗社長の正当な発言には，経営者としての確固たる姿勢が感じられる。**

　しかし，４月１日，麻生・堀内・相沢の３氏は，時価会計の凍結を実現させる方針を確認。４月７日，麻生政調会長は，時価評価による固定資産の会計処理を５年程度凍結するとともに，減損会計の完全導入を２年延期する一括法案を，４月中に与党３党の議員立法で提出する方針を表明した。麻生氏は同日，竹中平蔵経済財政・金融担当相と会談，凍結・延期の検討を急ぐよう要請した。竹中氏は「政府や民間団体との検討を待ってほしい」と慎重な対応を求めたが，麻生氏は「ぐずぐずしてもらっては困る」と強調した。ただ，小泉純一郎首相は凍結・延期に否定的な考え方を示し，与党内にも消極論がある。産業界にも「すでに３月期決算の数字を固めている」「先送りになっても予定通りやるだけ」「選択制が導入されても時価で評価する方針は変えない」との意見がある[29]。■**小泉政権は与党内の消極論や産業界の意向を読んでいたのであろう。ここでもブレない。**

　４月15日，日本経済新聞社は，主要企業約200社に対するアンケート調査を発表した。それによると，株式の時価評価については83％が「従来通り時価で評価」と回答，また，「固定資産の減損会計の延期」については「予定通り導入すべき」が51％，「一部または全部の延期に賛成」が36％と意見が分かれた。前者の株式の取得価額での評価に否定的だった背景には，投資家の目を意識した経営が浸透していることがある[30]。■**このタイミングでのアンケート調査は評価される。**

　このように，政府・与党，金融界，産業界を巻き込んで，時価会計見直しをめぐり賛否両論が高まっているなかで，４月18日の日本経済新聞は，社説「会計基準の変更は脱デフレの切り札か」で，次のように主張した[31]。

　「自民党が会計基準に注文を付けて以来，会計問題の政策論議が盛んだ。自民党は時価会計の凍結と減損会計の適用時期の延期を求めている。株価や地価が下落している時期に資産の時価や現在価値を反映する会計基準を採用すると，企業活動を委縮させ，資産売却を促すなどの悪影響があるとの理由だ。要求に応じなければ，議員立法も辞さないという。

原理原則を曲げて得られるものは何か。資産価値の目減りに目をつぶった会計情報を誰が信用するだろうか。企業の実態を知りたい投資家や金融機関は独自に本当の姿を割り出そうとするか，実態が見えない企業を相手にしなくなるのではないか。損失計上や資本のき損〔毀損〕を免れたからといって，企業が劣化したリスク資産を持ち続けることは健全か。それは会計の自殺行為にほかならず，日本公認会計士協会が反対するのは当然である。

政府対応の真の課題は，企業と金融機関の経営実態を直視して，必要かつ適切な行政的対応と抜本的な公的関与を行うことであり，会計基準を動かすことではないと考える」

■まさに正論である。会計基準は実態をより的確に写す手段である。物差しを変えても経営実態は変わらない。

同日（４月18日），与党３党が求める時価会計の凍結や減損会計導入延期論に対して，経済界・産業界から反対する動きが相次いだ[32]。

「経済同友会が時価会計の凍結・延期に反対声明を発表，『場当たり的な会計基準の変更は資本市場や金融システムへの信頼を失墜させる』と指摘。長期保有株式を取得時の価格で評価する原価法も選べるようにする案についても『行うべきではない』と退けた。

日本鉄鋼連盟の千速 晃会長（新日本製鐵会長）も会見で，両会計に関し『企業は国際会計基準にそって動き出している。大半の企業が決算期の３月が過ぎ，タイミングも遅すぎる』と否定的な考えを示した。電気事業連合会の藤 洋作会長（関西電力社長）も，時価会計の見直しについて『会計の透明化が担保される現在の時価会計を継続した方が，得策と判断する会社が多いであろう』と述べた。日本経団連も『予定通り実施すべきだ』としている。ただ，日本商工会議所は『会計不況を回避すべきだ』と延期賛成に回っている」■勝負あり！

約５カ月有余後の10月１日，日本経済新聞は伝える[33]。

「春先には凍結を求める強硬発言が関係者を驚かせたが，株式相場の回復により永田町からの風圧はピタリとやんだ」

景気が回復してきたのである。2003年10－12月の実質国内総生産（GDP）は

年率７％とバブル期以来の高成長だった。失業率や企業倒産件数，銀行の不良債権残高も，ピークを打って低下してきた[34]。

■経済の回復が主因であることは確かだろうが，真実は，永田町（の一部）が世論に負けたのである。

(3) 減損処理加速

2004年に入り１月14日の日本経済新聞は，「広がる『持たない経営』」と伝える[35]。減損会計に備え資産の効率化を進めているのである。JR東日本は，社員寮を中心に毎年400億円規模の遊休資産を売却する。日立製作所は東京の本社ビルを2003年３月不動産投資法人に400億円で売却した。NECは2003年11月，保有資産の効率化や研究・技術開発体制の強化を目的に，横浜にある事業所の土地建物を証券化によって売却，184億円を調達した。日本通運も旧本社ビルの売却を検討しているという。証券化市場が整備されて投資家が増え，資産の切り離しが容易になったのである。

そして，企業の固定資産の減損処理はいっそう加速した。好調な経営成績が背景にある。

「日本経済新聞社が2004年６月２日最終集計した全国上場企業（金融と新興企業向け市場を除く1,638社）の2004年３月期連結決算は，経常利益が前の期比27％増の20兆2,870億円となった。２期連続の経常増益である。2003年３月期が不採算事業徹底や人員削減等のリストラ効果に支えられた増益であったの対し，2004年３月期は増収効果による増益に質が転換してきており，企業収益は本格的な成長路線に乗り始めた。……2004年３月期決算の上場企業の減損処理額が１兆円を超えた。３月期決算企業が前期に稼いだ最終利益のおよそ１割に相当するという[36]」

2004年11月から12月にかけて，「生保各社，不動産の損失処理を加速」，「ゼネコン，減損処置前倒し」，「上場企業の減損処理累計２兆円超す」との見出しが続く[37]。

2005年元旦の日本経済新聞は，次のように報じた[38]。

「『土地本位制』といわれるほど，土地資産を経営力の要としてきた日本企業にとって，固定資産の減損会計は，まさに『バブルの総決算を迫る会計

制度』。2005年度の義務化に向けて，対応が遅れた企業を見る外部の目が厳しさを増す。来期の上場企業の業績は，前倒しで適用した企業と先送りした企業とで明暗が分かれそうだ」

日本経済新聞社の集計では2003年4月から前倒しで処理した会社は，2004年9月中間期までに3月期決算上場企業全体の約2割の319社，計上損失額は1兆8,000億円に達したという[39]。■有価証券の時価評価でも見られたが，減損処理の「前倒し」も有力企業がリードした。「優勝劣敗」か。

そして，会計ビッグバンの総仕上げの部分に当たる固定資産に係る減損会計は，2005年4月1日から開始される事業年度から強制適用されたのである。

■資産の時価評価と固定資産の減損会計がわが国企業の財務の透明性を高め，かつ，経営改革に極めて大きな影響を及ぼしたことについては，これまでの検討で十分に理解されよう。そして，時価評価と固定資産の減損会計は，「日本経済の負の遺産の開示と処理」いう観点からも高く評価される。

◆注 ─────

1　日本経済新聞「時価会計，含み損処理 前倒し急ぐ」，2000年3月9日

2　日本公認会計士協会「監査問題特別調査報告書」『JICPAニュースレター』，1999年10月号

3　日本公認会計士協会「販売用不動産等の強制評価減の要否の判断に関する監査上の取扱い（公開草案）」，2000年1月19日

4　日本経済新聞「販売用不動産 三菱地所が一括処理」2000年2月5日，「時価評価で赤字に，三井不動産グループ」2000年2月26日，「含み損処理 前倒し急ぐ」2000年3月9日，「大手ゼネコン前倒し」2000年3月23日

5　日本公認会計士協会「販売用不動産等の強制評価減の要否に関する監査上の取扱い」，2000年7月6日

6　日本経済新聞「販売用不動産，巨額含み損に厳しく」，2000年7月8日

7　日本経済新聞「時価会計の導入で企業は？」，2001年2月22日

8　日本経済新聞「本番迎えた時価会計，負の遺産処理 企業に迫る」，2000年10月16日

9　日本公認会計士協会・会計制度委員会報告第14号「金融商品会計に関する実務指針」，2000年1月31日，284項

10　日本経済新聞「子会社株の減損処理進まず」，2001年6月29日

11 同上

12 日本経済新聞「東京三菱銀 時価会計 前倒し」，2000年3月22日

13 朝日新聞「持ち合い株の時価評価，7割が前倒し導入」，2001年5月19日

14 日本経済新聞「株式評価損 計上に違い」，2001年10月3日

15 日本経済新聞「4大法人，簿価が50%以下でも損失処理強制せず」，2001年11月2日

16 日本経済新聞「時価が持ち合い解消促す」，2002年6月29日

17 企業会計審議会「固定資産の会計処理に関する論点の整理」，2000年6月23日。日本経済新聞「固定資産の減損処理義務2002年度にも導入」，2000年6月23日

18 日本経済新聞「固定資産も含み損処理」，2000年11月11日

19 日本経済新聞「自民小委で『減損会計』議論」，2001年2月16日

20 日本経済新聞「減損会計 導入論議迷走」，2001年4月30日

21 企業会計審議会「固定資産部会の経過報告の公表について」，2001年7月6日

22 日本経済新聞「減損会計2005年度にも導入」，2001年12月1日

23 日本経済新聞「減損処理 前倒し拡がる」，2002年6月28日，

24 日本経済新聞「含み損処理 企業に迫る 減損会計で中間報告」2003年3月6日

25 企業会計審議会「固定資産の減損に係る会計基準」，2002年8月9日

26 日本経済新聞「自民に減損会計導入延期論」，2003年3月6日

27 朝日新聞「株価対策の会計見直し，市場の信用失墜も」，2003年3月20日

28 日本経済新聞「『減損』延期より経済再建」，2003年3月19日

29 日本経済新聞「自民政調会長表明 時価会計凍結・減損会計延期，月内に一括法案」，2003年4月8日

30 日本経済新聞「減損延期は意見割れる」，2003年4月15日

31 日本経済新聞 社説「会計基準の変更は脱デフレの切り札か」，2003年4月18日

32 日本経済新聞「経済界から反対論次々」，2003年4月19日

33 日本経済新聞「点検 会計ビッグバン，固定資産の減損」，2003年10月1日

34 日本経済新聞「両立した景気と改革」，2004年2月29日

35 日本経済新聞「広がる『持たない経営』」，2004年1月14日

36 日本経済新聞「前3月期決算 最終集計 デジタル景気で最高益」，「減損前倒し処理1兆円」，2004年6月25日

37 日本経済新聞，2004年11月10日，11月25日，12月18日

38 日本経済新聞「バブルの最終処理」，2005年1月1日

39 日本経済新聞「減損会計スタート，導入巡り優勝劣敗鮮明に」，2005年3月23日

第 5 章

労働者諸君　注目せよ！　退職給付引当金

　退職給付とは，退職以後に従業員に支給される給付をいい，退職時に支払われる「退職一時金」と退職後に給付される「企業年金」のことである。

　退職金や年金は企業の収益を上げるために従業員が提供した労働の対価として支払われる賃金の後払いと一般に解されているので，企業は，従業員が働いた期間にそれらを費用として計上しなければならない。つまり，企業は，当期に負担すべき金額を費用（退職給付費用）として認識し，同時に，将来の支払額を負債（退職給付引当金）として計上することになる。

　わが国のこれまでの退職一時金と企業年金に係る会計処理は，従業員の退職時と年金の支払時に費用計上する現金主義に依拠していた。当然，期間中に計上されるべき費用と負債が先送りされ，企業の収益力や財政状態を見かけ上かさ上げしてきた。新会計基準は，このような人件費を現金主義でなく企業会計の基本的ルールである発生主義によって認識する会計手法である。

　<u>従業員の皆さん！　新会計基準は，退職金と企業年金に係わるあなた方の受取分をあなた方の「債権」として位置付け，企業に対しては「債務」として認識させ，貸借対照表の負債に「退職給付引当金」として表示させるという「画期的」な制度なのである。</u>退職給付引当金にいっそうの関心を寄せよう。

1　退職給付引当金

　そこで，ここでは，退職給付引当金に焦点を当てる。企業が退職給付引当金

を算出するためには，①退職給付見込額，②退職給付見込額のうち現在までに発生した額，③退職給付債務の３つが必要である[1]。

①　**退職給付見込額** —— 最初に，企業は将来支払わなければならない退職給付の総額を計算する。この支払予定額を「退職給付見込額」という。退職給付見込額は，従業員の退職率や予定昇給率等を基礎に計算するので複雑である。そこで，この業務は通常，信託銀行や生命保険会社等に属する「保険数理士」（"アクチュアリー"，actuary）という専門家が行う。

　例えば，定年までの勤続年数30年，現在までの勤続年数20年のＡ従業員の退職給付見込額を1,500万円とする。

②　**退職給付見込額のうち現在までに発生した額** —— 次に，退職給付見込額のうち現在までに発生していると認められる額を算定する。退職給付見込額は従業員が働いた全期間に対する報酬なので，企業が現時点で支払義務として認識しなければならないのは，退職給付見込額のうち従業員が働いた期間に係わる部分だからである。

　Ａ従業員の場合，企業が現時点（当期末）で負債として認識しなければならないのは20年間分の1,000万円〔1,500万円×（20年÷30年）〕である。

③　**退職給付債務** —— さらに，この例では退職給付の支払いは10年後なので，負債として認識した1,000万円は現時点ではいくらかを割引率を用いて算出する。退職給付見込額のうちすでに従業員が働いた期間に対応する部分を現在価値に割り引いたものを「退職給付債務」という。この用語は頻繁に使用される。

　割引率について簡単に説明する。例えば，905万円を年利１％の10年定期預金にした場合10年後の元利金は1,000万円になる。この預金利息の計算を逆に考え，将来価値の現在価値を算定するための率を割引率という。割引率を１％とすると10年後の退職給付債務1,000万円の現在価値は905万円である。割引率を２％とするとその現在価値は820万円である。このように，<u>割引率が低いほど現時点の退職給付債務は大きくなる</u>。<u>割引率を決める際に考慮される長期国債の利回りが低下しているので（日本国債10年，年利回り0.732％，2024年３月31日現在），企業にとっては負担が増える</u>。下線部分は重要である。なお，退職給付債務は計算上のものなので貸借

対照表には表示されない。

退職給付債務が確定した。しかし、これがそのまま退職給付引当金となるのではない。企業年金制度を採用している企業は年金資産を保有している。年金資産とは、退職給付のための原資とすることを目的に、企業が設立した年金基金に対して企業が払い込んだ掛け金によって年金基金が購入し保持している有価証券等のことである。年金基金が年金資産を売却した資金で退職給付を支払うので、企業の退職給付の支払義務はその分少なくなる。

そこで、退職給付引当金の計算に当たっては年金資産を控除する。年金資産は株式等の有価証券で構成されているので、時価で評価しなければならない。つまり、〔退職給付引当金＝退職給付債務－年金資産〕である。この算式からわかるように、年金資産が退職給付債務を上回っていれば、企業は退職給付に係る債務を負わず、退職給付引当金は発生しない（上回っている場合は、その部分を、連結貸借対照表には「退職給付に係る資産」として、個別貸借対照表には「前払年金費用」として「投資その他の資産」に計上する）。つまり、退職給付引当金は、年金資産が退職給付債務を下回っている場合の差額のことで、退職給付債務に対する積み立て不足額のことをいう。多くの企業では、この積み立て不足が常態化しているので、貸借対照表の固定負債に退職給付引当金が表示されているのである。

例えば、A従業員に係わる期末の年金資産が400万円（時価）とすると、「退職給付引当金＝年金の積み立て不足」は、505万円（退職給付債務905万円－年金資産400万円。割引率１％とする）となる。

なお、年金資産は退職給付の支払いのためにのみ使用されるので、企業が収益獲得のために保有する一般の資産とは異なる。したがって、貸借対照表には表示されない。

2 退職給付債務の積み立て不足

1998年6月、企業会計審議会は、「退職給付に関する会計基準」を発表、退職給付会計は2001年3月期から導入されることになった[2]。

早くもソニーは反応した。1998年11月、同社は保有する持ち合い株式650億

円を全額，信託銀行を通じて同社の年金基金に拠出し，年金財政をテコ入れした。日本企業として初めてである[3]。

朝日新聞と日本経済新聞は，強制適用2年前の1999年3月期における主要な企業の「積み立て不足額」（単独ベース）を報じた[4]。

日産自動車3,800億円，三菱重工業2,800億円，日立2,500億円，旭化成1,400億円，東京電力1,240億円，日本航空2,000億円，全日空1,200億円。各社ともかなりの金額である。また，三菱商事は，2000年3月末の単体ベースでの積み立て不足額1,264億円（退職給付債務3,278億円－年金資産2,014億円）を，持ち合い株式1,000億円を信託設定し，今後2年間で埋めるという。

ところで，トヨタ自動車はどう動くか？　同社が退職給付会計導入時の積み立て不足をどう解消し年金改革を進めるかは，トヨタの株価に影響を与え，同時に，デンソー等グループ各社の意思決定に影響を及ぼし，さらに，労使関係の要となる日経連の会長企業として産業界全体への波及効果も大きいからである。

財務・人事総括の荒木隆二専務は答えた。「割引率を3％と想定すると，積み立て不足は単体ベースで約4,000億円，連結ベースでは約6,000億円。会計処理方法はまだ正式には決めていないが，積み立て不足額を来期〔強制適用初年度である2001年3月期〕に1年で処理するつもりだ[5]」

3　前倒し加速

強制適用1年前の2000年3月期，有力会社は以下のように対処した[6]。

注目すべきはNTTである。同社は7,680億円という巨額な積み立て不足を特別損失として一括処理〔■強固な財務基盤を見せつけた〕。中部電力は積み立て不足額300億円～400億円程度を一括処理（割引率3％）。大手建設の大成建設は約400億円（割引率3.5％）を信託拠出で一括処理，大林組も約400億円（割引率3.5％）を一括処理〔■ライバル2社の割引率は3.5％で同一〕。証券大手3社の野村證券は400億円弱，大和証券グループは300億円前後，日興証券は300億円強を，いずれも一括処理。三菱電機は1,200億円（割引率3.5％），富士電機は1,000億円（割引率3.5％），両社は信託方式により処理。

一方，「日立製作所は単体ベースの退職給付債務の積み立て不足が2000年3月末でなくなり，逆に300億円の余剰になり，5年間で年60億円ずつ営業利益に戻し入れる。1999年3月末では2,500億円の不足があったが〔66頁〕，投資顧問の活用等で前期の運用利回りが21％に達する等，年金財政の健全化や運用体制の強化に取り組んだ成果が出た。不足ゼロが明らかになるのは初めてである[7]」。■さすが日立である。

4 退職給付会計義務化 —— 積み立て不足が「直撃」

2000年4月1日より始まる事業年度（2001年3月期）に退職給付会計が強制適用されるに当たって，2000年1月から2月にかけて，各社は次のような方針を明らかにした[8]。

ヤマト運輸の積み立て不足は2000年3月末時点で820億円強，2001年3月期以降，本体部分は15年で償却〔費用化〕，連結対象部分は最長5年で償却する方針〔■**新制度の導入時に表面化する積み立て不足額は，最長15年で償却することが認められている**〕。また，退職給付債務の増加を抑制するため，退職一時金の前払い制度等も検討する。NKK（旧日本鋼管）は，積み立て不足額1,150億円のうち2001年3月期に150億円を株式の拠出による信託方式で穴埋めし，残りを5年間で定額償却，年間約200億円の特別損失が発生する。積水化学工業は，積み立て不足額801億円（連結）を2001年3月期中に一括処理する方針。また，王子製紙は，積み立て不足575億円（連結ベースでは705億円）のうち287億円を株式の信託拠出でまかない，残りの288億円は2年間で償却，2002年3月期までに積み立て不足を解消する。

積み立て不足は，大企業も直撃する[9]。

資生堂は，積み立て不足700億円を特別損失として一括処理することにより2001年3月期の連結最終損益は赤字（前期は153億円弱の黒字）の見通しだと発表，1978年に連結決算を導入して以来，初めての赤字である。クボタは，積み立て不足約1,000億円を2001年3月期に一括して損失処理する。含み益のある保有株式の信託拠出等で対応するが，クボタ単体の最終損益は300億円を上回る赤字の見通し。最終赤字は1949年の上場以来初めてである。

2000年11月18日の日本経済新聞は，次のように報じる[10]。

「2000年9月中間決算から時価会計や退職給付会計が導入され，抱えていた含み損や隠れ債務の処理で巨額の特別損失を計上する企業が増えた。新会計基準の適用が各企業に『負の遺産』の最終処理を迫っており，収益の重荷となっている。中間期に特別損失が膨らむ企業が目立つのは，建設，不動産，商社である。

年金・退職金の積み立て不足という『隠れ債務』の処理でも，損失を出し切る企業が多い。富士通は2001年3月期に退職給付債務の積み立て不足4,156億円（連結）を株式信託で一括処理〔■ライバルNTTは2000年3月期に7,680億円を一括処理〕，新日鐵も不足額940億円（単体）を株式信託で2001年3月期に一括処理する予定である。

一方で，損失を，時間をかけて処理する方法を選ぶ企業もある。日産自動車は約3,800億円の積み立て不足（66頁）を15年で償却する方針だ〔67頁のヤマト運輸を参照〕」。■経営体力の差で損失処理の対応が分かれる。

5 退職給付会計処理のバラツキ

退職給付会計が導入されて1年後，早くも問題点が顕在化してきた。

「伊藤忠商事576億円，新日本製鐵224億円──。2002年3月期決算では，年金資産に株式を拠出し積み立て不足を埋める『信託拠出』によって利益を計上する企業が相次いだ。年金財政の健全化という目的から外れ，『利益ねん出の手段になっている』と首をかしげる向きも多い。企業会計基準委員会副委員長西川郁生氏は，信託拠出について，『新会計基準の円滑な導入に必要だった』と打ち明ける。多額の積み立て不足が表面化することを恐れ，多くの企業は当初，新会計基準導入に難色を示した。産業界をなだめるためのいわば特例として，信託拠出制度が設けられたわけだ。

また，退職給付債務を計算する基になる割引率もわかりにくい。これは一定の範囲で経営者が決めることができる。業績を左右しかねないが，割引率を決める根拠は決算書のどこにも載っていない。いったん決めた割引率は，重要な影響がない限り変更しなくともよい。前期末〔2001年3月期〕に3.5％

から3.0％に変更し損失負担が拡大した企業は多いが，コニカや TOTO は3.5％のままだ。一種の損失先送りと受け取られかねない[11]」

■これらの問題点の指摘は的確である。64頁で指摘したように，割引率が低いほど退職給付債務が増加する。日本公認会計士協会の監査実務指針では，「前期末に用いた割引率により算定した場合の退職給付債務と比較して，期末の割引率により計算した退職給付債務が10％以上変動すると推定されるときには，重要な影響を及ぼすものとして期末の割引率を用いて〔前期末の〕退職給付債務を再計算しなければならない[12]」として，個別企業の割引率の変更に，多少の心理的チェックをかけている。しかし，企業間でのバラツキは見られる。高い割引率や動きのない割引率に注意せよ。

6 経済状況に左右される年金財政

2003年後半からの景気回復と2004年度，2005年度と続く業績の好調を反映して，企業の年金財政も急速に改善した。

「上場企業全体（金融，新興市場企業を除く1,584社）の年金積み立て不足の合計は，2005年3月期末に8兆1,000億円弱と，退職給付会計が導入された2001年3月期以降初めて10兆円を下回り，ピークだった2003年3月末の17兆5,000億円から9兆4,000億円も減少した。企業は退職給付会計の導入以来，業績や財務をむしばんできた年金問題から解放されつつある（下線著者）[13]」

■下線部分，やや短絡的な見解である。

飛んで，2020年9月4日の日本経済新聞は，「企業年金積み立て不足，7,000億円増」と伝える[14]。

「企業年金を巡る状況が厳しさを増している。上場企業の退職給付債務から年金資産を差し引いた積み立て不足額は2020年3月末で計16兆7,446億円と，前年同月から約7,000億円拡大した。悪化は2年連続。低金利を背景に債務を見積る際の条件となる割引率が過去最低になったことなどが響いた。

2020年3月期上場企業（継続比較可能な1,947社）の退職給付債務は計60兆296億円。確定給付年金から確定拠出年金に移行する企業もあり，金額と

しては３％減った。見逃せないのが割引率の低下だ。企業によって異なるが全体の平均は0.78％。比較可能な2009年３月期以降では最も低い。割引率は10年ほど前には２％を超えていたが，アベノミクス以降の日銀の大規模な金融緩和などで，半分以下になった」

「NTT は，退職給付債務３兆6,491億円，年金資産１兆8,864億円，積み立て不足額１兆7,627億円〔翌2021年３月期も１兆5,822億円の積み立て不足[15]〕。ホンダは，退職給付債務２兆5,009億円，年金資産２兆363億円，積み立て不足額4,646億円。富士通は退職給付債務１兆4,558億円，年金資産１兆3,910億円，積み立て不足額648億円。東芝は，退職給付債務１兆2,903億円，年金資産8,587億円，積み立て不足額4,316億円である（各社とも退職給付債務は退職給付引当金控除後の金額である）」■**退職給付会計導入20年，有力企業の年金資産の積み増しは評価される。**

そして，2023年10月，「企業の年金負担６兆円減」と伝える[16]。

日本経済新聞が東証プライム市場に上場する約1,600社（金融等を除く）の有価証券報告書を基に，企業が従業員に支払い内容をあらかじめ約束する確定給付型年金の運用状況を調べた。

退職給付債務は2022年度で約65兆円と前の年度から約５兆9,000億円減った。９年ぶりの低い水準だ。最も多かった2015年度と比べると約10兆円減った。その要因は，金利の上昇にある。企業は国債や優良社債の利回りを基に退職給付債務を計算しているが，22年12月に日銀が長期金利の変動幅を拡大したことを受けて，割引率が平均で1.06％と８年ぶりに１％の大台を超えた。19年度は過去最低の0.66％だった。

退職給付引当金も約20兆円とピークの15年度から約６兆円減った。<u>年金資産が退職給付債務を上回る企業は327社と全体の２割を占め，過去10年で最多となった</u>（65頁）。

■退職給付会計の導入によって，多くの企業において退職給付債務に対する積み立て不足が浮き彫りになり，財務の透明性が一段と高まった。また，退職給付の見える化によって，「退職給付引当金」という労働債権とそれに大きな

影響を与える「割引率」に対する従業員の関心を高めたことにより，労使間に緊張関係をもたらした。

さて，君の会社はどうか？　従業員一人ひとりの問題だ。

◆注 ──────

1　拙著『新版会計学入門─会計・監査の基礎を学ぶ（第8版，通算17版）』中央経済社，2024年，177-179頁
2　企業会計審議会「退職給付に関する会計基準」，1998年6月16日
3　日本経済新聞「ソニー積み立て不足穴うめ」，1998年11月10日
4　朝日新聞「企業年金 減額が次々」，1999年6月18日。日本経済新聞「会計ビッグバン─退職給付」，1999年7月10日
5　日本経済新聞「どうする年金─トヨタ自動車」，1999年10月22日
6　日本経済新聞「会計ビッグバン，退職給付」1999年7月7日，「中部電が一括処理」2000年1月26日，「証券大手3社，一括処理」2000年4月21日
7　日本経済新聞「積み立て不足─日立，前期で解消」，2000年4月17日
8　日本経済新聞「ヤマト運輸，積み立て不足820億円強，一時金前払い導入も」2000年1月27日，「退職給付債務の積み立て不足，NKK，来期から5年で処理」2000年1月27日，「積水化の退職給付債務の積立不足，来期に一括処理」2000年2月25日，「王子紙，退職給付信託287億円，2年で不足解消」2000年7月8日
9　日本経済新聞「資生堂，初の最終赤字」2000年5月10日，「クボタ，1,000億円処理」2000年5月25日
10　日本経済新聞「『負の遺産』処理本格化」，2000年11月18日
11　日本経済新聞「退職給付，扱いにばらつき」，2002年6月27日
12　日本公認会計士協会・企業会計基準適用指針第25号「退職給付に関する会計基準の適用指針」第30項，1999年9月14日
13　日本経済新聞「年金積み立て不足半減」，2005年8月29日
14　日本経済新聞「年金積み立て不足7,000億円増」，2020年9月4日
15　NTT有価証券報告書，2021年3月期，154頁
16　日本経済新聞「企業の年金負担6兆円減」，2023年10月25日

第6章

克服！ "会計ビッグバン"
── 日本の「地力」──

　第1章で指摘したように，1990年代の中頃，銀行や住宅金融専門会社等の金融機関の経営破綻後に初めて債務超過が明らかになる等，わが国の会計及び監査制度への不信は決定的になった。ちょうどその頃，"ビッグバン"が宣言され，その一環としての「金融システム改革」，つまり"会計ビッグバン"が表舞台に登場したのである。

　会計ビッグバンは，企業会計基準の改革である。それは，わが国の会計基準を「国際会計基準」に近づけるためである。なぜならば，わが国企業の活動が国際的に展開し，投資活動や資金調達活動等のボーダーレス化が急速に進展し，そして第7章で検討するように，国際会計基準が一段と拡がりを見せていたからである。

　ところで，国際会計基準は，以下の3つを柱とする[1]。

・会計情報の検証可能性よりも実態開示を優先する。
・実態開示に必要な範囲において，合理的な見積りの要素を含む会計情報を開示する。
・会計情報の形成には，取得原価基準の枠組みを維持しつつ，時価基準及び割引現在価値基準の手法も導入する。

　そこで，わが国においては，①新連結会計基準（1997年），②税効果会計基準（1998年），③金融商品会計基準（1998年），④退職給付会計基準（1998年），⑤固定資産の減損会計基準（2002年）が発表され，それぞれ以下のような手法が導入されることになった。

①連結を主体とし，連結対象範囲の拡大と持分法の適用，②企業会計本来の発生主義に基づく税金費用の認識と繰延税金資産・繰延税金負債の計上，③金融商品，特に有価証券についての時価評価，④「隠れ債務」と揶揄された退職一時金と企業年金の"オンバランス"化（退職給付費用と退職給付引当金の計上）及び割引現在価値計算の導入，⑤固定資産の含み損の掃き出し（減損損失の計上）と将来キャッシュ・フロー手法の採用等。

これらの新会計基準が財務ディスクロージャーの量的拡大と質的向上をもたらし，企業及び企業グループの財務の透明性を高め，ステークホルダーの意思決定に有用な情報をタイミングよく開示させたことは，厳然たる事実である。

そして，世界市場でのモノやサービスの価格変動が企業経営に大きな影響を及ぼすなかで，新会計基準がそれらの動きを的確に反映する情報を提供していることを知った経営者は，従来の「企業観」の変革を迫られた。経営者は，グループ企業の全体的・総和的価値，企業群相互のシナジー効果を高めることこそが自らの最大の課題であることを確信し，また，会計ビッグバンに適した経営モデルを構築できない企業はマーケットから駆逐されることも見抜いたのである。

加えて，新会計基準は，会計監査人たる公認会計士及び監査法人，そして公認会計士業界にも激震をもたらした。日本列島総不況のなかでメーンバンクによる企業の丸抱えが限界に達し，「護送船団方式」から「ルール主導の市場原理」へ移行する状況において，会計情報の信頼性に対する利用者の要求が高まり，同時に会計監査の精度が問題になった。

2002年の監査基準の大改正は，会計監査人による財務諸表の虚偽表示の発見の重視，つまり監査目的として財務諸表に対する適正意見の表明と財務諸表の虚偽表示の発見との「同等性」を明らかにし，監査人に対しては，リスク・アプローチに基づく監査を導入し，監査の全プロセスにおいて職業的懐疑心を堅持し発揮すべきことを求めたのである。

さらに，改正監査基準は，監査法人による監査の質の管理や情報技術（IT）の利用と監査の対応等々も盛り込んだ。それは，これまでのいわば準拠性を中心とする「情報監査」の枠組みを維持しつつ，継続企業（ゴーイング・コン

サーン）の前提に対する監査の要請を通じて「実態監査」への指向を意味するものでもあった。公認会計士及び監査法人の責任がいっそう重くなり，彼らは専門知識と職業倫理に裏付けられた独立性を強く求められたのである。

1 "会計ビッグバン" の影響

　新たな会計基準と監査基準・監査実務指針がもたらした影響についてはすでに各章において検討したが，財務ディスクロージャーの改善と企業及び企業グループの体力・体質の強化という視点から再整理しよう。

(1) 連結会計

　1997年に発表された新連結会計基準により，証券取引法において，連結財務諸表を「主」とし個別財務諸表を「従」とする，つまり，個別企業単位からグループ単位へ会計の枠組みの変更が行われた。また，連結の範囲も従来の「持分比率」の形式基準だけではなく，経営の人的関係や業務内容等を加味した「実質支配力基準」に変わった。

　そこで，分配可能利益（配当可能利益）の会計ルールは，会社法の計算規定に従って個別（単体）ベースのルールとして定められ，かつ，会計数値の検証可能性を重視する取得原価主義会計のスキームが堅持された。

　一方，企業実態開示のための会計ルールは，証券取引法において連結ベースのルールとして定められ，取得原価主義会計の厳格なスキームにとらわれずに実態開示の充実・強化を徹底するという方向性がとられることになった。これによって，従来は会計情報の埒外に置かれていた企業の多様な経済活動やこれに関連する経済事象が会計基準に組み込まれることになり，企業が開示を要求される会計情報は著しく増大した。

　例えば，「情報の宝庫」といわれる有価証券報告書の総頁数は，日立製作所の場合，以下が示すように，日立がそれぞれの時代において直面した問題，例えば，事業上のリスク，コーポレート・ガバナンスの状況，M&Aにおける当事者企業に係る情報等の開示によって頁数のデコボコも見られるが，2000年代に入ってからは，それまでの約1.8倍ともいえるほど増大している。

1995年3月期— 92頁	2007年3月期—132頁
1998年3月期— 93頁	2008年3月期—129頁
1999年3月期— 95頁	2009年3月期—149頁
2000年3月期— 70頁	2010年3月期—190頁
2002年3月期—105頁	2013年3月期—167頁
2004年3月期—115頁	2015年3月期—141頁
2005年3月期—179頁	2020年3月期—185頁
2006年3月期—124頁	2024年3月期—209頁

　そして，連結会計はグループ全体の経営状態を明らかにすると同時に，グループ連結経営への注力をもたらした。企業が隠蔽や含み益経営，天下り人事等に使った「連結外し」は連結範囲の見直しによって封じられ，少ないところで数十社，総合商社等では数百社の子会社や関連会社の合併・清算等のグループ企業の再編が行われたのである（30頁）。経営者は，企業グループの「総合力」を高める経営に舵を切ったのである。

(2)　税効果会計

　税効果会計の本来の目的は，税法に基づいて算定され表示されている損益計算書上の「法人税，住民税及び事業税」を，企業会計上のルールに従って税引前当期純利益と合理的に対応させることによって当期純利益を算定・表示することにある。つまり，税法に引きずられている会計を，企業会計基準の骨格を形成する発生主義と費用収益対応の原則に基づく会計に戻す改革である。税効果会計は国際的にすでに実践されていたので，それに基づく連結損益計算書上の連結当期純損益（「親会社株主に帰属する当期純損益」）の表示によって，国内の企業間はもとより，外国企業との比較も可能となった。

　そして，税効果会計は，不良債権の処理に追われる企業，とりわけ銀行を助けた。税効果会計が株主資本の増強に寄与したからだ。しかし，同時に貸借対照表に掲載される繰延税金資産の資産性に疑念をもたらした。なぜなら，繰延税金資産は，税金の還付という将来の利益計画に基づいて算出されるので，現時点では「仮の資産」だからである。そして，竹中プランによる監査法人に

対する繰延税金資産の厳正な監査への要請と当局による検査は，会計監査人にいっそうの緊張感をもたらした。

(3) 時価評価と減損会計

これまでの日本の会計制度は取得原価主義といいながらも，企業の都合で簿価（原価）と時価の使い分けを許してきた。株式の含み益の益出しはその典型である。とりわけ簿価の低い株式をグループ会社に売却し利益を捻出，当該株式を買い戻すという利益操作を繰り返し，逆に時価が簿価を下回る場合は簿価を維持することで損失処理を先送りすることもできた。

しかし，新会計基準が，販売用不動産や売買目的有価証券及び持ち合い株式を含むその他有価証券については時価評価を，一定の条件の下では有価証券の減損処理も要求し，固定資産についても減損会計を導入した。結果として，企業及び企業グループの経営実態の透明性は高まり，投資者の財務諸表に対する信頼性も向上した。

そして，時価評価は，わが国企業の経営戦略と経営改革に決定的な影響を及ぼした。販売用不動産の時価評価は，特に建設会社や不動産会社等に対して土地バブルの清算を迫った。子会社及び関連会社の株式の評価損の計上や持ち合い株式の時価評価は，含み益や株式持ち合いによって支えられた日本的経営からの脱却をもたらした。特に大量の持ち合い株を抱える銀行や生保・損保等は，持ち合い株式の計画的な売却や"ポートフォリオ"の再構築を求められた。結果として，企業の経営体力と財務体質も強化された。

また，固定資産の減損会計は，企業の抱える遊休地やゴルフ場，リゾート関連施設の売却，賃貸用不動産や社員寮等の売却，事業の収益性が低下している工場や店舗を含む企業の再編・淘汰を一段と促した。

一方で，時価評価と減損会計は，経営体力の弱い企業には，市場からの撤退を迫った。

(4) 退職給付会計

退職給付会計の導入によって，隠されていた債務が"オンバランス"された。つまり，これまでの終身雇用と年功賃金・退職金制度は，成長期の企業の

人件費を先送りして競争力を見かけ上かさ上げしてきたが，新会計基準により，各社は，退職給付債務と年金資産との差額である不足分を，それは会社によっては7,000億円を超える巨額であったが，退職給与引当金として表示すること，そしてその計画的な償却（費用処理）を余儀なくされた。

退職給付会計は企業が負う将来の債務を認識し，現時点で必要な準備をする手段でもある。企業は，厚生年金の代行部分の返上や厚生年金基金の解散，「確定給付型年金」から「確定拠出型年金」への移行等によって対処した。

退職給付会計の導入により，退職一時金と企業年金の問題が労使を含む全社的な課題として明確に認識されたのである。

2 特筆すべき事項

会計ビッグバンの経緯において，特筆すべき事項として，以下の3点を指摘することができる。

第1は，各会計基準の「前倒し」ということである。そのリード役は，国際市場をターゲットとする有力企業であった。彼らは，新会計基準の重要性を理解し強制適用以前に自主的に導入した。前倒しで実践し企業実態の透明性を高め，経営改革を一歩進めた経営者の勇断は評価されなければならない。そして，変転する世界経済において企業社会をリードする真の経営者がわが国にも確かに存在する，という事実も再確認しなければならない。

第2は，有価証券の評価損や固定資産の減損損失，そして退職給付引当金の計上とその償却（費用化）は，いずれもかなりの金額であった。特に，退職給付債務の積み立て不足は巨額であった。にもかかわらず，体力のある企業はもちろん，それ以外の企業も大きな損失を出しながらも，そして，体力のない企業は存亡の危機に直面しながらも，結果的には，これらの新会計基準を"クリアー"したということである。各企業が"会計ビッグバン"を克服したという事実も見逃すことはできない。

第3に，企業会計制度改革の途上において，特に時価評価の動きには紆余曲折があった。販売用不動産の時価評価については，日本建設業団体連合会等は時価評価の適用時期の延期や評価損の繰り延べ等の激変緩和措置を求めた。

固定資産の減損会計については，政治サイドから強力なプレッシャーが加えられた。しかし，企業会計基準委員会や日本公認会計士協会，金融庁等は，有力な経営者やジャーナリズムの主張とこれを支持する国民の声に支えられ，ブレない姿勢でこれらの要求を跳ね返した。その健闘も称えられる。

　■連結会計，税効果会計，有価証券の時価評価，固定資産の減損会計，退職給付会計等の会計基準の改革，つまり会計ビッグバンは，地味ながらも，金融ビッグバンのなかで最も大きな成果をあげたといえるであろう。

　そして，これらの会計基準改革，すなわち会計制度改革は，監査制度改革をももたらした。つまり，2002年の監査基準の大改正は，監査目的として監査人による財務諸表の虚偽表示の発見を強調し，そのための監査手法として監査リスク・アプローチを，監査人が発揮すべき姿勢として職業的懐疑心を求めたのである（この3つの財務諸表監査の基軸については，それぞれ第10章，第11章，第12章で検討する）。同時に，日本公認会計士協会も，財務諸表監査の指針となる一連の監査実務指針（現・監査基準報告書）を改訂したのである。

　このような会計制度及び監査制度の大改革が，わが国企業の経営変革をもたらし，国際マーケットで闘う力量を醸成したことはすでに見たとおりである。この官民一体となった日本の持つ「地力」を，我々は，正しく評価しなければならない。そして，この事実を，公認会計士監査の立場からは，今後のサステナブル社会に活きる"プロフェッショナル"と"プロフェッション"の「力」としなければならない。

◆注 ───────

1　加古宜士（企業会計審議会会長：2002〜2007）「資金調達と企業の社会的責務」『日本経済新聞』，2003年6月28日

第 7 章

国際会計基準
── 欧 vs. 米 会計戦争 ──

　世界中の誰もが，米国や欧州，中国や日本等の証券市場に自由に参加することができる。したがって，そのような市場で競争する企業はもちろん，投資者も，債権者も，取引先も，従業員も，消費者も，国家や地方自治体も，比較可能な財務情報を求めている。そこで，世界統一の会計基準，つまり「国際会計基準」を作ろうとする努力が行われているのである。

1 国際会計基準前史

　企業会計基準の設定は米国がリードした。米国では1930年代から米国職業会計士団体〔当時の「米国会計士協会」（AIA：American Institute of Accountants）とその後の「米国公認会計士協会」（AICPA：American Institute of Certified Public Accountants，1957年に AIA から名称変更）〕を中心に，「一般に認められた会計原則」（GAAP：Generally Accepted Accounting Principles）を設定する努力が続けられてきた。各国は展開する米国の会計基準をベースに自国の会計基準を定めてきたのである。

　国際会計基準の設定は，今から52年前の1973年から開始された。同年，米国，英国，西ドイツ，フランス，カナダ，オーストラリア，スペイン，オランダ，日本の9カ国の職業会計士団体（日本の場合は日本公認会計士協会）によって「国際会計基準委員会」（IASC：International Accounting Standards Committee）が組織された。同委員会は，1976年に国際会計基準（IAS：International

Accounting Standards）第 1 号「財務諸表の表示」を，その後も，「棚卸資産」「連結財務諸表」「有形固定資産」「キャッシュ・フロー計算書」等の会計基準を発表した。しかし，これらの会計基準は，民間団体の合意に基づくものにすぎず強制力をもつものではなかった。

1980年代に入り，国境を越えて行われる資金調達の拡大を背景に，1986年，米証券取引委員会（SEC：Securities & Exchange Commission）を中心に先進国の証券規制機関等で構成する「証券監督者国際機構」（IOSCO：International Organization of Securities Commissions）が組織された。1987年，IOSCO は，IASC の諮問グループに参加，会計基準の国際的統一化のための第一歩としてIASC と共同で「財務諸表の比較可能性プロジェクト」に着手。翌88年，メルボルンでの年次総会で，IASC の活動を支持すると表明した。このため，IASC による国際会計基準（IAS）づくりは脚光を浴びるようになった。なお，わが国は1988年に当時の大蔵省（証券局）が IOSCO に加盟した。

そして，1993年，IASC 理事会は，10件の改正 IAS（国際会計基準）を一括承認，6 年半に及ぶ財務諸表の比較可能性プロジェクトは完了した。

ところが，IOSCO による IAS 承認はなかなか実現しなかった。それは，同プロジェクトには，IOSCO が国際的な会計基準には必須とする40の項目（コア・スタンダード）のうち，金融商品，一株当たり利益，無形固定資産，資産の減損等の項目が含まれていなかったからである。

そこで，IASC はコア・スタンダードの構築に向け，順次，新基準を発表，2000年 3 月に "IAS 2000 – Core Standards" を完成させた[1]。

この間，1999年 6 月20日に閉幕した主要国首脳会議（ケルン・サミット）でのG 7 蔵相がまとめたリポートに「我々は，IASC が国際会計基準に関するコア・スタンダードを完成したことを歓迎する」という一文が盛り込まれた[2]。

そして，2000年 5 月，IOSCO は一定の条件を付して IAS 2000 – Core Standards を承認，国境を越えて行われる資金調達（クロスボーダーの公募または上場）の際に提出する財務諸表は IAS に基づくもので "OK" としたのである。IAS の国際会計基準の地位が一挙に高まった。

そこで，2001年 1 月，これまでの職業会計士団体の代表から主要国の会計基準設定機関や財務諸表利用者の代表に切り替える等の組織や機能を強化した

国際会計基準審議会（IASB：International Accounting Standards Board, 本部：ロンドン）がIASCに代わって発足した。IASBは、それまでのIASを受け入れたうえで、今後新たに発表する会計基準を**国際財務報告基準**（IFRS：International Financial Reporting Standards）と呼ぶことにしたのである。

2　わが国の会計基準設定主体

　IASBは、それまでの議論において、加盟国の会計基準設定機関は行政から独立した民間団体であることを求めていた。当時のわが国の会計基準設定主体は「企業会計審議会」で、これは大蔵大臣の諮問機関であった。そこで、民間の機関を設置すべく動いたのが、自民党の金融問題調査会に発足した「企業会計に関する小委員会」（委員長：塩崎恭久衆院議員）である。同小委員会は、1999年12月に会計基準設定機関を民間組織とする報告をまとめ、2001年はじめをメドに具体的骨格を示すべきだとした。日本公認会計士協会はこの提案を支持したが、大蔵省は「企業会計審議会で何ら不都合はない」と反発した[3]。

　しかし、経済界では「日本にも行政から独立した会計基準設定機関を」との声が大きくなっていたという。それは、すでに16頁で指摘したように英文の年次報告書に含まれる外部監査人の監査報告書に「財務諸表は日本基準に基づいて作られたものであり、国際的に通用するものとは異なる」という趣旨の「警句」の記載が義務付けられる等、国際基準に従わなければ日本企業への信頼性が損なわれるとの危機感が強まっていたからである。

　2000年3月、大蔵省と日本公認会計士協会、日本経団連は、会計基準を設定する民間機関の設立に向けて4月に大蔵省内にプロジェクト・チームを作ることを、自民党企業会計小委員会の席上、明らかにした[4]。大蔵省も重い腰を上げざるを得なかったのである。

　そこで、2001年7月に「公益財団法人財務会計基準機構」が設置され、わが国の会計基準設定主体として**企業会計基準委員会**が常設の委員会として発足したのである。

3 EU，米国へ「会計戦争」を仕掛ける

　話は前後するが，2000年6月，欧州連合（EU：European Union）は2005年から欧州域内の全上場企業に国際会計基準を義務付けると発表した。これは，大事件である。その狙いは何か？

　■私はこう見る。1993年に創設され世界最大の経済圏を形成したEU内には大きな不満があった。「欧州市場は米国会計基準を認めているのに，米国市場はEU加盟国の会計基準を認めていない」という不満がそれである。そこで，EUは，米国に対して「会計戦争」を仕掛けた。その狙いは，米国会計基準の広がりを阻止し，新たな国際会計基準を世界基準とすることである。

　米国は，このEUの発表をきっかけにこれまでの態度を一変。国際会計基準を世界基準として認知する一方で，2001年にスタートする国際会計基準設定機関の中身を米国流に誘導しようと動き出した。新組織の理事の人選や新組織の運営を担う委員会に，アーサー・レビット米SEC委員長やポール・ボルガー元米連邦準備制度理事会（FRB）議長らを送り込んだのである[5]。

　■1930年代以降，世界の会計基準づくりをリードしてきた米国，国際会計基準の設定に消極的であった米国が，なぜ態度を一変させたのか？

　それは，2000年を前後してエンロンやワールドコム等の米国を代表する企業の粉飾決算に起因する経営破綻，それらの企業の財務諸表に無限定の適正意見を表明していた世界最大の会計事務所アーサー・アンダーセン（Arthur Andersen & Co.）の解体，新たに制定された「公開会社会計改革並びに投資者保護法」（Public Company Accounting Reform and Investor Protection Act of 2002. サーベインズ・オクスレー法，SOX法）に基づく「公開会社会計監督委員会」（PCAOB：Public Company Accounting Oversight Board）の厳しい監査基準に基づく監査法人による企業への「圧力」，それを一因とするニューヨーク証券取引所上場企業の同取引所からの撤退等々，当時の米国金融・証券市場は混迷を深め，世界の資金がニューヨーク市場からEU市場に流れつつあったからである。

そして，2001年1月，すでに指摘したように（83頁），英米主導の色濃い国際会計基準審議会（IASB）が発足した。会計の"グローバルスタンダード"の策定がいよいよ本格化する。しかし，日本は明らかに出遅れた。

〔余談〕
ワシントンでの会議（2014年）の夕食会で，ポール・ボルガー（2019年死去）と同じテーブルだった。隣に座っておられた同夫人は気さくな方で，当時ボルガーがトヨタ自動車のアドバイザーをしていた関係で，何度も日本に行ったと話しておられた。トヨタの国際的人脈づくりには驚かされる。

4 国際会計基準に対する日本の姿勢 ── 会計外交戦略の欠如

出遅れはしたものの，国際化の流れに遅れまいと，日本の関係者も奮闘する。2002年3月，国際会計基準審議会（IASB）の理事会が東京において開催された。企業結合会計，株式報酬制度（ストックオプション会計），包括損益計算書等が主な議題であった[6]。

同年9月，米国の会計基準設定機関である「財務会計基準審議会」（FASB：Financial Accounting Standards Board）は，IASBと覚書を交わし（"ノーウォーク合意"と呼ばれる），お互いの会計基準を"コンバージェンス"（convergence）させる方向に動き始めた[7]。つまり，自国の基準を維持したうえで，国内事情等に配慮しながら，IFRSとの差異を縮小できるだけIFRSに近づけていくというアプローチである。これが順調に進めば，国際会計基準を採用する企業が米国で資金調達ができる可能性もある。日本の会計基準づくりにも影響を与えるのは必至だ。

ところで，2002年10月25日，企業会計基準委員会は，国際会計基準が目指す「包括利益」（本業のもうけである当期純利益に加えて保有資産・負債の時価変動分を加味した利益のこと）に反対することを全会一致で決定。3日後の10月28日に東京で開かれたIASBの8カ国リエゾン国会議（米国，英国，カナダ，ドイツ，フランス，オーストラリア，ニュージーランド，日本）では，包括利益の導入に反対，もし導入する場合でも，「純利益は残すべきだ」と主張した[8]。

そして，わが国においては，2003年中頃から，EUが域内の上場企業に国際
会計基準による財務内容の開示を2005年以降に求める，いわゆる「05年問題」
が大きくクローズアップされる。5月8日の朝日新聞は，「企業会計に『05年
問題』，日本基準を欧州認めぬ恐れ」との見出しで，以下のように報じた[9]。

「金融庁によると，現在も株式で約70社，債券で約180社が欧州市場に
上場（地方自治体なども含む）。特に債券は，2002年に日本企業が海外で発行
した債券の総額約2兆3,000億円のうち，約1兆8,000億円がロンドン市場で
調達されている。これに対し，米国での調達は約3,000億円にとどまる
〔■意外な事実である〕。この欧州市場で日本基準が使えなくなれば，日本
企業は欧州市場で資金調達するためにわざわざ財務諸表を作り直さなければ
ならず，コストがかさみ時間もかかる」

同年12月26日の日本経済新聞は，「2005年の衝撃，戦略みえない日本」と
伝える[10]。

「欧米は会計を国家戦略として考えてきた。国際会計基準づくりの舞台裏
は国際政治そのものだ。日本が国際会計基準審議会（IASB）の予算の1割
強と米国に次ぐ分担金を拠出しながら発言力を持てないのは，明確な戦略を
持たなかったツケともいえる。中国というライバル〔■IASB理事のアジア
人候補として中国が最有力という意味〕も台頭しつつあるだけに，『会計
外交』を抜本的に立て直すことが急務になる」

■確かに，国家的な戦略に基づいて世界の議論に加われなければ，日本の
会計基準は世界のルールにのみ込まれかねない。その頃，関西地区選出のある
国会議員の出陣式の前に企画された日本公認会計士協会主催の勉強会で講演
した。その際，当該議員に，どのくらいの国会議員が会計問題に関心をもって
いるのかと尋ねたところ，黙って片手を開いた。

IASBが2005年から欧州上場企業に適用される会計基準（「ストックオプショ
ン」，「企業のM&A」，「金融商品」等）を2004年3月末にかけて相次いで公表す
るなかで，2004年10月，わが国の企業会計基準委員会も，日本基準と国際会計
基準の格差を解消するため，IASBとの共同プロジェクトの立ち上げに向けて
協議を開始した[11]。

5 EU，国際会計基準スタート，そして「同等性評価」

EU 域内では2005年1月から，上場企業約8,000社の連結決算に国際会計基準が義務付けられた。

「EU は株式時価総額の合計が円換算で約800兆円に達する巨大市場。投資家も『企業を比較しやすくなり市場の透明度が高まる』と歓迎している。1月から南アフリカ共和国やオーストラリアなども利用を義務づけ，国際会計基準の利用を認めているか義務化したのは92カ国に広がった[12]」

2005年4月28日，EU の証券規制委員会は，日本の会計基準について，「全体としては国際会計基準との同等性が認められる」としながらも，合併会計（国際会計基準：パーチェス法のみ（93頁），日本基準：対等合併の場合は持分プーリング法も容認），親会社と海外子会社の会計処理（国際会計基準：子会社はすべて国際会計基準で統一，日本基準：海外子会社は現地国の会計基準の適用を容認），特別目的会社（後述。国際会計基準：支配関係にあれば連結決算の対象，日本基準：一定の条件を満たせば連結対象外）の3点について，補完的な情報を求める報告書の草案を中間報告として発表した[13]。

7月5日，EU の証券規制委員会は最終報告書を発表。日本の会計基準と国際会計基準との違いについて，26項目〔上の3項目も含む〕の追加開示を求めた[14]。

約1年後の2006年6月，世界の中で日本の会計基準が孤立することを恐れた日本経団連は，「会計基準の統合（コンバージェンス。85頁）を加速化し，欧米との相互承認を求める」意見書を公表した[15]。

そして，7月7日，閣議決定された「経済財政運営と構造改革に関する基本方針2006」の中に，「平成21〔2009〕年に向けた国際的な動向を踏まえ，会計基準の国際的な収斂の推進を図る」との一文が盛り込まれた[16]。

■遅ればせながら，会計基準の国際的共通化が国の政策課題として急浮上したのである。

2007年8月，企業会計基準委員会は，国際会計基準審議会（IASB）との「東京合意」を発表[17]。企業会計基準委員会とIASBは2011年までに会計基準のコンバージェンスを達成するという合意である。日米ともにコンバージェンス・アプローチを採択することになったのである。

そして，同年12月6日，企業会計基準委員会は，この東京合意に基づいて，会計基準共通化の作業日程（2008年と2009年中にまとめる項目，2010年以降も検討する項目の整理等）を発表した[18]。

次の点も指摘しておこう。

海外の金融機関が連結外の「特別目的会社」（SPC：Special Purpose Company）で生じた巨額の運用損を計上する等，SPCを巡る情報開示が問題となった。わが国においても，連結範囲に係るSPCの取扱いは，上で指摘したようにEU証券規制委員会から問題視されていた。

そこで，企業会計基準委員会は，2008年4月，金融機関や企業が投資しているSPCについて，連結決算の対象範囲を厳格化することでIASBと合意した[19]。そして，6月3日，金融庁は，有価証券報告書提出会社に対して，SPCの保有状況や情報開示の実態を重点審査すると発表，不動産開発や投資事業を運営する器としてSPCを設立する企業が多い点に着目，子会社に該当しないようにみせ，連結対象から外すことで投資家に不利益を与えることを防止するため，約4,100社に対しアンケートを求め，重点審査することにした[20]。

2008年12月，欧州委員会は，わが国の会計基準をIFRSと同等であると最終決定した[21]。日本企業は2009年1月以降も日本基準で欧州域内において資金調達が可能になったのである。■出遅れはしたものの，その後の状況を見るとき企業会計基準委員会を中心とする関係者の奮闘は評価されよう。

6　米国と欧州との主導権争い
── 会計外交の行方　岐路に立つ日本

米国の会計基準設定主体であるFASBがIASBと"ノーウォーク合意"を発表，

お互いの会計基準を"コンバージェンス"させる方向で動き出したことについては85頁で指摘した。

2007年12月，SEC は「英断」を下した。米国外の企業に対し，IFRS の使用を数値調整なしに認める最終規則を公表，2007年11月15日以降に終了する会計年度の財務報告から適用することを決定した。つまり，SEC は，米国外の企業に対して，米国市場において IFRS での財務諸表を容認するとしたのである。そして，米国内企業にも IFRS の使用を認める方向で検討することも表明したのである。まさに世界の会計基準が IFRS に収束する方向で固まったと思われた。

SEC は，さらに一歩進めた。2008年11月，米国の上場企業に対しても IFRS を適用させるためのロードマップ案（工程表）を公表，特定の要件を満たした公開企業については，2009年12月15日以降に終了する SEC 宛年次報告書において IFRS の任意適用を認めること，IFRS の継続的な改善や IFRS に対する教育の十分性等を評価したうえで，国内のすべての上場企業に IFRS を義務化するかを2011年に決定すること，もしそれが決定されたならば，2014年から2016年の間に段階的に IFRS を適用することを明らかにしたのである。

しかしながら，足元の米国経済は大きく揺らいでいた。2007年末から住宅購入用途向けサブプライムローンの不良債権化が発生,「第 2 次大戦後最悪の金融危機」（グリーンスパン前米連邦準備理事会議長）に直面したのである[22]。2008年 9 月15日には，大手投資銀行のリーマン・ブラザーズが連邦破産法11条の適用を連邦裁判所に申請，負債総額約6,000億ドル（約64兆円）という米国史上最大の企業倒産が発生した。10月 3 日，米国議会は「緊急経済安定化法」（Emergency Economic Stabilization Act of 2008）を制定。同法は，最大約7,000億ドル（2008年10月の平均 1 ドル100円として，約70兆円）の公的資金を投入して，金融機関の不良資産を買い取ることを定めた。

このような状況において，米国は2010年 2 月，米国の財務報告制度に IFRS を組み込むべきか，組み込む場合にはいつどのように移行すべきか等の検討を始めた。すなわち，IFRS の早期適用を撤回したのである[23]。

そして，2012年 7 月，米国は，米国企業への IFRS の適用についての判断を

先送りした。つまり，将来的にはIFRSと自国基準が一体化する可能性を残しつつ，当面の間は一部のIFRSだけを承認し，自国基準を残してコンバージェンスを行うと発表，5～7年の準備期間をおくとした。日本経済新聞は，「IFRSを使う欧州と米国の間では世界の会計基準づくりを巡る主導権争いがあり，〔今回の米国の決定は〕米国内の慎重論に配慮した」と伝えた[24]。

　一方，わが国の企業会計審議会は，2009年6月，「我が国における国際会計基準の取扱いについて」を発表。2010年3月期から一定の条件を満たす上場企業にIFRSの任意適用を容認，また，IFRS強制適用の判断の時期については，とりあえず2012年を目途とする，と表明した[25]。

　2009年9月鳩山由紀夫内閣が，2010年6月菅 直人内閣が発足，2011年3月東日本大震災が発生，2011年8月菅内閣総辞職という大混乱の約2年間において，国際会計基準の議論は棚上げされた。

　そして，2013年6月，上のような米国の状況において，企業会計審議会は，IFRS強制適用の議論を保留し，当面，IFRSの連結財務諸表での任意適用の積み上げを進めると発表した[26]。

7　トヨタ，国際会計基準に移行

　トヨタ自動車は，2021年3月期から国際会計基準（IFRS）へと移行した。「これにより，上場企業のIFRS採用企業は時価総額で合計256兆円となり，占有率は40％を超えた。トヨタは『資本市場での財務情報の向上などが目的』という[27]」

　だが，2024年12月30日現在，東京証券取引所上場企業全3,975社のうち，国際会計基準（IFRS）を適用済企業は275社，適用決定企業は9社，計284社（7.1％）である。

　■EUが米国に仕掛けた会計戦争はIFRSを武器にEU優勢に展開しているが，米国が反転攻勢を強め，状況は膠着状態である。
　いずれにせよ，わが国においては，上場企業へのIFRS強制適用は不可能だ。

上で指摘したように，東京証券取引所上場企業全3,975社のうち，国際会計基準（IFRS）を適用している企業は，わずか284社にすぎないからである。

そして，IFRSのシステム化には，その準備期間やコンサルティング報酬を含む人件費等，数億円ないし数十億円という膨大なコストを要し，会計基準が改廃されるたびにコストを要するからである。上場企業でも多くの場合，その負担に耐えられないであろう。

◆注 ─────────

1　日本公認会計士協会「我が国のIFRSの取組み」「IFRSへの収斂の国際的動向」，2021年6月11日。金融庁「IOSCOの沿革とわが国の参加」，2017年

2　外務省「国際金融システムの強化，G7蔵相からケルン経済サミットへの報告」，1999年6月20日

3　日本経済新聞「会計基準づくり民間移行案 会計士協会が支持」1999年12月22日，「民間移管へ大蔵省反発」2000年2月15日

4　朝日新聞「会計基準 民間新機関が作成，会計士協会・経団連・大蔵省合意」，2000年3月29日

5　日本経済新聞「世界基準，主導権争い─欧米，策定にらみ足場固め」，2000年7月14日

6　日本経済新聞「IASB東京会議」，2002年3月19日

7　日本公認会計士協会，前掲（注1），「FASBとIASBの『ノーウォーク合意』」，2021年6月11日

8　日本経済新聞「包括論議の波紋」，2002年12月14日

9　朝日新聞「企業会計に『05年問題』，日本基準を欧州認めぬ恐れ」，2003年5月8日

10　日本経済新聞「05年の衝撃，戦略みえない日本」，2003年12月26日

11　財務会計基準機構「企業会計基準委員会と国際会計基準審議会とは共同プロジェクト立ち上げに向けて協議開始」，2004年10月12日

12　日本経済新聞「国際会計基準90ヵ国超に，EUなど義務づけスタート」，2005年1月10日

13　朝日新聞「補完情報求める草案─EU，日本企業に対して」，2005年4月29日

14　日本経済新聞「国際会計基準EU最終報告」，2005年7月6日

15　日本経済団体連合会「会計基準の統合（コンバージェンス）を加速化し，欧米との相互承認を求める」，2006年6月20日

16　総務省「経済財政運営と構造改革に関する基本方針2006」，2006年7月7日閣議決定，12頁

17　企業会計基準委員会「企業会計基準委員会と国際会計基準審議会は2011年までに会計基準のコンバージェンスを達成する『東京合意』を発表」，2007年8月8日

18 企業会計基準委員会 審議事項「東京合意を踏まえた新たなプロジェクト計画表について」, 2007年12月6日。日本経済新聞「会計基準共通化を加速」, 2007年12月7日

19 企業会計基準委員会「企業会計基準委員会と国際会計基準審議会が会計基準のコンバージェンスに向けた第7回会合を開催」(テーマ:連結等), 2008年4月11日。日本経済新聞「特別目的会社, 連結ルール厳格化―国際団体と合意」, 2008年4月9日

20 金融庁「平成20年3月期有価証券報告書に係る重点審査について」「審査項目:開示対象特別目的会社に係る注記」, 2008年6月3日

21 金融庁「会計基準の同等性評価に係る欧州委員会の決定について」, 2008年12月15日

22 日本経済新聞「金融危機が変える世界」, 2008年5月19日

23 永井知美「IFRSを巡る最近の動向」『経営センサー』(東レ経営研究所), 2013年11月。なお, 永井知美氏は, 次のように指摘する。

「IFRSのうたい文句として, IFRSは世界120カ国以上で使われているというコメントがよく聞かれる。一見, 世界の大部分がIFRSを使用しているような印象を受けるが, 強制適用など強いフォームで使用しているのは, EU, 韓国, オーストラリア, カナダ, 一部新興国であり, 日本と米国は強制適用していない。中国の強制適用の可能性はゼロである。

アフリカ, 東欧, ラテンアメリカなどの新興国でIFRS採用が進んだのは, 自国の会計基準があまり整備されておらず, IFRSを取り入れた方が手っ取り早いからである。結局, 一定の経済力を有し, IFRSを強制適用しているのは, EU, 韓国, オーストラリア, カナダぐらいだ。ドイツとフランスでは, 規制市場に上場している企業がIFRSを使用しているのであり, 企業に市場の選択権があるという点では任意適用に近い」

24 日本経済新聞「国際会計基準, 米, 適用の先送り」, 2012年7月18日

25 企業会計審議会「我が国における国際会計基準の取扱いについて(中間報告)」, 2009年6月30日

26 企業会計審議会「国際会計基準(IFRS)への対応のあり方に関する当面の指針」, 2013年6月19日

27 日本経済新聞「トヨタ, 国際会計基準に移行」, 2020年6月24日

第8章

「対等合併」禁止と「のれん」の償却

　企業結合（business combinations）とは，2つ以上の企業の各々がこれまでと同じ経営活動を継続するために単一の主体として結びつくことである。

　そして，企業結合の会計処理には，「パーチェス法」（Purchase Method）と「持分プーリング法」（Pooling-of-Interests Method）の2つの方法がある。

　パーチェス法とは，企業結合をそれがどのように達成されようとも，ある企業が他の企業を「取得」するものとみる。取得する方が支配者なのである。支配者側は，他の企業の純資産（資産−負債）を購入したものとして通常の資産取得取引と同様に処理する。取得した純資産は適正な市場価額で評価され，市場価額と取得価額との差額は「営業権＝のれん」（goodwill）となる。

　持分プーリング法とは，企業結合を2つの会社の「合体」とみる。そこでは，それぞれの企業のオーナーが1つの組織体の中で従来の事業を行うために，単に資産及び負債を拠出するあるいは"プール"したにすぎないと仮定している。したがって，新しく結合されたグループの資産及び負債は元の企業体の資産及び負債の価値（帳簿価額）をそのまま引き継ぐことになる。

1　持分プーリング法の人気と乱用，そして廃止

　米国における企業結合は，1940年代以降，持分プーリング法を採用してきた。それが人気を博したのは，次のような「恩典」を有しているからである[1]。

　①　結合会社は構成会社の収益を結合が行われた時点の期首に遡って合算

することができる。このことによって，売上高や利益，1株当たり利益を膨らませることができる。

② 結合会社の貸借対照表上の利益剰余金には構成会社の利益剰余金を含めることができる。結果として，株主資本や1株当たり利益を増やすことができる。

③ 企業結合に伴う株式の交換のほとんどは"tax-free"である。このことは，税務上，資産価値は帳簿上の金額がそのまま繰り越されなければならないことを意味する。そして，資産の時価は通常，帳簿価額よりも大である。合併後に経営者はその資産を売却することによって一挙に大きな利益を計上することができる。

④ パーチェス法によるのれんの償却が，逆に，持分プーリング法の流行を支えた。つまり，インフレと株式市場の活況が株式の時価と資産の帳簿価額との著しい差を生み出し，パーチェス法によると巨額なのれんが計上されることはもちろんのこと，他の無形資産（特許権やソフトウェア等）への相当な追加原価となり，そのことが償却費の増大をもたらすこと。

企業結合は1960年代に一段と増大し，1968年と69年には米国史上最高の展開を見せた。持分プーリング法が一層拡大していった理由は，企業結合が「1株当たり利益」を重視して行われたからである。

例えば，A社の発行済株式総数は100万株，1株当たり1ドルの利益，時価1株30ドルとする。B社も発行済株式総数は100万株，1株当たり1ドルの利益であるが，時価は1株10ドルとする。そこで，A社はB社の株主に1株15ドルを提示し買収を計画する。それが現金ならばB社の株主はOK。株式ならば50万抹を発行する。すると，結合後の新会社の株式は150万株で200万ドルの利益を上げている計算になる。これにより発行前の1株当たり利益は1ドルから1.33ドルになる。株価も確実に上昇する。持分プーリング法ならば，B社の株主の得る株式交換差益は課税の対象とはならない。

ところで，米国の1962年から1973年までの会計基準設定機関であった「会計原則審議会」（APB：Accounting Principles Board）による企業結合に関する最初の提案（1969年10月）は，パーチェス法のみを主張し持分プーリング法を完全に排除するものであった。しかし，これは経営者側の猛反対に遭い，大手

会計事務所（“ビッグ8”）の意見も割れ，学者の中にも持分プーリング法を支持する者も見られた。結局，APBは，紛糾の末，1970年8月，「パーチェス法と持分プーリング法の両法を認める。ただし，持分プーリング法はAPBの定める12の条件を満たす場合にのみ容認される」と決定した（APBオピニオンNo.16。賛成12，反対6）。そして，パーチェス法の結果発生する「のれん」については40年を限度とする定期償却と定めた（APBオピニオンNo.17。賛成13，反対5）[2]。

しかし，APBオピニオンNo.16の規制にもかかわらず，その後も，経営者は，持分プーリング法を選好し，かつ，乱用した[3]。

そこで，APBを引き継いだ「財務会計基準審議会」(FASB：Financial Accounting Sandards Board)は，パーチェス法に一本化する草案を1999年秋に公表，2001年6月27日の理事会で，同年6月30日以降の企業結合の会計処理方法はすべてパーチェス法を適用すると決定した[4]。FASBは，パーチェス法によって買収価額が明らかになり，株主が買収による効果を評価することができると判断したのである（その意味するところは97頁の下線部分参照）。そして，パーチェス法により認識されるのれんの償却を廃止，毎期に時価評価し，必要ならば減損処理とすると定めた[5]。

2 わが国における展開

(1) 「論点整理」前後 —— 混乱

2001年7月，わが国の企業会計審議会は，「企業結合に係る会計処理基準に関する論点整理」を発表した[6]。そこでは，パーチェス法を基本とし，持分プーリング法についても選択肢として残すが，適用できる例を限定するという方向が示された。日本に多い「対等合併」の場合にはどちらか一方が買収した形で資産評価するのに無理があるとの考えから，持分プーリング法を完全に否定することはできないとしたのである。

しかし，同年9月に開かれた「国際会計基準審議会」(IASB)では，日本の企業会計基準委員会の主張は大半の国から反論され，「空振りに終わった[7]」。

上の「論点整理」が公表される前の2001年3月に行われた日本製紙と大昭和

製紙の統合で組織された持株会社日本ユニパックホールディング（現・日本製紙グループ本社）はパーチェス法を採用，資産規模の大きな日本製紙が大昭和製紙を買収することになった。「海外の市場へ打って出るためにはパーチェス法が欠かせない[8]」という決断だ。

一方で，論点整理発表後の2002年10月に経営統合した日本航空と日本エアシステムは，統合を発表した当時，日本航空の時価総額は日本エアシステムの6倍を上回っていたにもかかわらず，持分プーリング法を採用した。また，2003年4月にスクウェアとエニックスの合併で誕生したスクウェア・エニックスも，時価総額で1.4倍の開きがあったが持分プーリング法を選んだ[9]。

2003年8月5日に経営統合したコニカとミノルタはパーチェス法を採用。「資産や収益力で上回るコニカがミノルタを買収すると見なし，ミノルタの資産・負債を時価で評価。これにより統合後の新会社には約1,200億円〔最終的には1,014億円〕ののれんが発生した。のれんを20年で償却する方針を打ち出しているため，新会社は年60億円〔50億円〕の費用負担が発生するが，中核事業である事務機器の主戦場が欧米ということもあり，『海外投資家の信頼も得られる世界的なルールを選んだ』（コニカ経理部）[10]」という。

■この時期はまだ「論点整理」の段階であったが（2003年8月21日に「企業結合に係る会計基準」（公開草案）発表），世界市場を"ターゲット"とする経営者は，会計基準についても敏感だ。

(2) 「対等合併」も容認

2003年10月，企業会計審議会は，「企業結合に係る会計基準」を公表[11]。新基準は，原則としてパーチェス法を適用するが，両社の議決権比率が50％からほぼ上下5ポイント以内に収まり，さらに役員数の割合等でも対等と判断できる場合に限り，例外的に持分プーリング法を認めた。パーチェス法により発生するブランドや営業権に対して，20年以内の規則的な償却を義務付けた（2006年4月1日以降に設立される合併会社に適用）。

2004年6月15日の日本経済新聞はいう[12]。

「日本経団連が2003年に調査したところ，直近10年間の上場企業の企業結合145件のうち，議決権比率の差が上下5％の範囲に入る例はわずか

11件だけだった。2002年9月，持分プーリング法で経営統合したJFEホールディングスでは，議決権比率は旧川崎製鉄が55.5％，旧NKK〔日本鋼管〕が44.5％と微妙なところ。来年（2005年）4月に合併する山之内製薬と藤沢薬品工業は59対41。持分プーリング法を使う方針だが，パーチェス法を選べば，のれんが約4,000億円に上る可能性がある〔合併後の新会社名：アステラス製薬〕。多くの経営者はのれんの償却が利益を圧迫するパーチェス法を使いたくない。しかし，拡大解釈を認めれば，日本の会計は世界の中で信用を失いかねない」

(3) 「対等合併」は存在しない

2008年12月，企業会計基準委員会は，国際会計基準審議会（IASB）との「東京合意」（88頁）に基づいて，持分プーリング法を廃止，パーチェス法に一本化する基準を決定した。すでに87頁で検討したように，EUの証券規制委員会の要請にも応えるためである。しかし，パーチェス法の適用に伴うのれんの償却については，IASBの毎期の減損テストによる時価評価と異なり，これまでどおり「原則20年以内」とした。新基準は2010年4月1日以後実施される企業結合から適用される[13]。

3 議論再燃 ── のれんの定期償却

ところが，2015年1月，西川郁生慶應義塾大学教授（企業会計基準委員会前委員長）は，「これまで，国際会計基準と米国会計基準は，資産に計上されたのれんは定期的な償却の対象とせず，必要に応じて減損を行うとしてきたが，これらに見直しの可能性が出てきた」と指摘した[14]。

その理由は，「主にのれんの減損の認識が遅すぎ，かつ，その減損額が大きすぎるからである。<u>価値の毀損（投資の失敗）が明らかになり，株価が下落してから減損を計上するようでは，投資家の意思決定に有用な情報を提供すべき財務報告が，役割を果たしていないことになるからだ</u>（下線著者）」と述べた〔■下線部分は，ステークホルダーの意思決定の判断資料となる財務諸表の役割という視点から重要なポイントである。95頁参照〕。

そして，３年後の2018年９月14日の日本経済新聞は，「国際会計基準審議会　企業買収を巡る会計処理の見直しに着手」と一面で大きく伝えた[15]。

　「国際会計基準審議会は，『のれん』の費用計上を義務づける議論を始め，2021年にも結論を出す。大型のM&A（合併・買収）が相次ぎ，企業財務への影響が強まっていることを考慮した」

　来日中の国際会計基準審議会のハンス・フーガーホースト議長は，インタビューで次のように答えた[16]。

　——IFRS（International Financial Reporting Standards, 83頁）でのれんの償却が議論の対象になったのはなぜか？

　「M&Aの増加によりのれんが膨らむなかで，ひとたび経済危機が起これば減損の嵐になる。現行のIFRSでは決算期末などに買収先の企業価値が下がっていないかを調べる『減損テスト』を求めているが，これには大きな課題がある。減損テストは本来，買収先の企業価値だけを考慮すべきだが，実際は買収した側の既存事業の無形資産なども含めて判断しているケースもある。つまり，（中長期的な）収益見通しが『バラ色』になりやすい。基準が楽観的すぎるため，減損のタイミングが遅くなりがちだ。投資家が財務諸表に対して実態以上に好印象をもってしまう場合がある」

　——日本基準はのれんの償却期間を最長20年としているが，参考になるか？

　「言うまでもなく日本基準は参考にしたい。ただ，（日本基準は）償却期間が企業に都合よく設定されてしまう側面がある。個人的な意見だが，IFRSに償却を導入する場合は期間を一律に決めるのが望ましい。詰めるべき課題は多いが，早ければ３年後に導入の可否を決められるだろう」

　ところで，米国の状況はどうか。

　米国の財務会計基準審議会（FASB）は2018年10月の会議において，上場企業にのれんの定期償却を導入する是非について議論を開始，企業や投資家から意見を募ることを決めた。

　「米国企業が抱えるのれんは右肩上がりで増加している。例えば，2017年度末，AT&T〔American Telephone & Telegraph Co.〕ののれんは1,054億ドル（約11兆8,000億円），GE〔General Electric Co.〕が839億ドル（約９兆4,000億円），

バークシャー・ハサウェイ〔Berkshire Hathaway Inc.〕が812億ドル（約9兆1,000億円）である（QUICK・ファクトセット調べ）。米主要500社では341兆円に達する。FASBが容認する非上場企業での10年償却となれば年30兆円超の費用負担が新たに発生するため，業績への影響は大きい。好調な企業業績や株高を経済政策のよりどころにしてきたトランプ大統領やM&Aをテコに成長を加速してきた産業界からの反発が強まるのは必至だ[17]」

■西川教授の指摘とIASB議長の談話，そして米国FASBの動勢では，日本の主張が支持されるようだが……。

4 膨らむ「のれん」と日本基準の孤立

2019年6月8日，日本経済新聞は，次のように伝える[18]。

「世界で大型のM&Aを実施する企業が増えている。金融を除く世界企業の貸借対照表に計上されているのれんの総額は，2018年度は約780兆円と前年度より8％増えた。……のれん額首位は米通信大手のAT&T。18年度中に米タイム・ワーナーを買収し，その残高は年度末時点で約16兆円。

業種別では医薬品が目立つ。第9位の米製薬大手ファイザーののれんは約5兆8,000億円。10位の仏サノフィ，12位のアラガン（アイルランド）も製薬大手で，アラガンは10年間でのれんが53倍に増えた。

世界第2位のビール大手アンハイザー・ブッシュ・インベブ（ベルギー）ののれんは14兆6,000億円で自己資本の2倍以上だ。

日本勢はソフトバンクグループが21位と最高で，のれんの自己資本に対する割合は57％。シャイアー買収の武田薬品工業は22位，同比率は81％。上位30社中で日本企業は2社だった。

なお，わが国企業の"のれんベスト10"は，2018年3月期，第1位ソフトバンクグループ4兆3,025億円，第2位JT1兆8,912億円，第3位武田薬品工業1兆292億円，以下，電通7,981億円，KDDI5,266億円，三菱ケミカルホールディングス3,233億円，リクルート3,129億円，キリンホールディングス2,619億円，サントリー食品インターナショナル2,540億円，大塚ホールディングス2,494億円と続く（『のれん』項目を設けている企業のみ対象）」

そして，2022年11月24日，国際会計基準審議会（IASB）は，のれんを定期償却しない現行ルールの維持を賛成10，反対１で決めた[19]。現行ルールの維持の主因は，上場企業にのれん償却を導入する方向だった米国の財務会計基準審議会（FASB）が，2022年６月に突如議論を打ち切ったことも大きいといわれている〔■それにしても，「反対１」（日本であろう）は意外だ〕。

　■のれんが巨額化するにつれ，減損テストで損失を計上しなければならない場合，その影響はとてつもなく大きい。しかし，巨額なのれんを計上する超巨大企業はそれに耐え得る体力も備えている。

　米マイクロソフトは，2014年にノキアから買収した携帯端末事業ののれんの減損等で，2016年６月期に約76億ドル（約9,200億円）を損失処理した[20]。また，2020年11月30日，米石油メジャーのエクソンモービルは，米国の天然ガス資産を中心に最大200億ドルの減損処理を実施すると発表。新型コロナウイルスの影響によるエネルギー需要の減少を踏まえて，資産評価を引き下げるという[21]。約２兆円も一括処理できる体力を維持しているのだ。

　IASBの現行ルール維持という決定は，おそらく巨額なのれんを計上している欧米の巨大企業による抵抗，つまり，毎事業年度の巨額な償却費の発生への反対が「極めて強烈」だったからであろう。

　わが国の企業会計基準委員会は，2001年７月に企業結合会計基準に関する論点整理を公表して以来，一貫してのれんの定期償却を主張してきた（「のれんは，資産に計上し，20年以内のその効果の及ぶ期間にわたって，定額法その他の合理的な方法により規則的に償却する」）。しかし，国際会計基準は，これまでの方針を再確認し，のれんの定期償却を否定した。さて，企業会計基準委員会はどう出るか？

　そして，巨大化するのれんの評価と無形資産等への追加原価の配賦及び減損の問題は，監査法人に"プロ"としての実力を問うている。被監査会社の提出するM&A関係資料を"独立"の立場でどのように監査し，資産の評価額を決定するのか，まさに監査部門とアドバイザリー部門等を含む監査法人全体の「力量」が問われている。

◆注

1　拙著『闘う公認会計士―アメリカにおける150年の軌跡』中央経済社，2014年，78頁

2　同上，105-111頁

3　「1998年における企業結合件数の3分の1，資本額では60％が持分プーリング法を採用していた」（今田 正「企業結合会計基準の転換と無形資産」『経営と経済』第80巻第3号，長崎大学学術研究成果リポジトリ，2000年12月25日）

4　FASB, Statement of Financial Accounting Standards No.141, "Business Combinations," 2001

5　FASB, Statement of Financial Accounting Standards No.142, "Goodwill and Other Intangible Assets," 2001

6　企業会計審議会「企業結合に係る会計処理基準に関する論点整理」，2001年7月6日

7　日本経済新聞「合併会計の国際議論―日本の主張通じず」，2001年9月26日

8　朝日新聞「合併会計処理，世界基準に意識の壁」，2002年8月17日

9　日本経済新聞「点検 会計ビッグバン，企業合併」，2003年10月4日

10　日本経済新聞「合併会計，時価法を先取り」，2003年8月2日。コニカミノルタ2004年3月期有価証券報告書，2004年6月28日，45頁

11　企業会計審議会「企業結合に係る会計基準」，2003年10月31日

12　日本経済新聞「減少する対等合併」，2004年6月15日

13　企業会計基準委員会「企業結合に関する会計基準」，2008年12月26日

14　西川郁生「のれん処理，日本型は妥当」日本経済新聞，2015年1月15日

15　日本経済新聞「『のれん』費用計上検討」，2018年9月14日

16　同上

17　日本経済新聞「のれん定額償却，米国も導入探る」，2018年10月26日

18　日本経済新聞「世界決算ランキング―M&A活況，膨らむ『のれん』」，2019年6月8日

19　FASB, "IASB votes to retain impairment — only approach for goodwill accounting," November 24, 2022.

20　日本経済新聞，前掲（注15），2018年9月14日

21　日本経済新聞「エクソン，最大2兆円減損」，2020年12月2日

第9章

米国の「力」
—— 監査風土の理解 ——

　現代財務諸表監査の目的は，経営者の作成した財務諸表が「一般に公正妥当と認められる企業会計の基準」（米国では「一般に認められた会計原則」）に準拠して適正に作成されているかどうかについて，職業専門家である公認会計士が意見を表明することである。そこで，公認会計士は，独立の立場から「職業専門家としての正当な注意」を払い，「監査計画」を策定し，それに準拠して「試査」による監査を実施し，監査要点を立証するために必要な量と証明力を備えた「監査証拠」を入手し，それに基づいて合理的な基礎を形成し，監査報告書において監査意見を表明することになる。

　この財務諸表監査の枠組みは，各国の公認会計士監査制度の創設以来，まったく変わっていない。そして，財務ディスクロージャー制度において，財務諸表を作成し開示する責任は経営者が負い，その財務諸表の適正性に関する意見については監査人が責任を負うといういわば「二重責任の構造」も，また，財務諸表監査の基礎となる内部統制を構築し運用する責任は経営者にあるということも変わっていない。

　しかし，財務諸表監査への社会的期待が高まるなかで，わが国を含む国際的な現代財務諸表監査は，(1)経営者による不正に起因する財務諸表の虚偽表示を発見すること，(2)リスク・アプローチに基づく監査を計画し実施すること，(3)監査の全プロセスにおいて職業的懐疑心を堅持し発揮すること，という3つの基軸をベースに展開されている。この3点は，相互に密接に関連し現代財務諸表監査の骨格を形成しているのである。すなわち，三角形の頂点に位置

する経営者不正に起因する財務諸表の虚偽表示の発見という監査人の"ミッション"を達成するために，監査リスク・アプローチと職業的懐疑心の発揮が両輪の役割を果たしているのである。

　そして，この現代財務諸表監査の到達点は，主として米国におけるこれまでの展開に依拠していることは紛れもない事実である。各国は，米国の監査基準，特に米国公認会計士協会の発表する監査実務指針をベースに自国の実情を考慮し，監査の基準を構築し運用しているのである。

　本書はわが国における公認会計士監査制度70有余年の分析と展望について検討するものであるが，本章では，上の３つの基軸のうち，主として，(1)の経営者による不正に起因する財務諸表の虚偽の表示の発見と(3)の職業的懐疑心の発揮について，米国における展開を概観する。なお，(2)のリスク・アプローチに基づく監査については，第11章で取り上げる。

　米国における職業会計士監査の展開を学び同国の監査風土を理解することは，世界で活躍するわが国の会計プロフェッショナルにとっても不可欠であると考える。少し長くなるが是非とも目を通してほしい。

1　米国における1930年代～1970年代

　すでに第１章で指摘したように，米国における職業会計士による財務諸表監査はおよそ1890年代から導入され，1933年証券法と1934年証券取引所法により法定化されたのであるが，「米国会計士協会」（AIA：American Institute of Accountants，1917年に AAPA（６頁）から名称変更）とその後の「米国公認会計士協会」（AICPA：American Institute of Certified Public Accountants，1957年に AIA から名称変更）が発表する監査人の実務指針である「監査手続書」（SAP：Statement on Auditing Procedure，第１号は1939年の「監査手続の拡張」）は，従業員の横領やその他類似の不正行為（irregularities），そして経営者による詐欺等が財務諸表に影響を与えることは認識していた。しかし，監査人による通常の財務諸表監査の目的は財務諸表の適正性に関する意見の表明であると主張し，従業員の不正行為や経営者による詐欺等の発見については，監査人の限界を強調し，取り扱わなかったのである[1]。

そして，法定監査に入ってすでに27年も経過した1960年９月に発表された
SAP No.30（「財務諸表監査における独立監査人の責任と役割」）が，初めて経営者
の意図的な財務諸表の虚偽記載を取り上げ，その可能性や重要性を検討するこ
とを独立監査人に指示したが，その SAP No.30も，通常の財務諸表監査は，
結果としてはそのような不正を明らかにするとしても，そのことを主たる
目的とするものではなく，またそのことを期待されるものではないと結論した
のである[2]。

　もっとも，この SAP No.30に関して，R. L. Grinaker は，「財務諸表に関し
て職業専門家としての無限定意見を表明するためには，監査人は，財務諸表に
は重大な虚偽記載はないという信念を形成し，かつ，かかる信念を支える基礎
をもたなければならない。不正による重大な虚偽記載はないという意味を財務
諸表の適正性の中に含めるべきである[3]」と主張していたが……。

　ところで，1960年代後半，監査人を取り巻く状況は一変する。"Go-Go Sixties"
の掛け声の下でアメリカ経済は急成長したが，一方で証券投機も横行し，企業
倒産とともに，監査人は株主及び社債権者から集団で訴えられたのである。
そして，判決は監査人の責任を拡大したのである。

　例えば，監査チームが会社の粉飾に気付かず，その後同じ会計事務所のコン
サルティング・チームがそれを発見しながらも明らかにしなかった Yale
Express 事件（1967年），一般に認められた会計原則の不備に付け込んで考案
された賃借条件付譲渡による資産売却益を裁判所が否定した BarChris 事件
（1968年），詐欺の共謀の罪で３人の公認会計士を有罪にした Continental
Vending Machine 事件（1969年），監査業務には社長の使い込みを防止する
ことも含まれると判決した1136テナント事件（1970年）等々である[4]。

　1972年11月，AICPA は，それまでの監査実務指針である SAP 全54号を改訂
し，SAS No.1（Statement on Auditing Standards No.1「監査基準と監査手続総覧」）
を発表した[5]。しかし，SAS No.1は，監査人を取り巻く厳しい状況においても
不正の問題を特に意識することなく，独立監査人による通常の財務諸表監査の
目的は，財務諸表が一般に認められた会計原則に準拠して会社の財政状態，
経営成績ならびに財政状態の変動を適正に表示しているか否かについての意見
を表明することを再確認し，12年も前に発表した SAP No.30（1960年）を

そのまま採用したのである。

SAS No.1がSAP No.30をそのまま採択した事情について，D. R. Carmichael（当時 AICPA 副会長（監査実務担当），テキサス大学会計学教授）は，「監査人に対する訴訟が増加し，また，敗訴した場合の損害賠償額の増大に伴い，監査人はSAPや事務所のマニュアルの中で，自分たちの責任を記述することにいっそう慎重になっていった」と指摘する[6]。そして，AICPA の機関誌 *The Journal of Accountancy* の編集長や AICPA の事務総長を務めた J. L. Carey は，1969年，「AICPA は，より高い業務水準を促す SAP や規則は裁判において協会の会員にとって不利に利用されるとの認識をますます強めていった[7]」と述べている。

2 コーエン委員会報告書（1978年）と SAS No.16

1970年代に入り，監査人に対する訴訟は一段と増加した。全米16大会計事務所が裁判に訴えられた事件は，1960年代が計83件であったのに対し，1970年から1974年までの5年間に183件にも上った[8]。

1973年5月，ニューヨーク証券取引所上場会社 Equity Funding（主に生命保険付貸付信託の販売業務）が倒産した[9]。マスコミは，同社の10年間にわたる不正（実在しない会社や密かに運営している会社等を利用した架空資産の計上，「確認」の回答書やコマーシャル・ペーパーの偽造，証拠資料の捏造，コンピュータによる記録の改ざん等）による巨額な粉飾決算を監査人が見抜けなかったことを厳しく批判した。SEC 委員長 Bradford Cook は，AICPA の代表をワシントンに呼びつけ，不正を発見するための監査人の責任を再検討するよう迫った。その席で，ある SEC コミッショナーは，「このような大規模な不正を監査人が発見できないなら，公認会計士監査なんてまったく意味がない（of little value）」と吐き捨てるように言ったという。AICPA 会長 W. E. Olson は，取るべき方策を検討すると約束した[10]。

(1) コーエン委員会報告書

1974年1月，AICPA は，「監査人の責任に関する委員会」（「コーエン委員会」:

M. F. Cohen 元 SEC 委員長）を設置した。コーエン委員会報告書（1978年）については補章1で検討するが，同報告書は，社会の人々の独立監査人への期待と現実の監査実務との間には乖離，つまり「期待ギャップ」（Expectation Gap）が存在していると指摘し，その"ギャップ"を埋める責任は主として監査人と経営者にあると強調，数々の勧告を行った。ここでは，「不正の発見（Detection of Fraud）に対する監査人の責任」に焦点を当てよう。

最大のポイントは，次の主張にある[11]。

「不正の発見に対する監査人の責任を明確にするうえで，われわれが本質的なこととして認識しておかなければならないことは，財務諸表利用者は，監査済財務諸表は不正によって歪められていないこと，ならびに，経営者は資産を保全するために適切な統制（controls）を維持していることを，当然のことと考えている〔当然のことと考える権利を有している〕ということである。監査は，財務諸表が重大な不正（material fraud）による影響を受けていないこと，そして，金額の重要な企業資産に対して経営者の会計責任が適切に遂行されていることについて，合理的な保証（reasonable assurance）を与えるものでなければならない。

財務諸表監査において，独立監査人は，不正の防止を目的とした統制やその他の手段が十分であるかどうかに関心を払うとともに，不正を調査〔search；隠されているものを注意深く調べるという意味〕する義務を負い，また，職業専門家としての技量と注意を働かせれば通常発見できるであろう不正については当然発見するもの，と期待されている」

この監査人は不正の発見に対して責任を負うべきであるという主張はまさに「画期的」であるが，その監査職能を監査人が効果的に遂行しかつ評価するための基準として，コーエン委員会は，「職業専門家としての正当な注意」（due professional care）を取り上げた。当時の監査基準は，「監査人は，監査の実施及び報告書の作成に当たって，職業専門家としての正当な注意を払わなければならない（一般基準3）」と定めていたが，それは，監査業務を判断する際の一つの広範な指針（a broad guide）を示しているにすぎないので，監査人が不正の発見という監査職能の重要な側面をより効果的に遂行できるように，正当な注意の基準の内容をより充実させるという観点から，

コーエン委員会は，以下の事項を考慮した新たな監査実務指針の作成や監査業務の変更を勧告したのである（246–250頁）。

①依頼人についての審査方針を確立すること，②職業専門家としての技量を発揮し注意を払うには健全な懐疑心が不可欠であること，③経営者による不正の兆候を示す状況を観察すること，④被監査会社の事業活動やその業界に精通すること，⑤不正の防止と発見に重要な関係をもつ内部統制の調査と評定を拡大すること，⑥不正及びその発見方法についての情報を作成し広めること，⑦個々の監査技術及び監査方法の欠陥に注意すること。

このうち，注目すべきは，②の「職業専門家としての技量を発揮し注意を払うには健全な懐疑心が不可欠である」いう勧告である。コーエン委員会は，次のようにいう[12]。

「職業専門家としての技量と注意を行使するには,『健全な懐疑心』（healthy skepticism）—— 経営者の重要な陳述については，まずそのすべてを疑ってかかり，その妥当性を確かめようとする心構え—— がなければならない。経営者の誠実性（integrity）と正直さ（good faith）については〔経営者の誠実性と正直さを判断するに当たっては〕，監査人は虚心坦懐な態度〔偏見のない姿勢〕（open mind）で臨むべきである。監査人は，経営者が不誠実であるとの前提をおくべきではないが，一方で，経営者の誠実性と正直さを当然のことと考えてはならない」

コーエン委員会の定義する「懐疑心」とは，経営者の重要な陳述については，まずそのすべてを疑ってかかり，その妥当性を確かめようとする心構え（a disposition to question and test the validity of all material management representations）のことである。なぜ懐疑心という言葉を使用し，その重要性を強調したのかについては，「本委員会〔コーエン委員会〕の調査の結果，監査の失敗の原因は依頼人の説明を過度に信頼（excessive reliance on client representations）したことによる（傍点著者）」からであり，「監査の失敗の根本的な原因は，常に，監査人が依頼人の説明を受け入れる際に不適切な判断（poor judgment in accepting client representations）により依頼人の陳述を鵜呑みにした」からである[13]。

(2) SAS No.16 (1977年)

AICPA の監査基準常務委員会とコーエン委員会は，不正の発見に関する監査人の責任についての調査を，ほぼ同時に開始した。コーエン委員会の中間報告書は1977年3月に発表されたが[14]，その2カ月前の1977年1月，AICPA は，SAS No.16（「誤謬または不正の発見に関する独立監査人の責任」）を発表した。なお，コーエン委員会は，SAS No.16の結論に同意していた[15]。

SAS No.16は，「監査人の責任」について，次のようにいう[16]。

「一般に認められた監査基準に基づく独立監査人の財務諸表監査の目的は，財務諸表が一般に認められた会計原則に継続的に準拠して会社の財政状態，経営成績ならびに財政状態の変動を適正に表示しているか否かについての意見を表明することである。したがって，一般に認められた監査基準の下で，独立監査人は，監査プロセス固有の限界を超えない範囲で，財務諸表に重要な影響を及ぼす誤謬または不正を調査するために監査を計画すること (to plan his examination to search for errors or irregularities) の責任を負い，かつ，そのような監査を行うに際して職業専門家としての技量を発揮し注意を払うことの責任を負う。重要な誤謬または不正の調査は，監査人が財務諸表についての意見を形成するために当該状況において適切であると判断する通常の監査手続を実施することによって行われるが，重要な誤謬または不正が存在しているかもしれない場合には，監査手続を拡大しなければならない。<u>独立監査人の標準的な報告書は，財務諸表には全体として誤謬または不正による重要な虚偽表示はないという監査人の信念を暗黙裡 (implicitly) に示しているのである</u>（下線著者）」

続けて，「誤謬または不正の可能性」という小見出しで，「監査人は，適用する監査手続によって誤謬または不正の可能性を示唆する証拠を入手することができるということを認識して，職業専門家としての懐疑心 (professional skepticism) をもって監査を計画しかつ実施しなければならない。監査の範囲は，内部会計統制の検討や実証性テストの結果，そして経営者の誠実性等を勘案して決められる」と指摘する。

さらに，経営者は財務諸表に重要な虚偽表示をもたらすような取引を隠蔽するように部下に命令したり統制を無視することもできる立場にいるので，SAS

No.16は，監査人に対し，経営者が内部会計統制手続を誠実に運用しているか，会社が経営者をして財務諸表の虚偽表示をもたらす可能性の高い状況にあるかについて検討すべきことを求めた。<u>例えば，被監査会社が多くの企業破綻に直面しているような産業に属している場合，運転資本が不足している場合等である。そして，内部会計統制に重大な欠陥があるにもかかわらず是正しない場合やコントローラーのような財務上重要なポジションにある者が頻繁に交代している場合，会計や財務担当者が不足し統制がとれていない場合等には，経営者が重要な虚偽表示を行っている可能性が高くあるいは経営者が内部会計統制を無視している可能性が高い</u>，と経営者の誠実性に注意するよう指示した。

■**下線部分は，職業的懐疑心を発揮することの事例といえるであろう。**

　そして，SAS No.16は，重要な誤謬または不正が存在しているかもしれない場合の手続について，次のように指示している。監査人は，会社の適切な管理者と協議し必要な調査の範囲等を決定する，取締役会または監査委員会がそのような状況を知っていることを確認する，重要な誤謬または不正が事実存在しているかどうか，もし存在しているならば財務諸表への影響を知るために監査手続を拡大して十分な監査証拠を入手する，経営者が監査範囲を制限したため監査手続が実施できなかった場合や重要な誤謬または不正の存在は確認できたがその財務諸表への影響について不確かな場合には，限定意見か意見を差し控える，状況によっては監査契約を撤回する。

　このように AICPA は，通常の財務諸表監査において，独立監査人が重要な誤謬または不正を発見することの責任を初めて認めたのである。「独立監査人の標準的な報告書は，財務諸表には全体として誤謬または不正による重要な虚偽表示はないという監査人の信念を暗黙裡に示しているのである（109頁の下線部分）」との AICPA の立場は，「不正の発見に対する監査人の責任を明確にするうえで，われわれが本質的なこととして認識しておかなければならないことは，財務諸表利用者が，監査済財務情報は不正によって歪められていないこと……を当然のことと考えているということである」（107頁）というコーエン委員会の主張を受け入れたものである。

■**SAS No.16は，コーエン委員会の勧告をほぼ全面的に受け入れ，通常の**

財務諸表監査において財務諸表に重要な影響を及ぼす誤謬または不正を調査するために，職業的懐疑心をもって監査を計画しかつ実施することは独立監査人の責任である，と会計プロフェッションの公式文書の上で初めて認めたのである。法定監査が始まってから実に44年後の1977年である。

しかしながら，次の文章に注意しなければならない。「監査証拠による反証がない限り，経営者は重要な虚偽表示を行っていないあるいは統制手続を無視していないということを監査人が前提（assume）とすることは合理的である[17]」。つまり，SAS No.16は，経営者は誠実であることを前提にしたのである。この点に関するコーエン委員会の主張は受け入れられなかったのである。

3 トレッドウェイ委員会報告書と SAS No.53（1988年）

話はやや前後するが，1970年代に入り，大企業が前触れもなく倒産し，監査人に対する訴訟が一段と増加するなかで，下院議員 J. E. Moss を委員長とするモス委員会は，民間企業を統括する SEC を含む6つの連邦統制機関を調査し，1975年10月，報告書を提出。そこでは，米会計基準の設定主体である FASB（Financial Accounting Standards Board，1972年設置）や監査基準の設定主体である AICPA に代わって，SEC が会計原則や監査基準等を設定すべきである等と主張した[18]。

そして，1977年3月には，上院行政委員会（委員長 Lee Metcalf）が1,760頁にも及ぶ「メトカーフ報告書」を発表，投資大衆の利益を守るために，合衆国議会や連邦政府は，企業会計及び監査に積極的に介入し会計基準や監査基準等を設定すべきであり，会計事務所の定期検査を実施すべきであると強調した[19]。このメトカーフ報告書に関しては，同年4月から6月にかけて3回，延べ8日間の公聴会が開催され，各界の代表39名が証言した。

まさに，米国会計プロフェッションは，議会や政府の「番犬」に堕するか否かの危機的状況に置かれたのである。

そこで，1977年9月，AICPA は，公認会計士事務所の「監査品質管理」について他の公認会計士事務所等からなるチームがレビューし，レビュー結果と問題点を指摘するコメント・レターならびにコメント・レターに対する会計事

務所の回答を3年間一般の縦覧に供するという"ピア・レビュー（peer review）制度"の導入を決定，どうにか嵐を乗り切った。詳細については，拙著『闘う公認会計士―アメリカにおける150年の軌跡』（中央経済社，2014年）を参照してほしい。

　そして，1980年代前半，米国公認会計士業界は大きな展開を見せる。それは，リスク・アプローチに基づく監査の導入である。AICPAは，1983年12月，SAS No.47（「監査の実施における監査リスクと重要性」）を発表した[20]。

　SAS No.47は，重要な虚偽表示のある財務諸表に対して，監査人がその事実に気付かず自らの意見を適切に限定できないリスクを「監査リスク」（audit risk）という概念で捉え，その監査リスクの水準を合理的に低い水準に統制するための監査計画の立案と監査業務の実施を監査人に要求したのである。つまり，SAS No.47は，監査意見形成の基本構造は監査リスク・アプローチにあることを明確にしたのである。

　■SAS No.16は「独立監査人の標準的な報告書は，財務諸表には全体として誤謬または不正による重要な虚偽表示はないという監査人の信念を暗黙裡に示している」と述べていたが（109頁），その信念は暗黙裡ではなく，SAS No.47の監査リスク・アプローチを通して明示されたと解することができるのである。

　なぜなら，監査リスク・アプローチによって，重要な虚偽表示を発見できないで誤った意見を表明してしまう確率（監査リスク）を一定の水準以下に抑えることによって，監査人は重要な虚偽表示はないという意見に対しても合理的な保証を与えることができるからである。それは，監査人が財務諸表に対して与える上の2つの保証は，確率的な表現によれば，「監査リスク＝1－財務諸表の適正性についての意見の確信度」という関係にあるからである。つまり，例えば監査リスクを5％以下に抑えることによって，財務諸表の適正性についての意見は95％以上の確信度をもって表明することができるのである。

　ここに，監査リスク・アプローチを媒介にして，財務諸表が適正に作成されているという意見と財務諸表には重要な虚偽表示はないという意見の2つは同等な関係にあることが明確にされたのである。まさに，現代財務諸表監査の基本構造が構築されたともいえるのである。

　監査リスク・アプローチについては，第11章で検討する。

1980年代，監査人に対する訴訟はさらに増大し，1980年から1984年までの5年間になんと233件，1985年から1989年にも193件と，1980年代は426件にも上り，1970年代の287件を大幅に上回ったのである[21]。マスコミは，倒産したPenn Square銀行の監査人Peat, Marwick, Mitchell & Co.に対して，小口預金者の損失を保証する「連邦預金保険公社」（Federal Deposit Insurance Corporation）が1億3,000万ドル（当時の1ドル240円で換算すると312億円）もの損害賠償を求めて訴えたこと[22]。ビッグ8は1980年から85年後半にかけて原告に総額1億7,900万ドル（5年間の平均1ドル240円で約430億円）という莫大な和解金を支払ったこと等も伝えた[23]。裁判費用も増大し，監査損害保険の保険料も天井知らずに上がっていったのである[24]。

1984年，合衆国最高裁判所は，裁判官全員一致で，次のようなステートメントを発表した[25]。

「独立監査人は，会社の財政状態を集合的に描写する公的報告書を証明することによって，依頼人との雇用関係を超越する公的責任を負う。この特別な職能を遂行する独立公会計士（independent public accountants）は，債権者及び株主と同様に投資大衆に対しても本源的な忠誠の義務を負わなければならない。この『公僕のお目付役』（"public watchdog"）という職能は，会計士に対し，依頼人から常時完全に独立していること，そして投資大衆の信頼に忠実に応えることを求めているのである」

1985年2月，下院エネルギー・通商委員会の監視・調査小委員会（John Dingell委員会）は，公開会社に対する独立監査の有効性とSECの監督責任を追及した[26]。まさにメトカーフ委員会（111頁）の再来である。その公聴会が継続中の3月，フロリダのE.S.M.グループが倒産，投資していた貯蓄金融機関（S&L，121頁）や地方自治体，年金基金等が3億2,000万ドル（約770億円）もの損害を被った[27]。同グループの中核E.S.M.政府証券会社の監査人Alexander Grant & Co.（マイアミ）のパートナーは，同社の5年間の粉飾決算を見逃し，懲役12年を判決された[28]。

このような最高に権威あるステートメントや訴訟，公聴会等を背景に，投資大衆はこう主張した。「監査人は経営者の不正を摘発すべきであった」，「倒産した企業が差し迫った状況にあったことを警告すべきであった」。確かに，

"エクスペクテーション・ギャップ"（107頁）が拡大しつつあったのである。そして，それは，「経営の失敗」と「監査の失敗」の区別がつかない投資大衆のみを責めるわけにはいかない事情が監査人側にもあった。M&A ブームによる多くの顧客がライバルの会計事務所へ移動する現象は，顧客を引き留めかつ新しい顧客を獲得するための競争を激化させ，禁止が解除された競争入札や懇請行為が監査の質を低下させていたからである[29]。

(1) トレッドウェイ委員会報告書

このような危機的状況を打開するため，AICPA は，E.S.M. 事件3カ月後の1985年6月，アメリカ会計学会や財務担当経営者協会，内部監査人協会等に呼びかけて，「不正な財務報告に関する全米委員会」（「トレッドウェイ委員会」：J. C. Treadway, Jr. 元 SEC 委員長）を組織した。同委員会は，1985年10月から2年間もかけて合衆国の財務報告システムを調査，1987年4月公開草案を，同年10月最終報告書を発表，次のように主張した[30]。

① 不正な財務報告のリスクを減らすためのこれまでの努力は，独立公会計士に著しく焦点を当てる傾向にあった。しかし，こうした努力には本来的に限界がある。独立公会計士の果たす役割は重要であるが，それは第二次的（secondary）なものである。信頼しうる財務報告に対する第一次的責任（primary responsibility）は経営者にある。

② 最高経営者をして不正な財務報告に走らせるということは，「プレッシャー」や「動機」があり，かつそれを実行できる「機会」があるからである。例えば，企業収益または市場占有率の急激な減少，非現実的な予算の編成，短期的な業績に基礎をおくボーナス制度等のプレッシャーや動機があり，かつ，財務報告プロセスを注意深く監視する取締役会や監査委員会が存在していないこと，内部会計統制に弱点があること，合併や事業所の売却等の異常な取引が行われていること等の機会がある。

③ SEC が独立公会計士を相手どって起こした訴訟のほとんどは，独立公会計士が十分かつ的確な証拠を入手しなかったことを訴因としている。例えば，勘定残高に対する「確認」を行わなかった，実地棚卸の「立会」を怠った，第三者による裏付けを求めることなく経営者の説明を鵜呑みに

した，不正の兆候が見られたにもかかわらず，独立公会計士がそれに気付かずあるいは懐疑心をもって追及しなかった等。

　そこで，トレッドウェイ委員会は，財務ディスクロージャー・システム全体を向上させるという視点から，公開会社の最高経営者と取締役会，独立公会計士，証券取引委員会（SEC）等の監督機関，教育機関等に対し合計49件の勧告を行ったのである（以下，下線著者）[31]。

①　公開会社に対する勧告

　トップマネジメントは，不正な財務報告を防止または早期に発見することの重要性を認識し，財務報告に関する総合的な「統制環境」（control environment）を確立すること〔「統制環境」という用語は本書では初めて登場したが，補章2の264頁を参照のこと〕。不正な財務報告の原因となるリスクを識別しかつ評価すること。不正な財務報告を防止または早期に発見しうる内部統制を構築すること。企業の倫理的環境を強化するために行為綱領（code of corporate conduct）を定めること。外部取締役からなる監査委員会を設置しその機能の拡大を図ること（例えば，監査人の独立性の支援）。株主宛年次報告書と経営者報告書において財務諸表と内部統制の責任は経営者にあることや内部統制の有効性に関する経営者の意見等を記載すること等。

②　独立公会計士に対する勧告

　現行の監査基準書〔SAS No.16〕は監査人に対し不正を調査するための監査を計画することの義務を課しているにもかかわらず，そのための調査方法については具体的に示していない。そこで，監査基準書は，不正な財務報告を示唆する状況を具体的に明示し，識別された要因〔不正リスク要因〕ごとに監査目標を例示し，かかる監査目標を達成するうえで必要とされる監査手続を明示すべきである。

　監査基準書は，誤謬もしくは不正の発生するリスクを特定の勘定科目との関係において評価することを監査人に求めており，しかも，監査証拠による反証がない限り，監査人は経営者の誠実性を前提とすることが許されている（111頁の注17）。したがって，監査手続は最高経営者に焦点を当てていない。

<u>不正な財務報告の大多数は最高経営者が関与しているのだから，監査人は，経営者の誠実性を前提とすべきではなく（shoud not assume），職業的懐疑心をもって経営者の誠実性を判断しなければならない。</u>

不正な財務報告の防止と発見には強力な統制環境が不可欠である。監査基準は，監査人に対して，監査計画において経営者を含む企業の統制環境を評価することを要求すべきである。

監査人は，監査報告書において監査の役割と限界を明示し，内部会計統制システムをレビューした結果を記述すること。

③ SEC 等に対する勧告

SEC による新たな制裁と刑事訴追を強化すること。例えば，上場会社の粉飾決算に関与した役員や取締役がその職に留まることを禁止または停止させる権限を付与すること等。会計プロフェッションに対する規制を強化すること。例えば，品質管理に問題がある会計事務所に対して制裁を科すこと。金融機関に対する連邦政府の規制を強化すること等。

④ 教育機関等に関する勧告

会計学や経営学専攻の学生が，不正な財務報告をもたらす要因やそれを防止するための統制環境を含む内部統制機能，そして財務報告システム等を理解できるようなカリキュラムを編成すること，職業倫理教育を重視すること等。

■トレッドウェイ委員会の 6 名のメンバーは，トレッドウェイ元 SEC 委員長をはじめ，ニューヨーク証券取引所理事長，大手会計事務所の経営審議会会長，大手企業の最高責任者等で構成されているが，彼らの「権威」の下に，委員会は，不正な財務報告を防止しかつ発見するために，財務ディスクロージャー・システム全体を向上させるという視点から，プライベート・セクターたる経営者と会計プロフェッションそれに教育機関に対しては，それぞれの役割と責任を再認識しそれを拡充していくこと，そしてパブリック・セクターたる SEC 等に対しては，その監督・監視機能を強化することを提言したのである。

(2) SAS No.53 (1988年)

113頁で説明したような追い込まれた状況において，AICPA は，監査基準書改訂の大作業を1985年1月から開始，2年後の1987年2月，10件（120頁）に係る公開草案を発表，1,200通にも及ぶコメント・レターをレビューした後〔■すごい数だ。会計監査に対する社会の認識度という点において，わが国と決定的な違いである〕，1988年4月，一挙に10件の新しい監査基準書を発表した。その1つが，SAS No.53（「誤謬及び不正の発見と報告に関する監査人の責任」）である[32]。

SAS No.53は，まず，「誤謬」（error）と「不正」（irregularities）の違いについて，財務諸表の虚偽表示の要因が「意図的」（intentional）か「意図的でない」（unintentional）かにあるとしたうえで，誤謬（意図的でない）及び不正（意図的）に対する監査人の発見責任について，次のように主張する。

「監査人は，誤謬及び不正が財務諸表に重要な虚偽表示をもたらすリスクを評価（assess）しなければならない。この評価に基づいて，監査人は，財務諸表には重要な誤謬及び不正がないということの合理的な保証を提供するために監査を計画しなければならない（傍点著者）」

この主張から明らかなように，SAS No.53は，監査人に対して，SAS No.47で正式に導入した監査リスク・アプローチに基づいて監査を計画し，経営者の作成した財務諸表には重要な虚偽表示がないということの合理的な保証を求めた。112頁で指摘したように，監査リスク・アプローチのモデル，すなわち，〔監査リスク＝1－財務諸表の適正性についての意見の確信度〕の関係からして，重要な虚偽表示を発見できず誤った意見を表明してしまう確率（監査リスク）を一定の水準以下に抑えることによって，結果として，財務諸表は会社の財政状態，経営成績ならびにキャッシュ・フローの状況を適正に表示しているという意見についても合理的な保証を提供することができるからである。

そして，「監査人は，監査手続の計画，実施，評価に当たって正当な注意を払い，かつ，重要な虚偽表示がないという合理的な保証を達成するために『適度な職業的懐疑心』（the proper degree of professional skepticism）をもって監査をしなければならない」と続ける。SAS No.16の "professional skepticism" に "the proper degree of" を加えたことは適切である。

次に，SAS No.53は，不正な財務報告が行われている可能性を評価するために監査リスクを「財務諸表レベルにおける監査リスク」と「個々の勘定残高または取引種類レベルにおける監査リスク」に区分し，監査計画の段階において，以下の検討を監査人に指示した。

　財務諸表レベルの虚偽表示のリスクを評価するに当たっては，まず財務諸表に虚偽表示をもたらす要因について検討する。ここでは，トレッドウェイ委員会が勧告する最高経営者に焦点を当てる（114頁）。経営者はワンマンか，経営者が予想売上高の達成を過度に強調していないか，経営者の評判はどうか，経営者は利益を増大させるような会計原則の適用について過去に何度も監査人と論争していないか，経営者が会計上の見積り（例えば，棚卸資産や売掛金の正味実現可能価額，年金費用の見積り等）の基礎となる方針や手続を確立しようとしない状況はないか，経営者がデータや資産の保全のための適切な措置を講じていない状況はないか等々。そして，監査人は，このような「リスク要因」の発現を防止するために構築されている内部統制をレビューし評価することによって，経営者の虚偽表示のリスクの程度を決定することになる。

　また，監査人は，監査計画の段階において，財務諸表を構成する個々の勘定残高や取引種類のレベルにおける虚偽表示のリスクを評価する。その際，<u>財務諸表レベルで認識された上のような主に経営者に係るリスク要因が特定の勘定残高や取引に与える影響について検討し</u>，さらに，勘定残高や取引は会計上の論争点になっていないか，勘定残高や取引の計算は複雑か，見積りの要素が多いか，監査することが難しいか，着服の危険性があるか，データ処理担当者の能力や経験はどうか等々も考慮する。

　ただし，SAS No.53は，「財務諸表レベルにおける監査リスク」と「個々の勘定残高または取引種類レベルにおける監査リスク」との関係については，上の下線部分を除いて，言及していない。

　そして，SAS No.53は，「職業的懐疑心」について，次のように指摘する[33]。

　「一般に認められた監査基準に基づく財務諸表監査は，職業的懐疑心をもって計画されかつ実行されなければならない。監査人は，経営者は不誠実（dishonesty）であるということも，<u>また疑問の余地のないほど誠実（unquestioned honesty）であるということも前提としてはならない</u>。監査人

は，財務諸表には重要な虚偽表示がないかどうかを決定するために，観察した状況や入手した証拠，過去の監査から得られた情報等を客観的に評価しなければならない（下線著者）」

「経営者は財務諸表を著しく虚偽表示する方法で取引を記録したり情報を隠蔽するよう部下に命令することができるので，経営者の誠実性は重要である。実証することが難しい項目（例えば，簿外負債の存在等）を監査する場合，経営者の誠実性に係る要因を検討することの重要性が著しく増大していることを監査人は認識しなければならない。

しかしながら，経営者は不誠実であると仮定することは，監査人がこれまで積み重ねてきた経験に反する。しかも，そう仮定すると，監査人は顧客から入手したすべての記録や文書の真実性を疑わなければならず，そして経営者のすべての陳述を裏付けるために『説得力のある証拠』（persuasive evidence）よりも『決定的な証拠（確証）』（conclusive evidence）を必要とするであろう。このような監査は，コスト的にも不合理で実施不可能である」

上のSAS No.53の職業的懐疑心に関する最初のパラグラフは，すでに検討したトレッドウェイ委員会の勧告（116頁の下線）を受け入れたものであるが，「経営者は誠実である」としていたSAS No.16の立場とは決定的に異なる。

さらに，SAS No.53は，監査人が職業的懐疑心をもって監査することの事例を，監査計画の段階と監査の実施段階に区分して示した[34]。

監査計画の段階においては，財務諸表の重要な虚偽表示のリスクが著しく高いと判断するならば，このことを考慮して監査手続の性質，時期，範囲を決定し，スタッフを割り当て，適切な監督体制をとる。上級経営者が関与する取引については外部関係者に確認し，上級経営者が行ったまたは承認した重要な仕訳のすべてを詳細にレビューする。工事進行基準を含む収益の認識や資産評価，資本的支出や収益的支出等の会計方針が妥当かを検討し，仕入先が返却権を有する取引や期末時点での金額の大きいそして異常な取引等については十分な証拠を入手するよう計画する。

また，監査の実施段階においては，例えば，分析的手続の結果が予想と著しく異なる場合，総勘定元帳と補助元帳との重要な差異や帳簿と実査とに重要な差異がある場合，売掛金等の帳簿金額と確認の回答との重要な差異や回答が

少ない場合，取引を裏付ける文書がない場合やそれが適切に承認されていない場合，監査人が要求しても記録やファイルが容易には入手できない場合，従業員が明らかに知っているはずの誤謬を自発的に監査人に伝えていない場合等には，その理由を検討し，そのような状況が頻繁に発生したり，納得のいく説明が得られない場合等には，計画した監査範囲を再検討し，また，状況によっては計画段階での財務諸表の重要な虚偽表示のリスクの評価を再検討しなければならない，とした〔■**監査の実施段階における状況によっては，監査の計画段階で決定した不正リスクの評価を再検討することも含まれる**〕。

　そして，監査人は，会計記録と監査結果との差異の重要性を量的及び質的に評価する。それが重要であると判断する場合には，重要な虚偽表示が事実存在しているか，もしそうならばその影響について，十分な証拠を入手しなければならない。

　監査報告書の作成段階においては，監査人は，財務諸表が不正によって重要な影響を受けていると結論したならば，財務諸表を修正するよう勧告し，修正されなかった場合には，限定意見または否定的意見（adverse opinion）をその理由とともに表明しなければならない。ここでは，SAS No.16にはなかった否定的意見も示唆した（110頁）。

　■**上述のとおり，SAS No.53（1988年）により，財務諸表の重要な虚偽表示の発見と監査リスク・アプローチ，そして職業的懐疑心の発揮という現代財務諸表監査の3つの基軸が，がっちりと構築されたのである。**

　なお，SAS No.53と同時（1988年4月）に発表された他の9件の新しい監査基準書を紹介しておこう（**図表9－1**）。

　このように，経営者の不正と違法行為の発見，内部統制概念の拡充，分析的手続，会計上の見積り，ゴーイングコンサーン，内外関係者への伝達等，現代財務諸表監査の重要な課題に係る監査実務指針が，1988年に発表されたのである。

図表９−１ 新監査基準書	
監査基準書総覧	・SAS No.52「監査基準書総覧」
不正及び違法行為の発見	・SAS No.53「誤謬及び不正の発見と報告に関する監査人の責任」 ・SAS No.54「顧客による違法行為」
有効な監査の追求	・SAS No.55「財務諸表監査における内部統制機構の検討」 ・SAS No.56「分析的手続」 ・SAS No.57「会計上の見積りに対する監査」
外部利害関係者への伝達の改善	・SAS No.58「監査済財務諸表に関する報告」 ・SAS No.59「継続企業としての存続能力に関する監査人の検討」
内部関係者への伝達の改善	・SAS No.60「監査中に発見した内部統制機構に関する事項の通知」 ・SAS No.61「監査委員会への通知」

4 POB の特別報告書と SAS No.82（1997年）

1980年代後半から1990年代初頭にかけて，商業銀行に比し比較的小規模な貯蓄金融機関（S&L：Savings & Loan Association）が700社以上も倒産した。1989年，合衆国政府は，経営破綻した S&L を売却するための「整理信託公社」（RTC：Resolution Trust Corporation）を設立，倒産した S&L の監査人を訴えたのである[35]。倒産した貯蓄金融機関の預金者に補償された国民の税金は3,200億ドル（約40兆円）にも及ぶという[36]。そして，その税金を回収するために，RTC は生き残った事件関係者である"ディープ・ポケット"（deep pocket，「金持ち」の意味）の公認会計士事務所をターゲットにしたのである。

1990年11月，全米第７位のラヴェントール・ホーワス（Laventhol & Horwath）会計事務所が破綻した。専門職法人としては合衆国最大の倒産である。同事務所の会長 Robert Levin は嘆く。「財政破綻の最大の原因は，裁判に勝つための資金が欠乏したことである[37]」。同事務所は，112件もの未解決の訴訟事件を

抱えていた。

ビッグ6は，1991年度において，合計4億7,700万ドル（当時の1ドル130円として約620億円）もの訴訟費用を支払ったという[38]。業界全体としては，1992年8月現在約300億ドル（約3兆9,000億円）の損害賠償が請求されていると推定された[39]。そして，1992年11月24日の *The Wall Street Journal* と *The Washington Post* は，会計事務所大手の Ernst & Young が一連の S&L 事件に係る和解金として，なんと4億ドル（約520億円）を連邦政府に支払ったことをトップ・ニュースとして伝えた。政府がプロフェッショナルを罰するケースとしては，その規模において例を見ないものである[40]。

(1) POB 特別報告書

このような状況において，米国公認会計士協会が"ピア・レビュー制度"（112頁）の監視機関として設置している「公共監視審査会」（POB：Public Oversight Board）は，1993年3月，特別報告書『公共の利益の中で』を発表，議会や SEC，FASB（111頁），AICPA，会計事務所等に対して合計25件の勧告を行った[41]。

POB は，"エクスペクテーション・ギャップ"がさらに拡大し，会計プロフェッションに対する社会の信頼は大きく後退していると判断，その"ギャップ"を埋める責任は会計プロフェッションにあると主張した。

POB は，経営者不正の発見について，次のようにいう[42]。

多くの人々は，顕在化していない経営者不正を発見することは監査人の責任であると信じている。不正の発見を監査プロセスの重要な目標（goal）とみている。強化された監査基準書〔SAS No.53〕は，監査人に対し，財務諸表には重要な誤謬や不正がないことの合理的な保証を提供するために，経営者による不正が財務諸表に重要な虚偽表示をもたらすリスクを評価しその評価に基づいて監査を計画し，適度な職業的懐疑心をもって監査することを求めている。もちろん，たとえ適切に計画された監査でも，偽造された記録や文書，経営者と第三者との共謀等のように監査人を騙すために巧妙に仕組まれた不正は発見できないかもしれない。にもかかわらず，監査が監査基準に準拠して適正に実行されるならば，不正の発見を高めることができる。しかしながら，監査人

は監査基準を徹底して遵守しておらず，また，適度な職業的懐疑心をもって監査しなければならないという要請にも十分に応えていない。会計プロフェッションは，経営者不正の発見について現在求められている以上の責任を負わなければばらない。

そこで，POB は，会計事務所に対して，誤謬及び不正の発見と報告に関する監査基準書を厳守し，職業的懐疑心についてもっと敏感にならなければならないと勧告した。また，会計プロフェッションに対しては，経営者不正の可能性を高める要因を例示し，それに対するさらなる監査手続を明示すべきであると勧告したのである。

(2) SAS No.82（1997年）

AICPA 理事会は POB の勧告を受け入れ，SAS No.53の改訂に着手，1997年2月，SAS No.82（「財務諸表監査における不正」の検討）を発表した[43]。

まず指摘すべきは，SAS No.82は，"fraud" のみを対象とする監査実務指針であるということである。1939年の監査手続書（SAP）第1号から1972年以降の監査基準書（SAS）には，"defalcations"，"errors"，"irregularities"，"fraud" という用語が入り乱れていた。

SAS No.82の最大の特徴は，SAS が規定する「独立監査人の責任と職能」（AU Section 110）に，「不正の発見」（Detection of Fraud）という項目で次の文章を加えたことである[44]。

　「監査人は，それが誤謬によるものであるか不正によるものであるかを問わず，財務諸表には重要な虚偽表示がないかについて合理的な保証を得るために，監査を計画し実施する責任を負う」（The auditor has a responsibility to plan and perform the audit to obtain reasonable assurance about whether the financial statements are free of material misstatement, whether caused by error or fraud.）

すでに検討したように，財務諸表の重要な虚偽表示の発見に関する監査人の責任については SAS No.16と SAS No.53においても明らかにされていたが，それを AU Section 110の「独立監査人の責任と職能」において定めたことは，その責任の重大さを一段と高めたものと解することができよう。

第2の特徴は，監査基準・一般基準3の「業務遂行における正当な注意」において，157頁の「.01〜.04」の次に「職業的懐疑心」（Professional Skepticism）と「合理的な保証」（Reasonable Assurance）の2つの項目を加えたことである。

　前者については，「職業専門家としての正当な注意は，監査人に対し，職業的懐疑心をもって監査することを求めている。職業的懐疑心とは，疑問を抱き，監査証拠を批判的に評価する姿勢のことである（Professional skepticism is an attitude that includes a questioning mind and a critical assessment of audit evidence. 下線著者）。監査人は，証拠の収集とその客観的評価を正直かつ誠実にそして勤勉に実施するために，会計プロフェッションが要求する知識と技量そして能力を発揮しなければならない[45]」と定めた。

　職業的懐疑心について，SASが下線部分のように定義したのは初めてである。そして，監査人に対してそれを，監査プロセス全体を通して保持すべきことを要求した。つまり，職業的懐疑心を職業専門家としての正当な注意の基準の中核に位置付けたのである。

　後者の「合理的な保証」については，財務諸表には重要な虚偽表示はないという監査人の意見，つまり，監査人の保証は絶対的な保証（absolute assurance）ではなく合理的な保証である，と強調した。なぜなら，試査の範囲やその対象，監査手続の選択や適用は監査人の判断によるので，あやまちも発生し，また，財務諸表は将来事象についての見積りの結果であり，その合理性を評価するに当たっても監査人は判断を行使するからである。したがって，大部分のケースにおいて，監査人は，確証よりも説得力のある証拠に依拠せざるを得ない（The auditor has to rely on evidence that is persuasive rather than convincing. 119頁）。そして，隠蔽や文書の差替・捏造等の不正については，十分に計画され実施された監査でも発見できないかもしれないからである[46]。

　第3の特徴は，監査リスク・アプローチに基づく不正発見のフレームワークとして，①不正に起因する財務諸表の重要な虚偽表示のリスクの例示とその評価，②不正リスク評価に対する監査人の対応，③監査テストの結果の評価という3つの基本的ステップについて具体例を明示したことである[47]。

　例えば，①の不正リスクの評価を行う際に考慮すべき「リスク要因」（fraud

risk factor）として，経営者報酬の大部分がボーナスや株式オプション等のインセンティブ・プランであり過度にアグレッシブな目標を達成することに依拠している，経営者が明らかに非現実的な予測をアナリストや債権者等に対して表明している，内部統制や財務報告において経営者が適切でない価値観や倫理観を伝達している，取締役会や監査委員会のような監視体制がなく経営が単独または小グループによって支配されている，重要な統制に対してモニタリングが機能していない，内部統制の重要な欠陥に対して経営者が迅速に対処していない，経営者が規制当局を著しく無視している，経営者が無能力な会計スタッフや IT スタッフあるいは内部監査スタッフを雇用し続けている，経営者と現任または前任の監査人との争いが絶えない，監査範囲・監査時間・監査報告書の作成に関して経営者から不当な要求がある，等々である。

　■SAS No.82の最大の特徴は，すでに指摘したように，財務諸表の重要な虚偽表示の発見に関する監査人の責任を，監査実務指針の理念ともいうべき「独立監査人の責任と職能」（AU Section110）において定めたことである。そして，SAS No.82は，それまでの SAS No.53（1988年）の骨格を維持しつつ，独立監査人に対して職業的懐疑心をいっそう発揮することを求め，一方で，監査人の提供する保証は「合理的な保証」であると自らを防御した。そして，49件の不正リスク要因と監査人の対応について例示した。

5 オマリー委員会報告書と SAS No.99（2002年）

　監査人に対する訴訟が会計職業を重大な危機に陥れ，独立監査機能や財務報告システム，合衆国の資本市場の競争力等に重大な脅威を及ぼしていると，公認会計士業界は訴える[48]。

　そこで，1995年12月，「民事証券訴訟改革法」（Private Securities Litigation Reform Act）がクリントン大統領の拒否権を覆して成立した。同法は，業績予想等についての詐欺的行為禁止規定の免除（セーフ・ハーバー規定）を，SEC 提出書類のみならずメディアやアナリスト等に対する自発的な情報開示にも拡大することや連帯責任基準を排除して被告の過失の程度に応じた損害賠償という比例責任基準等を定めた[49]。業界はこの法律の制定を歓迎したが，

監査人に対する訴訟は衰えを見せなかった。

　1990年代後半，ウォール街の株式時価総額への関心の異常な高まりは，経営者に対して目標収益や利益を達成させようとする過大なプレッシャーを与えたが，同時に，彼らの報酬のかなりの部分が目標利益や株価の達成に依存していたので，経営者による「利益の調整」が頻繁に行われた。また，テクノロジーの拡大は，大会計事務所をして監査業務を支援するための多数のIT専門家の雇用によるコストの増大をもたらしたが，一方では，彼らが会計事務所のコンサルティング業務の成長を支えた。**図表9－2**を見よう。ビッグ6の米国内での1995年度収入とその内訳である。

図表9－2　ビッグ6の米国内での収入と内訳

		収　入	監　査	税　務	MAS
①	Andersen	38.6億ドル	32%	16%	52%
②	Ernst & Young	29.7	43	22	35
③	Deloitte & Touche	25.7	44	20	36
④	KPMG Peat Marwick	22.9	45	19	36
⑤	Coopers & Lybrand	19.5	45	20	35
⑥	Price Waterhouse	17.7	40	24	36

（出典：*The Accountant*, March 1996, p.12）

　ダントツのAndersenの米国内での収入は38.6億ドル（当時の1ドル100円で約3,860億円）。同事務所はArthur AndersenとAndersen Consultingで構成されていたが，Andersen ConsultingのMAS収入が初めてArthur Andersenの監査・税務収入を超えた。Andersen Consultingの伸び率は前年比25.1％増で，Arthur Andersenの8.1％増を大幅に上回った。一方，他のビッグ6のMAS収入も前年比30％増であるが，収入全体においては35～36％で，監査報酬が平均8ポイント上回っている。

　なお，第5位のCoopers & Lybrandと第6位のPrice Waterhouseの収入は第1位のAndersenの半分以下である。3年後の1998年，両事務所は合併し，PricewaterhouseCoopersとなる。PwCの成立は，ライバルとの収入規模の格差を縮小することも一因だったのであろう。

(1) オマリー委員会報告書

上述のような状況において，SEC と POB（122頁）は監査人に対する監視を休めることはなかった。SEC 委員長や同チーフ・アカウントントは AICPA の会合に頻繁に出席し，監査人が独立性を堅持し監査の質を向上させることにより社会の期待の応えるよう訴えた。コンサルティング業務が拡大していくなかで，監査は会計プロフェッションの「魂」（soul）であると強調した[50]。

1998年，Arthur Levitt SEC 委員長は，POB に対して，「公開企業に対する独立監査が公共の利益という観点から有効に機能しているか」を検証することを求めた。POB は，同年10月，「監査の有効性に関する専門委員会」（「オマリー委員会」：S. F. O'Malley 元 PW 議長）を設置。委員会は，全米 8 大会計事務所の28のオフィスが契約する126社の財務諸表監査の品質について詳細なレビューを実施，2000年 8 月，最終報告書を公表した[51]。

オマリー委員会は，会計プロフェッションが急激に変化している環境に対応できていないと認識，会計プロフェッションは不正な財務報告の問題に精力的に取り組む必要があると主張するとともに，職業的懐疑心について，「それは，監査基準上の単なる文言ではなく，それ以上のことを意味するものでなければならない。すなわち，監査人の行動指針でなければならない（It should be a way of life for auditors.）[52]」と強調した。そして，以下の事項を監査基準書に盛り込むべきだと提案した（下線著者）[53]。

① 財務諸表監査に「不正捜索型」（forensic-type）実務の局面を導入すべきである。

② 委員会の調査によると，<u>不正は，しばしば会計期間末近くで行われており，その大部分は，収益の過大表示（収益の早期認識や架空収益の計上）に関連していた。そして，監査人が分析的手続を実施した場合にも「正しく見える」数値や関係比率等を作り出して記帳していた。また，監査人が往査しなかった比較的小規模の部門や会社において重要な不正が行われていた。</u>したがって，監査責任者は，監査の最終段階においてリスクの高い領域に対して再レビューし，追加的な手続が必要かどうかを再評価しなければならない。■②の下線部分については，日本公認会計士協会の「**監査提言集**」**においても散見される。**

③ 監査基準の主要な目的は，重要な不正を発見するのに役立つだけでなく，それが厳しいと認識されることによって，何よりも不正を思いとどまらせるのに役立つものでなければならない。例えば，貸借対照表勘定の期首残高に対する遡及的監査手続の導入を提案する。これは，〔過去において〕うまく隠した不正に対して脅威を与えることによって不正を防止することを意図するものである。■下線部分は新しい視点である。

④ 経営者による不正を発見するための監査手続をいっそう強化するために，監査基準書は，企業の不正リスク要因の識別とその対応について，監査責任者及び監査チームのメンバーで討議することを求めるべきである。■下線部分は「監査チームでの討議」を提案。

⑤ 現行の監査リスク・モデルは妥当と判断するが，それを強化する必要がある。特に，固有リスクの評価については，"ビジネス・リスク"に係る監査手続を準備すべきである。

　■Arthur Levitt SEC 委員長は AICPA に対して強硬な姿勢で臨んだ。その意を汲んで，オマリー委員会は，不正捜索型実務を一般に認められた監査基準に準拠する通常の財務諸表監査に導入することによって，監査人の懐疑心の態度に変化をもたらそうと提案したのである。

　つまり，監査基準の一般基準である「職業専門家としての正当な注意」は職業的懐疑心の堅持を監査人に求めているが，監査人は，経営者は誠実であるとも不誠実であるとも前提にしていないとしている。この見方は，一部では「中立型」と呼ばれているが（164頁），オマリー委員会は，不正捜索型局面を監査実務に導入することによって，中立的であるとする職業専門家の立場を変更しようとしたのである。オマリー委員会は，監査人は中立派の傍観者であってはならない，と主張したのである。

(2) SAS No.99 （2002年）

　2002年10月，AICPA は，SAS No.99（「財務諸表監査における不正の検討」）を発表した[54]。冒頭，「不正の調査」に係る監査人の業務は一般に認められた監査基準に基づく財務諸表監査とは異なることを注記している。オマリー委員会による「不正捜索型」アプローチ導入の提案を拒否したのである。

SAS No.99の主な内容は，以下のとおりである[55]。

① 不正の特徴——不正は3つの条件が揃うと発生する。つまり，不正を犯す「動機」を持ちあるいはその「プレッシャー」に置かれる，不正を犯す「機会」が存在する，そして，不正容認の姿勢や不正を「正当化」することである。SAS No.99は，これらの3つの視点から不正リスク要因を40件ほど例示した〔■トレッドウェイ委員会は不正が発生する条件として「プレッシャー」（「動機」）及び「機会」の2つを指摘したが（114頁），SAS No.99は，さらに「正当化」を加えた〕。

② 監査人が監査プロセス全体において，職業的懐疑心を発揮することの重要性——「職業専門家としての正当な注意」は，監査人に職業的懐疑心の発揮を求めている。職業的懐疑心とは，疑問を抱き，監査証拠を批判的に評価する姿勢のことである〔■SAS No.82で初めて定義。124頁〕。監査人は，企業との過去の経験や経営者は正直でかつ誠実であるという信念にかかわらず，不正による財務諸表の重要な虚偽表示の可能性を認識しているという気持ちで監査契約を行うべきである。さらに，職業的懐疑心とは，入手した情報や証拠が不正による重要な虚偽表示が発生したことを示唆しているのではないかと継続して疑いをもつことである（下線著者）。証拠を収集しかつ評価するに当たっての職業的懐疑心とは，経営者は誠実であるという信念ゆえに説得力のある証拠に至らぬ証拠に満足すべきではないということである〔■「説得力のある証拠」（persuasive evidence）を入手することがポイントである。なお，この用語は，SAS No.53で初めて用いられた（119頁）。対義語は「決定的な証拠（「確証」，conclusive evidence）である〕。

③ 不正による重要な虚偽表示のリスクについて監査チームで議論すること——経営者が不正を犯す動機やプレッシャー，不正を犯す機会，不正を合理化しうる状況や経営者の姿勢等について，監査チームで職業的懐疑心をもって議論すること〔■128頁のオマリー委員会の提言を導入した〕。

④ 不正による重要な虚偽表示のリスクを識別するのに必要な情報を入手し，リスクを識別し，識別したリスクの評価結果に基づいて，監査人は，職業専門家としての懐疑心をもって，次頁の3つの方法で対応すること。

(a) 重要な虚偽表示のリスクに対する全般的対応。例えば，ベテランの監査人の配置やIT等のスペシャリストの利用，経営者の主観的判断の介入する余地の大きい会計原則や会計方針の適用への注視，経営者が予期できないような監査手続，例えば，抜き打ちによる営業所への往査等。

(b) 識別したリスクに対する監査手続の性質・時期・範囲の決定における対応。例えば，大口顧客に対しての質問を通じて販売条件等を確認する，売上総利益や営業利益を地域別や製品別・月次別に分析する，重要な虚偽表示のリスクが識別された領域に関与する者に対するインタビュー等を行う。加えて，収益認識，棚卸資産，経営者の見積りに関する監査手続も例示している。

(c) 経営者が統制を無視するようなケースに対する特別な対応。例えば，不正による重要な虚偽表示の可能性のある取引の仕訳や修正事項を検証する，会計上の見積りを再レビューする，重要かつ異常な取引の理由を検討する。これについてSAS No.99は，詳細な監査手続を例示している。

　　加えて，監査全体を通じて不正による重要な虚偽表示のリスクを評価する。例えば，会計記録の欠落や監査証拠間の不整合，分析的レビューが指摘する異常な状況，事象や取引の発生時点（監査報告書日時点または近くか），経営者の対応等を総合的に勘案する。

このように，SAS No.99は，経営者の不正による財務諸表の重要な虚偽表示を発見するために，監査人は職業的懐疑心を発揮することを強調し，それを監査手続と関連させて極めて詳細に説明している。

これまでのSAS No.16が全15項目，SAS No.53が全33項目，SAS No.82が全41項目で構成されていたのに対して，SAS No.99は全84項目で構成されている。経営者による財務諸表の重要な虚偽表示を発見するための監査手続の集大成といえるであろう。

このSAS No.99が，現在の国際監査基準におけるISA 240（「財務諸表監査における不正に関する監査人の責任」）のベースになっているのである。

6 「創造的な刺激物」の成果と公認会計士の社会的責任

1972年9月に弱冠39歳の若さでSECチーフ・アカウンタントに就任したJ. C. Burton（コロンビア大学教授）は、「公認会計士業界は現状に満足し現状のままでいたいという保守的な性格である。したがって、業界を革新するには外部からの『創造的な刺激物』（creative irritant）が必要である[56]」と語った。

AICPAのイニシアチブで設立されたものの、AICPAから独立したコーエン委員会とトレッドウェイ委員会、AICPAに設置されつつもSECの監視下にあるPOBとその専門委員会が、5年～10年ごとに「創造的な刺激物」としての役割を果たしてきたことは、すでに見たとおりである。

そして、彼らがそれぞれの「権威」の下に、共通してAICPAに訴えたことは、それまで副次的目的であった経営者の不正に起因する財務諸表の重要な虚偽表示の発見を監査目的として正面に据え、それを達成するための監査手続を監査実務指針たる監査基準書（SAS）に盛り込むこと、そして、監査人に対しては、新たな監査基準書を遵守し、職業的懐疑心を発揮して監査を実施することであった。

■米国社会において、人々は主張する。

「公認会計士は、会計監査について独占的な権利を付与されている。公認会計士がこのような地位によるベネフィットを受け続けるならば、そして、現在の公認会計士業界の繁栄は明らかにそのようなベネフィットに因るのだから、公認会計士は公益に対する役割を拡大しなければならない」

米国最高裁判所の見解や多くの判決も、公認会計士に更なる「社会的責任」を要求する。議会やSEC、PCAOB等も、業界に大きなプレッシャーをかける。マスコミも、"good jobs"ではなく"better jobs"を求める。広範なステークホルダーの求める公認会計士監査への「期待」と現実の公認会計士による「監査実務」との間に"ギャップ"が生じ、そして拡大している。公認会計士を取り巻く状況が否応なしに彼らに改革を迫る。

米国公認会計士は、抵抗しつつも、そのような要求に応え改革を進めている。

それは，自らの"プロフェッショナル・アカウンタント"としての成功は
会計プロフェッション全体の発展に大きく依存していることを認識している
からである。そして，米国公認会計士事務所とその業界は，訴訟の波にもまれ
ながらも，民主主義の根幹に係る"due process"を経て発表される高い
レベルの監査の基準を受け入れ，実行しているのである。

　これが米国の「力」だ。若き公認会計士諸君！　大いに学ぼう。

◆注

1　拙著『アメリカ監査論―マルチディメンショナル・アプローチ&リスク・アプローチ』
　中央経済社，1994年，218-222頁

2　同上書，222-224頁

3　R.L. Grinaker, "The Accountant's Responsibility in Expressing an Opinion," *The
　Journal of Accountancy*, November 1960, p.64.

4　拙著『闘う公認会計士―アメリカにおける150年の軌跡』中央経済社，2014年，117頁

5　AICPA, Statement on Auditing Standards No.1, *Codification of Auditing Standards and
　Procedures*, 1972, pp.2-4.

6　D.R Carmichael, "The Auditor's New Guide to Errors, Irregularities and Illegal Acts,"
　The Journal of Accountancy, September 1988, pp.40-48.

7　J.L. Carey, *The Rise of the Accounting Profession*, Vol. No.1, AICPA, 1969, p.248.

8　Zoe-Vonna Palmrose, "Trials of Legal Disputes Involving Independent Auditors : Some
　Empirical Evidence," *The Journal of Accounting Research*, Vol.29, Supplement, 1991, p.150.

9　SEC, Accounting Series Releases, No.196, December 1, 1976. 鳥羽至英・村山徳五郎
　『SEC会計連続通牒(3)』中央経済社，2002年，77-86頁。拙著，前掲書（注4），2014年，
　123-124頁

10　W.E. Olson, *The Accounting Profession : 1969-1980*, AICPA, 1982, p.88.

11　AICPA, The Commission on Auditors' Responsibilities, *The Commission on Auditors'
　Responsibilities : Report, Conclusions, and Recommendations*, 1978, p.36, pp.38-40. 鳥羽至
　英訳『財務諸表監査の基本的枠組み―見直しと勧告』（アメリカ公認会計士協会・監査人
　の責任委員会，コーエン委員会報告書）白桃書房，1990年，69頁，71-77頁

12　*Ibid.*, p.38. 和訳72-73頁

13　*Ibid.*, pp.114-115. 和訳222頁

14　AICPA, The Commission on Auditors' Responsibilities, *The Report of Tentative
　Conclusions*, March 1977. 拙稿「AICPA暫定意見書―監査人の責任」『企業会計』，第29巻
　第9号，1977年9月。拙稿「監査人の責任（暫定意見書）―AICPAスタディ・グループよ

り」『立命館経営学』立命館大学経営学会，第16巻第2号，1977年7月，63-100頁

15　*Ibid.*, p.36. 和訳68頁

16　AICPA, Statement on Auditing Standards No.16, "The Independent Auditor's Responsibility for the Detection of Errors or Irregularities," January 1977.

17　AICPA, Codification of Statements on Auditing Standards, AU Section 327.10.

18　U.S. Congress, House Commerce Committee's Subcommittee on Oversight and Investigation, *Federal Regulation and Regulatory Reform*, October 1976. モス報告書については，拙著，前掲書（注4），2014年，159頁

19　Subcommittee on Reports, Accounting and Management of the Committee on Government Operations, United States Senate, *The Accounting Establishment : A Staff Study*, GPO, Washington D.C., December 1976.

20　AICPA, Statement on Auditing Standards No.47, "Audit Risk and Materiality in Conducting an Audit," December 1983.

21　Zoe-Vonna Palmrose, *op.cit.*, 1991, p.150.
　　Z.V. Palmroseによると，1960年から1989年までの30年間において，全米16大会計事務所が訴えられた事件は796件にも及んでいる。すなわち，1960年代83件，1970年代287件，1980年代426件である。明らかに著しく増加している。そして，この796件のうち1985年までに解決をみた183件の状況は，会計士事務所にとっては「71勝112敗」（勝率3割9分）である。公開会社についてはビッグ8が「43勝74敗」（勝率3割7分），ビッグ8以外の会計事務所は「5勝15敗」（勝率2割5分）と大きな負け越しである。なお，「会計事務所の敗訴」とは，判決での損害賠償金の支払命令や和解金の支払い等のことである。

22　*The Wall Street Journal*, December 13, 1984, p.6.

23　*The Wall Street Journal*, November, 19, 1985, p.6.

24　井尻雄士『三式簿記の研究』中央経済社，1984年，155頁

25　U.S. v. Arthur Young, 104 S. Ct. 1495, 1503 n.15, 1984.

26　*The Journal of Accountancy*, Vol.159, No.4, 1985, pp.12-20.

27　日本経済新聞「米E.S.M倒産」，1985年3月16日

28　W.A Wallace, *Auditing*, Second Edition, PWS-Kent Publishing Co., 1991, p.270.

29　拙著，前掲書（注1），1994年，88頁（注84）

30　AICPA, National Commission on Fraudulent Financial Reporting, *Report of the National Commission on Fraudulent Financial Reporting*, October 1987, p.6, pp.23-25. 鳥羽至英・八田進二共訳『不正な財務報告—結論と勧告』白桃書房，1991年

31　*Ibid.* pp.11-86.

32　AICPA, Statement on Auditing Standards No.53, "The Auditor's Responsibility to Detect and Report Errors and Irregularities," April 1988.

33　AICPA, Codification of Statements on Auditing Standards, AU Section 316.16-17.

34　AICPA, Codification of Statements on Auditing Standards, AU Section 316.18-27.

35　拙著，前掲書（注4），2014年，196頁

36 *The Wall Street Journal*, November 24, 1992, p.A1, p.A3, p.A16.

37 *The Accountant*, Issue No.5843, November 1990, p.2.

38 A Statement of Position, *The Liability Crisis In The United States : Impact On The Accounting Profession*, Arthur Andersen & Co., Coopers & Lybrand, Deloitte & Touche, Ernst & Young, KPMG Peat Marwick, Price Waterhouse, August 6., 1992, pp.2-3.

39 *The Accountant*, Issue No.5888, September 1994, p.1.

40 *The Wall Street Journal*, November 24, 1992, p.A1, p.A3, p.A16. *The Washington Post*, November 24, 1992, p.A1, p.A5.

41 AICPA, The Public Oversight Board of the SEC Practice Section, *In the Public Interest*, AICPA, March 1993.

42 *Ibid.*, pp.1-3, pp.41-43.

43 AICPA, Statement on Auditing Standards No.82, "Consideration of Fraud in a Financial Statement Audit," February 1997.

44 AICPA, Codification of Statements on Auditing Standards, AU Section 110.05-08, AU Section 316. Appendix A.1.02.

45 AICPA, Codification of Statements on Auditing Standards, AU Section 316. Appendix B.1.07.

46 AICPA, Codification of Statements on Auditing Standards, AU Section 316. Appendix B.1.10-1.13

47 AICPA, Codification of Statements on Auditing Standards, AU Section 316.16-19.

48 A Statement of Position, *op. cit.*, August 6, 1992, p.1.

49 中村 聡「米国証券民事責任訴訟改革法の概要」『商事法務』, 1996年3月5日, 36頁

50 AICPA, "SEC Leaders Discuss the Value of Independence," *The Journal of Accountancy*, Vol.182, No.2, p.9.

51 AICPA, The Public Oversight Board of the SEC Practice Section, The Panel on Audit Effectiveness, *Report and Recommendations*, August 2000. 山浦久司監訳, 児嶋 隆・小澤康裕共訳『公認会計士監査―アメリカ公認会計士協会・公共監視審査会, 監査の有効性に関する専門委員会報告書』, 白桃書房, 2001年

52 *Ibid.*, p.82.

53 *Ibid.*, p.87.

54 AICPA, Statement on Auditing Standards No.99, "Consideration of Fraud in a Financial Statement Audit," October 2002.

55 AICPA, Codification of Statements on Auditing Standards, AU Section 316.13, 43-45, 68-78, 85.

56 J.C. Burton, "The SEC and Financial Reporting : The Sand in the Oyster," *The Journal of Accountancy*, Vol.154, No.6, p.48.

第10章

"クローズアップ"
── 財務諸表の虚偽表示の発見 ──

前章で概観したように，1970年代，嵐の中に置かれた米国公認会計士協会（AICPA）は，1974年1月，「監査人の責任に関する委員会」（コーエン委員会）を設置した。そして，コーエン委員会は，1977年3月発表の中間報告書において，不正の発見に対する監査人の責任について，次のように主張した[1]。

不正（fraud）の発見に対する監査人の責任を明確にするうえで，われわれが本質的なこととして認識しておかなければならないことは，財務諸表利用者は，監査済財務諸表は不正によって歪められていないこと，ならびに，経営者は資産を保全するために適切な統制（controls）を維持していることを，当然のことと考える権利を有しているということである。監査は，財務諸表が重大な不正（material fraud）による影響を受けていないこと，そして，金額の重要な企業資産に対して経営者の会計責任が適切に遂行されていることについて，合理的な保証（reasonable assurance）を与えるものでなければならない。

財務諸表監査において，独立監査人は，不正の防止を目的とした統制やその他の手段が十分であるかどうかに関心を払うとともに，不正を調査〔search；隠されているものを注意深く調べるという意味〕する義務を負い，また，職業専門家としての技量と注意を働かせれば通常発見できるであろう不正については当然発見するもの，と期待されている。

この主張を米国公認会計士の監査実務指針である SAS No.16（1977年）が採り入れた。SAS No.16は，通常の財務諸表監査において財務諸表に重要な影響を及ぼす誤謬または不正を調査するために，職業的懐疑心をもって監査を

計画しかつ実施することは独立監査人の責任である，と会計プロフェッションの公式文書の上で初めて認めたのである。法定監査が始まってから実に44年後の1977年である。

さらに，10年後の1988年，SAS No.53（1988年）は，財務諸表の重要な虚偽表示の発見と監査リスク・アプローチ，そして職業的懐疑心の発揮という現代財務諸表監査の3つの基軸を構築したのである。

本章では，3つの基軸の1つである財務諸表の虚偽表示の発見について，わが国における展開をみよう。

1 わが国の監査の基準

（1）わが国の監査人の行為規範である「監査基準」は，証券取引法に基づく正規の財務諸表監査が始まってからなんと45年後の2002（平成14）年1月，上のSAS No.16から遅れること25年後に，「第一　監査の目的」を定めた。「第一　監査の目的」は，次のようにいう[2]。

「財務諸表監査の目的は，経営者の作成した財務諸表が，一般に公正妥当と認められる企業会計の基準に準拠して，企業の財政状態，経営成績及びキャッシュ・フローの状況を全ての重要な点において適正に表示しているかどうかについて，監査人が自ら入手した監査証拠に基づいて判断した結果を意見として表明することにある。

財務諸表の表示が適正である旨の監査人の意見は，財務諸表には，全体として重要な虚偽の表示がないということについて，合理的な保証を得たとの監査人の判断を含んでいる」

周知のように，上の第1パラグラフは，従前からの「財務諸表の適正性に関する意見の表明」である。問題は，第2パラグラフにある。それは，ややもすると付加的に記述されたように映るが，決してそうではない。その意味するところは，第1パラグラフの財務諸表についての適正意見の表明は財務諸表には全体として重要な虚偽の表示がないということについても，監査人は「絶対的ではないが相当程度の心証〔確信〕を得た」ということを意味しているのである。

そのことは，財務諸表及び監査報告書の利用者の立場からすれば，監査人による監査報告書における適正意見の表明は，同時に，財務諸表には全体として重要な虚偽の表示がないことについても，監査人が合理的な範囲での保証を与えていると理解することになる。

このように，第2パラグラフの新設は，投資者を含むステークホルダーが長い間職業監査人に期待しつつも無視されてきた経営者の不正に起因する財務諸表の重要な虚偽表示の発見が，監査目的として，財務諸表の適正性に関する意見と「同等」のポジションに位置付けられたということである。

（2）そして，日本公認会計士協会は，上の改訂監査基準の公表4カ月後の2002年5月，監査実務指針（監査基準委員会報告書第10号「不正及び誤謬」）を発表した。そこでは，「監査人の責任」について，次のようにいう[3]。

「監査人の責任は，経営者が作成した財務諸表が，一般に公正妥当と認められた〔る〕企業会計の基準に準拠して，企業の財政状態，経営成績及びキャッシュ・フローの状況を，全ての重要な点において適正に表示しているかどうかについて，一般に公正妥当と認められた〔る〕監査の基準に準拠して，監査人が自ら入手した監査証拠に基づいて判断した結果を監査意見として表明することにある。財務諸表の表示が適正である旨の監査人の意見は，財務諸表には全体として重要な虚偽の表示がないということについて，合理的な保証を得たとの監査人の判断を含んでいる。このため，監査人は，財務諸表の重要な虚偽の表示を看過することなく発見できるように，第12項から第21項の内容〔職業的懐疑心，監査の限界，監査計画段階での留意事項，経営者とのディスカッション，監査役会又は監査役とのディスカッション〕を考慮して不正及び誤謬による重要な虚偽の表示が財務諸表に含まれる可能性を評価し，その評価に基づき，監査計画を策定し，監査を実施しなければならない」

そして，同実務指針は，「不正及び誤謬による財務諸表の重要な虚偽の表示の可能性の評価」，「不正リスク要因への監査上の対応」，「不正又は誤謬に起因する財務諸表の重要な虚偽の表示の兆候がある場合の監査手続」，「発見した虚偽の表示が不正の兆候かどうかの検討」，「監査結果の評価と報告」，「監査

意見の表明」等の監査人の取るべき監査手続を示している。また，〔付録1　不正リスク要因の例〕，〔付録2　不正リスク要因に対応する監査手続の例〕，〔付録3　不正又は誤謬の兆候を示す状況の例〕も添付している。米国のSAS No.82「財務諸表監査における不正の検討」（1997年。123頁）を参考にしたものと思われる。

（3）直近の監査実務指針（監査基準報告書700「財務諸表監査における総括的な目的」）は，次のようにいう[4]。

「監査は，想定利用者の財務諸表に対する信頼性を高めるために行われる。これは，財務諸表が，全ての重要な点において，適用される財務報告の枠組みに準拠して作成されているかどうかについて，監査人が意見を表明することにより達成される。一般目的の財務諸表の場合，監査意見は，財務諸表が，適用される財務報告の枠組みに準拠して，全ての重要な点において適正に表示しているかどうかについて表明されることが多い。監査人は，一般に公正妥当と認められる監査の基準及び関連する職業倫理に関する規定に準拠して監査を実施することにより，当該意見を形成することができる」

「一般に公正妥当と認められる監査の基準は，監査人に，意見表明の基礎として，不正か誤謬かを問わず，財務諸表全体に重要な虚偽表示がないかどうかについて合理的な保証を得ることを要求している（傍点著者）。合理的な保証は，高い水準の保証である。合理的な保証は，監査人が，監査リスク（すなわち，財務諸表に重要な虚偽表示がある場合に監査人が不適切な意見を表明するリスク）を許容可能な低い水準に抑えるために，十分かつ適切な監査証拠を入手した場合に得られる。監査の固有の限界があるため，監査人が結論を導き，意見表明の基礎となる監査証拠の大部分は，絶対的というより心証的なものとなる。したがって，合理的な保証は，絶対的な水準の保証ではない」

このようなわが国の監査実務指針の見解は，現在の監査報告書（2020年4月1日から開始される事業年度に適用）に記載される以下のような「財務諸表監査における監査人の責任」においても明らかである[5]。

「監査人の責任は，監査人が実施した監査に基づき，全体としての財務諸

表に不正又は誤謬による重要な虚偽表示がないかどうかについて合理的な保証を得て，監査報告書において独立の立場から財務諸表に対する意見を表明すること（下線著者）」

■上の（1）と（2）そして（3）の文章について。

（1）は，2002（平成4）年1月25日発表の監査基準である。その起源は，証券取引法に基づく正規の財務諸表監査（1957（昭和32）年1月1日以降に始まる事業年度）が開始される直前の1956年12月25日に発表された監査基準にある。その後，監査基準は8回も改訂されたが，2002年大改正の監査基準は，それまでの改訂監査基準を尊重し，構成上は，従来の第1パラグラフに第2パラグラフを「追加」したものである。

（2）は，（1）の大改正を受けて，同じ2002年の5月25日に発表された監査実務指針なので，上位に位置する監査基準に準拠して第1パラグラフを先に説明し，続けて第2パラグラフにおいて，財務諸表の重要な虚偽の表示を発見するための監査手続を示している。そして，137頁の下線部分は，第2パラグラフの合理的な保証を得るための監査人の対応について補強したものである。

（3）は，現在の監査基準報告書（最終改正2024年9月26日）である。そこでは，第2パラグラフの意見は第1パラグラフの「基礎」であると明示し，138頁の下線部分の「財務諸表監査における監査人の責任」が示すように，第2パラグラフの意見を先に指摘し，次に第1パラグラフの意見が続くのである。

つまり，財務諸表の適正性についての意見と財務諸表には全体として虚偽表示はないとの意見は，ともに「監査目的」として同等な立場にありながらも，第2パラグラフの監査人が財務諸表に重要な虚偽表示がないとの合理的な保証を与えることを通して，結果として，第1パラグラフの財務諸表の適正性についての意見を表明することができるということである。

2002年改正の監査の目的の重点の変化は，監査現場における公認会計士をして財務諸表の虚偽表示を発見するよういっそう努力し，発見したらそれを修正させるという指導機能を発揮しなければならない，ということである。つまり，公認会計士の"ミッション"は，ステークホルダーの意思決定のための判断材料となる財務諸表に「安全性」を付与することである。安全性を付与

された財務諸表によって，ステークホルダーは「安心」してそれを活用することができるのである。

　若き公認会計士諸君！　現在の監査基準における第2パラグラフの意味を重視しなければならない。

2　国際監査基準

　国際監査基準によると，財務諸表監査の目的は，想定利用者（intended users）の財務諸表に対する信頼性を高めることである。これは，財務諸表が，適用可能な財務報告の枠組みに準拠して，全ての重要な点において，作成されているかどうかについて，監査人が意見を表明することによって達成される[6]。

　そして，独立監査人の監査報告書の標準様式は，「財務諸表に対する経営者の責任」と「監査人の責任」それに「監査意見」の3つのパラグラフに区分され，「監査人の責任」において次のようにいう。

　　「我々の責任は，実施した監査に基づいて財務諸表に対する意見を表明することである。我々は，国際監査基準に準拠して監査を行った。国際監査基準は，我々に財務諸表の重要な虚偽の表示がないかどうかについて合理的な保証を得るために，倫理上の要求事項に準拠して，監査を計画し実施することを求めている。……」

　また，「監査意見」において次のようにいう。

　　「我々は，ABC会社の財務諸表が国際財務報告基準（IFRS）に準拠して，20x1年12月31日現在の財政状態及び同日をもって終了する事業年度の経営成績ならびにキャッシュ・フローの状況を，すべての重要な点において，適正に表示している（真実かつ公正な概観を示している）ものと認める」

　このように，国際監査基準も，監査人の責任において財務諸表の重要な虚偽表示の発見を指摘し，その結果として，財務諸表のIFRS準拠性に基づく適正意見を表明する構造となっている。国際監査基準が米国のSAS No.99（2002年。128頁）をベースにしていることは明らかである。

◆注

1　AICPA, The Commission on Auditors' Responsibilities, *The Report of Tentative Conclusions*, March 1977. p.36. 拙稿「AICPA暫定意見書―監査人の責任」『企業会計』，第29巻第9号，1977年9月。拙稿「監査人の責任（暫定意見書）―AICPAスタディ・グループより」『立命館経営学』立命館大学経営学会，第16巻第2号，1977年7月，63-100頁

2　企業会計審議会「監査基準」「第一　監査の目的」，2002年1月25日

3　日本公認会計士協会・監査基準委員会報告書第10号「不正及び誤謬」，2002年5月30日

4　日本公認会計士協会・監査基準報告書200「財務諸表監査における総括的な目的」（2　財務諸表監査の3，5），最終改正2024年9月26日

5　日本公認会計士協会・監査基準報告書700「財務諸表に対する意見の形成と監査報告」，最終改正2024年9月26日

6　IAASB, International Standard on Auditing 200, Overall Objectives of the Independent Auditor and the Conduct of an Audit in Accordance with International Standards on Auditing, April 2009. Effective for audits of financial statements for periods beginning on or after December 15, 2009.

第11章

監査リスク・アプローチの本質

　リスク・アプローチに基づく監査（以下，「監査リスク・アプローチ」と呼ぶ）は，職業監査人による現代財務諸表監査における世界共通の監査手法である。それは，財務諸表に重要な虚偽表示があるにもかかわらず監査人が財務諸表は適正であるという誤った意見を表明してしまうリスクを「監査リスク」と捉え，その監査リスクを合理的に低い水準に抑えるための監査アプローチである。そこで，監査人は，財務諸表の虚偽表示の原因となる「不正リスク」を識別し，それが発生する可能性が高い領域にできるだけ多くの監査資源を投入し，監査リスクが低い領域には比較的少ない監査資源で済ますことによって，監査の有効性と効率性を達成することができると解されている。間違いではない。

　しかし，この見解は，監査リスク・アプローチの本質を捉えていない。なぜなら，これまでの会計監査も，財務諸表の虚偽表示の原因となる不正の発見を看過することがないよう「重要性」と「危険性」を判断指標として行われてきたからである。つまり，監査人は金額的に重要な項目や不正の発生する危険性の高い項目を抽出し，それらを重点的に監査してきたのである。

　では，監査リスク・アプローチはこれまでの監査手法とどこが決定的に異なるのだろうか？

1 米国における監査リスク・アプローチの展開

　113頁で見たように，1980年代，監査人に対する社会的糾弾はいっそう激化

した。一方で，米国公認会計士業界は大きく「展開」する。それは，監査リスク・アプローチの導入である。

　1981年 6 月，米国公認会計士協会（AICPA）は，1960年代から開始された統計サンプリングにおけるサンプリング・リスクに関する研究成果を取り入れた SAS No.39（「監査サンプリング」）を発表した[1]。

　SAS No.39によると，そもそも，財務諸表に重要な誤謬〔"error" を使用〕が発生する原因は，財務諸表を作成するための会計処理のプロセスにおいて重要な誤謬が発生したにもかかわらず，企業の内部会計統制がそれを防止できなかったからであり，そして，その発生した重要な誤謬を監査人が監査手続を実施しても発見できなかったからである。

　監査人が必要とするすべての監査手続を完了した後に，監査人が許容誤謬金額（tolerable error）と考える金額的誤謬が勘定残高もしくは取引の種類（an account or class of transactions）の中に発見されないで残っているリスクを「究極的リスク」（UR：Ultimate Risk）と呼ぶ。

　内部統制の整備状況が適切でないためあるいは内部統制手続が遵守されていないために，許容金額以上の誤謬が発生しているにもかかわらず，内部会計統制システムがそれらを防止できないリスクを「内部統制リスク」（IC）とする。そして，監査人による監査手続を，分析的レビュー手続と個々の勘定残高及び取引の種類に対する実証手続に分類すると，許容誤謬金額に相当する誤謬が発生しているにもかかわらず内部会計統制システムがそれらを防止できない場合に分析的レビュー手続を実施しても，それらの誤謬を発見できないリスクを「監査リスク」（AR）とし，分析的レビュー手続によってもそれらの誤謬を発見できない場合に個々の勘定残高及び取引の種類に対する実証手続によっても発見できないリスクを「過誤採択リスク」（TD。βリスク）とする。

　すると，〔UR＝IC×AR×TD〕というリスク・モデルが成立する。これにより，個々の勘定残高及び取引の種類における監査計画を立案する場合は，〔TD＝UR÷（IC×AR）〕というモデルが導き出される。このモデルは，明らかに個々の勘定残高及び取引の種類に対する監査手続における適切なリスク水準を評価するためのモデルであるが，現在の監査リスク・モデルの原型である[2]。

　そして， 2 年後の1983年12月，AICPA は，SAS No.47（「監査の実施における

監査リスクと重要性」）を発表した[3]。

SAS No.47は，重要な虚偽記載のある財務諸表に対して，監査人がその事実に気付かず自らの意見を適切に限定できないリスクを「監査リスク」（Audit Risk）という概念で捉え，その監査リスクの水準を合理的に低い水準に統制（control）するための監査計画の立案と監査業務の実施を監査人に要求したのである。

監査リスクには，「財務諸表レベルにおける監査リスク」と「個々の勘定残高または取引種類レベルにおける監査リスク」の2つがある。監査人は最初に財務諸表レベルにおける監査リスクを決定し，次に，監査は財務諸表項目を対象に実施されるので，財務諸表レベルにおける監査リスクを考慮して個々の勘定残高または取引種類レベルにおける監査リスクを決定する（下線著者）。

貸借対照表や損益計算書を構成する個々の勘定残高と取引種類における「監査リスク」（AR）は，「固有リスク」（IR：Inherent Risk，関連する統制がないと仮定した場合に，財務諸表の項目が重要な虚偽の表示を受けやすいリスク），「統制リスク」（CR：Control Risk，財務諸表のある項目の重要な虚偽の表示が内部統制によっても防止されないリスク），「発見リスク」（DR：Detection Risk，監査人が財務諸表のある項目の重要な虚偽の表示を発見できないリスク）の3つで構成される。ARと3つのリスクは，〔AR＝IR×CR×DR〕の関係にある。これを〔DR＝AR÷（IR×CR）〕とすることにより，監査人は，個々の勘定残高または取引種類の発見リスクの水準を決定し，その発見リスクの水準を達成するための監査手続を監査計画に組み込む。そして，目標とする発見リスクの水準を達成できるまで，監査証拠の収集と評価を行う。すべての勘定残高と取引種類についても同様の手続を実施し，それぞれの目標とする発見リスクの水準を達成できたとき，財務諸表は一般に認められた会計原則に準拠して適正に表示されていると確信することができる。

ただし，注意しなければならないことは，SAS No.47は，財務諸表レベルにおける監査リスクと勘定残高または取引種類における監査リスクとの関係については，上の下線部分のような指摘に止めている。

AICPAは，SAS No.47によって，正式に監査リスク・アプローチを導入したのである。

そして，1988年4月に発表されたSAS No.53は，「監査人は，誤謬及び不正が財務諸表に重要な虚偽表示をもたらすリスク〔監査リスク〕を評価しなければならない。この評価に基づいて，監査人は，財務諸表にとって重要な誤謬及び不正を発見することを合理的に保証するための監査を計画しなければならない（117頁）[4]」と主張し，5年前のSAS No.47で導入した監査リスク・アプローチを財務諸表監査における基軸に位置付けたのである。

2 監査リスク・アプローチの2つの機能

　繰り返しになるが，監査リスク・アプローチとは，監査人が財務諸表の重要な虚偽表示，例えば金額50億円以上の虚偽記載に気付かず財務諸表に対する自らの意見を限定することができないリスクを「監査リスク」として捉え，その監査リスクを社会的に認められた一定の水準以下，例えば税引前当期純利益の5％以下に抑えるために，被監査会社の固有リスクと統制リスクを評価して発見リスクを決定し，発見リスクに対応する監査手続を監査計画に組み込み，監査証拠を入手して合理的基礎を形成し，そして意見を表明するという監査手法である。

　ここで，監査リスクを例えば5％とすることは，逆に，監査人は財務諸表の適正性に関する意見に95％の確信度を持つということ，つまり，95％という水準の保証を提供しているということである。なぜなら，「監査リスク＝1－監査人の確信度」だからである。

　そこで，監査人は，監査リスクの水準が合理的に低い水準（5％以下）に達するまで，適切な監査手続を選択し実施することによって，監査証拠を収集し評価するのである。

　監査リスク・アプローチがこれまでの監査手法と決定的に違うのは，以下の2点にある。

　第1点は，監査リスク・アプローチは，「財務諸表の適正性に関する意見の表明」と「財務諸表の虚偽表示の発見」との関連性を明らかにしたことである。

　それは，監査リスク＝1－財務諸表の適正性についての意見の確信度」から

して，財務諸表の重要な虚偽表示を看過してしまう監査リスクをプロとしての独立監査人に期待される低い水準に抑えることによって，監査人は，財務諸表には重要な虚偽表示はないことの合理的な保証を得ることができ，同時に，財務諸表の適正性についても合理的な保証を得ることができるからである。つまり，「財務諸表には全体として重要な虚偽記載がない」と「財務諸表は適正に表示されている」との2つの意見は同等な関係にあることを明確にしたのである。換言すれば，財務諸表の適正性に関する意見の表明という財務諸表監査の目的と，財務諸表の重要な虚偽表示を発見すべきであるという社会一般の期待との「調整」が図られたと解することもできるのである。

　第2点は，監査リスク・アプローチにより，監査人は監査プロセスを「統制」（コントロール）することができる，ということである。つまり，監査人は監査計画の段階において，財務諸表全体の監査リスクの水準を，例えば税引前当期純利益の5％に設定する。こうすることによって，監査全体を統制することになる。さらに，監査人は，全体としての財務諸表に対する5％の監査リスクの水準を達成するために，財務諸表項目ごとに「固有リスク」と「内部統制リスク」を評価し「発見リスク」との最も効率的な組み合わせを決定する。したがって，監査リスク・アプローチは，監査リスクを5％以内に抑えようとする監査人の証拠の収集と評価に際しての「統制」の役割も果たしているのである。監査人にとっては，監査リスクを5％以内に抑える方が95％の確信度を形成するための証拠収集と評価よりも，有効かつ効率的だからである。

　高田敏文教授（東北大学）は，「リスク・アプローチにおけるリスクの定義やリスク・アプローチの考え方の基底には，リスクの発生可能性をコントロールするという思考が存在している」と，次のように主張する[5]。

　「リスク・アプローチには二様の意味がある。

①　監査計画の編成を目的とするリスク・アプローチの適用

　　目標値としての監査リスク，暫定的な評価項目としての重要な虚偽表示のリスクによって目標値としての発見リスクを定め，その水準に応じて監査計画が策定され，実証手続が実施される。この意味でこれらのリスクは，事前的・暫定的なリスクとしての性格を有する。

② 実証手続が完了すれば実現値としての重要な虚偽表示のリスクと発見
　リスクが完了する。したがって，監査リスクも確定する。実現値としての
　監査リスクと目標値としての監査リスクを比較し，追加的な実証手続が
　必要かを判断する。この意味での監査リスクは，事後的概念であり，
　目標値を基準とした目標管理手段として機能する」
別の見解もある。森 實教授は，次のように主張する[6]。
　「監査計画は被監査会社固有の状況にマッチするものでなければならな
い。したがって，監査計画は多様化する。多様化した監査計画を分化した
ままにしておいては，財務諸表監査は社会の期待に応えることはできない。
そこで，多様な監査計画でありながら，社会的な信頼を得ることができる
ような共通的な質が監査計画のすべてに見出すことができなければならない。
　その役割を果たすのが，監査の保証水準である。多様化した監査計画は，
一定の保証水準によって統合される。監査計画の分化と統合，すなわち一定の
保証水準を保ちながら監査計画の多様化を可能にする理論的基盤を提供する
ものが監査リスク・モデルである。そこで，監査リスク・モデルは，分化と
統合の思考を監査計画において理論化したものであるということができる」
　森 實教授は，いわば財務諸表監査制度全体の質の確保という観点から監査
リスク・アプローチの意義を捉えている。

　そして，わが国では2002年改訂の「監査基準」において，リスク・アプロー
チに基づく監査が採り入れられたのである。米国の1983年の SAS No.47から
遅れること約20年である。

3　重要性概念と重要性の基準値の決定

　上述の説明からして，監査リスク・アプローチにとって前提となる基礎概念
は「監査リスク」と「重要性」であることがわかる。
　わが国の監査基準の実施基準は，「監査人は，監査リスクを合理的に低い
水準に抑えるために，財務諸表における重要な虚偽表示のリスクを評価し，
発見リスクの水準を決定するとともに，監査上の重要性を勘案して監査計画を

策定し，これに基づき監査を実施しなければならない（下線著者）[7]」と定める。つまり，監査リスク・アプローチは，重要性を前提としている。

　問題は，監査人が「重要な虚偽表示」と判断する「重要」とは何か，ということである。財務諸表の作成と表示における「重要性」とは，「（財務諸表における）脱漏を含む虚偽表示が，個別に又は集計すると，当該財務諸表の利用者の経済的意思決定に影響を与えると合理的に見込まれる場合に，重要性があると判断される[8]」

　そして，監査人は，監査を計画する段階や監査の過程で識別した虚偽表示を評価する場合，また，未修正の虚偽表示が監査意見の形成に与える影響を評価する際にも，この重要性の概念を適用する[9]。なお，未修正の虚偽表示については，第16章の東芝事件と第17章の「『安全港』を解放せよ！」を参照のこと。

　さて，リスク・アプローチに基づく監査において，実務上最大の課題は，「重要性の基準値」を決定することである。監査基準報告書は，次のようにいう[10]。

　「『重要性の基準値』とは，監査計画の策定時に決定した，財務諸表全体において重要であると判断する虚偽表示の金額（監査計画の策定後改訂した金額を含む）のことである。

　監査計画の策定時における重要性の基準値は，通常，最初に指標を選択し，その指標に対して特定の割合を適用する。

　適切な指標としては，税引前利益，売上高，売上総利益，費用合計等の損益項目，株主資本合計または純資産がある。営利を目的とする企業では，税引前利益が使用されることが多い。業績が不安定な状況等においては，売上総利益や売上高等の他の指標がより適切な場合がある。

　選択した指標に適用する割合の決定は，職業専門家としての判断を伴うものである。例えば，監査人は，製造業を営む営利を目的とする企業において税引前利益を指標とする場合には５％が適切であると考えることがあるが，状況によっては，これとは異なる割合が適切であると判断することもある。なお，選択する指標を提供する割合も指標の性質により異なり，売上高に適用する割合は，通常，税引前利益に適用する割合よりも小さい」

　そして，監査リスクと重要性は逆作用（inverse）の関係にある。重要性の基準値が一定の金額より高まると，相対的に緩やかな（甘い）監査となり，

逆に重要性の基準値が一定の金額より低くなるとそれまでの監査より厳格な監査となる。つまり，重要性の基準値を高めると監査リスクは低下し，低く設定すると監査リスクは高まるということである。

このように，「重要性の基準値」は，監査リスク・アプローチの中心に位置する。しかしながら，わが国の監査実務においては，その重要性の基準値が軽視されているのではないかと懸念する。

例えば，会社の状況が変化している，あるいは業績が不安定の状況にあるにもかかわらず，監査実務指針が例示する税引前当期純利益を継続して採用しているのではないか，特定の取引種類，勘定残高または注記事項に対して決定された重要性の基準値や手続実施上の重要性の意味及びそれらの決定プロセス等について監査チーム・メンバーへ周知徹底しているか，監査スタッフがある勘定残高に対する重要性の基準値を超えた事項を検出した場合に上司は的確な指示を与えているか等々。問題は山積している。

4 監査リスク・アプローチによる監査報告書

以上の監査リスク・アプローチと重要性の関係からして，監査リスクを5％に設定し，財務諸表全体に対する重要性の基準値を50億円とすると，監査人の意見を合理的な保証という観点から捉えるならば，無限定適正意見の監査報告書は，次のようになるであろう。

「当監査法人は，財務諸表は一般に公正妥当と認められる企業会計の基準に準拠して作成され，50億円以上の虚偽表示はないということを95％の確信度をもって表明する」

■なんとわかりやすい監査意見であろう。広範なステークホルダーは，このような監査報告書を望んでいるのではないか？　わが国の現実の監査報告書では，5％も50億円も対外的には明示されていない。しかし，オランダと英国では，監査報告書に重要性の基準値を記載させている。重要性の基準値を対外的に公表するということは，監査現場における監査人に監査証拠の収集と評価に対してより厳しい姿勢を要求することになる。結果として，監査の品質も高まる。そして，監査報告書の透明性をいっそう高めるという視点からも

大きな意味をもっている。米国とそれに追随する日本等は反対の立場にある。その意味では，日本の監査報告書はまだ「先進国」とはいえない。なお，国際監査・保証基準審議会（IAASB）も，重要性の基準値を監査報告書に記載することは要求していない（おそらく，米国の状況を気にしているのであろう）。

〔事例１〕オランダ

　Stellantis N. V.（ステランテス：旧フィアット・クライスラー等。世界第４位。本部：アムステルダム）の2023年度年次報告書（2023年12月31日終了年度，全426頁というボリュームで構成）の事例[11]

□独立監査人の報告書（Independent auditor's report，全10頁で構成）

・監査意見（Our Opinion）

・監査意見の根拠（Basis for Our Opinion）

・監査の視点（Our audit approach）

　(a)　ビジネスの理解（*Our understanding of the business*）

　(b)　重要性（*Materiality*）

重要性の基準値 (Materiality)	1,080百万ユーロ〔約1,700億円〕（2022：980百万ユーロ） （€1,080million（2022：€980 million））
指標 (Benchmark applied)	税引前利益の約５％（2022：税引前利益の約５％） （Approximately 5 % of profit before taxes（2022：5 % of profit before taxes））
説明 (Explanation)	我々は，会社のビジネスについての理解と財務諸表利用者の財務情報に対するニーズに基づき重要性を決定した。上場企業の財務諸表利用者のニーズは税引前利益（PBT）に焦点を当てる傾向にあると考える。我々は，PBTは企業業績を測定する重要な指標と判断する。この指標は前年度と継続している。 （We determined materiality based on our understanding of the company's business and our perception of the financial information needs of users of the financial statements. We consider that users of the financial statements of listed entities tend to focus on profit before taxes（PBT）. We believe that PBT is an important metric for the financial performance of the company. We determined materiality consistent with previous year.）

なお，5年前の2020年12月31日終了年度における監査人の「重要性」について
の記述は，以下のとおりである。指標の変更に注意しよう。

重要性の基準値 （Materiality）	310百万ユーロ（2019年度 340百万ユーロ） （€310million（2019 €340million））
指標 （Benchmark applied）	売上高の0.4.％ （0.4% of Revenue）
説明 （Explanation）	新型コロナウイルス感染症の世界的影響による収益の急激な変動のため，重要性の基準値の指標を，これまでのEBIT（Earnings Before Interest and Taxes,「支払金利前税引前利益」）から売上高に変更した。 （Due to the global impact of COVID-19 pandemic on the automotive sector and the increased volatility of earnings-based measures and based on our professional judgement, we changed our benchmark to determine materiality from adjusted EBIT to revenue as we currently consider this a better measure of the company's performance and recovery indicator from the impact of COVID-19.）

さらに，監査報告書には，以下のような意見も見られる。

「我々は，財務諸表の勘定残高の虚偽表示及び（または）それが発生する
可能性について，財務諸表利用者の立場からその質的影響も考慮した」

（We have also taken into account misstatements and/or possible misstatements
that in our opinion are material for the users of the financial statements for qualita-
tive reasons.）

「我々は，監査中に識別される5,400万ユーロ〔財務諸表全体の重要性の基準値
1,080百万ユーロの半分の金額〕以上の虚偽表示について，また，それ以下の
虚偽表示についても質的に重要な場合には，監査委員会に報告することに同意
している」

（We agreed with the audit committee of the board of directors (the audit com-
mittee) that misstatements in excess of €54 million, which are identified during

the audit, would be reported to them, as well as smaller misstatements that in our view must be reported on qualitative grounds.〕

Rotterdam, February 22, 2024

Ernst & Young Accountants LLP

〔事例２〕英国

ロールス・ロイス社（Rolls-Royce Motor Cars）の2023年度の監査報告書[12]

□「重要性」（Materiality）

・グループ全体の重要性―9,300万ポンド〔約170億円〕：５年間平均売上高の0.6％（2022年度：8,000万ポンド）

（Overall group materiality：£93m（2022：£80m）based on approximately 0.6％ of five year average underlying revenues from continuing operations.〕

・本社の重要性―１億4,700万ポンド：総資産の1.0％（2022年度：１億4,700万ポンド）

（Overall company materiality：£147m（2022：£147m）based on approximately 1.0％ of total assets.〕

・手続実施上の重要性―グループ全体7,000万ポンド（2022年度6,000万ポンド），本社１億1,000万ポンド（2022年度１億1,000万ポンド）

（Performance materiality：group £70m（2022：£60m）and company £110m（2022：£110m））

Ian Morrison（Senior Statutory Auditor）

PricewaterhouseCoopers LLP

22 February, 2024

5　ビジネス・リスク・アプローチと重要な虚偽表示

2006年３月，AICPA の監査基準審議会は，SAS No.109（「企業及びその環境の理解と重要な虚偽表示の評価」）を発表，そこにおいて，監査人に対し，内部統制を含む企業及びその環境について理解するに当たって，以下の事項を考慮することを求めた[13]。

①所属する産業の状況（経済概況，競争環境等）と規制（特に会計規制）等の外部要因，②当該企業の状況（事業内容，組織構造，株式所有，ガバナンス，投資の状況，資金調達方法，特別目的会社と関連当事者の状況等），③会計方針の選択と適用，その変更，④企業目的とそれを達成するための戦略，財務諸表に重要な虚偽表示をもたらすビジネス・リスク等々。

そして，2002年のサーベインズ・オクスリー法（Sarbanes - Oxley Act）に基づき設置された米国の監査基準設定機関である PCAOB（Public Company Accounting Oversight Board，公開会社会計監督委員会）は，2010年に発表した監査基準 No.8（「監査リスク」）において，固有リスクと統制リスクを結合して「重要な虚偽表示のリスク」（RMM：Risk of Material Misstatement）と名付け，原則として RMM を評価することを監査人に求めた[14]。それは，監査実務においては，多くのケースにおいて，固有リスクと統制リスクは相互に密接な関係にあり，監査人が両者を区分しようとすると，不適切なリスク評価をしてしまう可能性があるので，両者を結合して評価した方が監査リスクの判定がより適切に行われるとの意見に基づくものである[15]。

このような経過において，わが国の企業会計審議会も，2005（平成17）年10月，「監査基準の改正について」において，次のように指摘した[16]。

「1　事業上のリスク等を重視したリスク・アプローチの導入

現実の企業における日常的な取引や会計記録は，多くがシステム化され，ルーティン化されてきており，財務諸表の重要な虚偽の表示は，経営者レベルでの不正や，事業経営の状況を糊塗することを目的とした会計方針の適用等に関する経営者の関与等から生ずる可能性が相対的に高くなってきていると考えられる。また，経営者による関与は，経営者の経営姿勢，内部統制の重要な欠陥，ビジネス・モデル等の内部的な要因と，企業環境の変化や業界慣行等の外部的な要因，あるいは内部的な要因と外部的な要因が複合的に絡みあってもたらされる場合が多い。

一方，監査人の監査上の判断は，財務諸表の個々の項目に集中する傾向があり，このことが，経営者の関与によりもたらされる重要な虚偽の表示を看過する原因となることが指摘されている。そこで，リスク・アプローチの適用において，リスク評価の対象を広げ，監査人に，内部統制を含む，企業

及び企業環境を十分に理解し，財務諸表に重要な虚偽の表示をもたらす可能性のある事業上のリスク等を考慮することを求めることとした。

さらに，こうした観点から，固有リスクと統制リスクを結合した『重要な虚偽表示のリスク』の評価，『財務諸表全体』及び『財務諸表項目』の二つのレベルにおける評価等の考え方を導入した。このようなリスク・アプローチを『事業上のリスク等を重視したリスク・アプローチ』という。

なお，財務諸表に重要な虚偽の表示が生じる可能性に応じて，発見リスクの水準を決定し，これに基づいて監査手続，その実施の時期及び範囲を計画し，実施するというリスク・アプローチの基本的な考え方は変わらないことから，今回の改訂に係る部分を除いて，平成14年の改正における『監査基準の改訂について』に記載されている概念や考え方は踏襲されていることに留意が必要である（下線著者）」■確認すべきことは，「監査リスク・アプローチからビジネス・リスク・アプローチへ」ではない，ということである。

「2　重要な虚偽表示のリスクの評価

従来のリスク・アプローチでは，監査人は，監査リスクを合理的に低い水準に抑えるため，固有リスクと統制リスクを個々に評価して，発見リスクの水準を決定することとしていた。しかし，固有リスクと統制リスクは実際には複合的な状態で存在することが多く，また，固有リスクと統制リスクとが独立して存在する場合であっても，監査人は，重要な虚偽の表示が生じる可能性を適切に評価し，発見リスクの水準を決定することが重要であり，固有リスクと統制リスクを分けて評価することは，必ずしも重要ではない。むしろ固有リスクと統制リスクを分けて評価することにこだわることは，リスク評価が形式的になり，発見リスクの水準の的確な判断ができなくなるおそれもあると考えられる。そこで，原則として，固有リスクと統制リスクを結合した『重要な虚偽表示のリスク』を評価したうえで，発見リスクの水準を決定することとした」

そして，同日，監査基準の改訂も行われた。実施時期は，2007（平成19）年3月期決算に係る財務諸表の監査からである。

◆注

1　AICPA, Statement on Auditing Standards No.39, "Audit Sampling," June 1981.

2　石原俊彦『リスク・アプローチ監査論』中央経済社，1998年，31-33頁

3　AICPA, Statement on Auditing Standards No.47, "Audit Risk and Materiality in Conducting an Audit," December 1983.

4　AICPA, Statement on Auditing Standards No.53, "The Auditor's Responsibility to Detect and Report Errors and Irregularities," April 1988.

5　高田敏文『監査リスクの基礎』同文舘出版，2007年，26-27頁

6　森 實『リスク指向監査論』税務経理協会，1992年，30頁

7　企業会計審議会「監査基準」「第三 実施基準」「基本原則1」，最終改訂2020年11月6日

8　日本公認会計士協会・監査基準報告書320「監査の計画及び実施における重要性」「2．監査における重要性」，最終改正2023年1月12日

9　日本公認会計士協会・監査基準報告書450「監査の過程で識別した虚偽表示の評価」，最終改正2021年1月14日

10　日本公認会計士協会・監査基準報告書320「監査の計画及び実施における重要性」「Ⅱ 要求事項」及び「提供指針」A3，A4，A7，最終改正2019年6月12日

11　Stellantis N.V., Annual Report 2023, p.417.

12　Rolls-Royce Motor Cars, Annual Report 2023, p.204.

13　AICPA, Statement on Auditing Standards No.109, "Understanding the Equity and Its Environment and Assessing the Risk of Misstatement," March 1, 2006. 松本祥尚「事業上のリスクを重視した監査のしくみ」『企業会計』第57巻第10号，2005年10月号，60-64頁

14　PCAOB, Auditing Standard No.8, "Audit Risk," 2010.

15　Joint Working Group of the International Auditing Practices Committee, The Assurance Standards Board of the CICA, Auditing Practices Board of the United Kingdom and Ireland, Auditing Standards Board of AICPA, *Recommendations arising from a study of recent developments in the audit methodologies of the largest accounting firms*, 2000.

16　企業会計審議会「監査基準の改訂について」，2005年10月28日

第12章

なに？　職業的懐疑心

　財務諸表監査の目的を達成するために，監査人は，監査の全プロセスにおいて「職業専門家としての正当な注意」（due professional care）を払わなければならない。この職業専門家としての正当な注意は，およそ"プロフェッション"に係わる者には当然に求められるものであり，会計プロフェッショナルである監査人も例外ではない。

1　米国における展開

　米国における最初の「監査基準」は1948年に発表されたが，その一般基準3は，「監査人は，監査の実施及び報告書の作成に当たって，職業専門家としての正当な注意を払わなければならない」と定めた。そして，1954年改訂の監査基準も，それを踏襲した。

　1972年，それまでの監査人の実務指針（SAP）を再編集した監査基準書第1号（SAS No.1）は，「業務遂行における正当な注意」（Due Care in the Performance of Work）において，以下のように定めた[1]。

　「.01　監査基準の一般基準（General Standards）3は，『監査人は，監査の実施及び報告書の作成に当たって，職業専門家としての正当な注意を払わなければならない』と定めている。

　.02　この基準は，独立監査人に対して正当な注意（due care）を払って自らの業務を遂行することを要求している。正当な注意は，独立監査人

の組織に属する各人に対して，〔監査基準の〕実施基準（Standards of Field Work）と報告基準（Standards of Reporting）を遵守することの責任を課している。正当な注意を払うということは，監査を補助する者によって実施された業務及び行使された判断を管理（supervision）するすべての段階において，批判的レビューを求めている。

.03　弁護士が正当な注意について議論する際にしばしば引き合いに出される *Cooley On Torts* の一節を紹介することは意味があろう。

　　自らのサービスを他人に提供しかつ雇用されている者はすべて，彼が保持している技量を，合理的な注意をもって勤勉に実行することの義務を負う。<u>特有の技量を必要とするすべての雇用においては，もしある者がそのサービスを提供すると，彼は同じ雇用において他の者が保持していると通常考えられる程度の技量を保持していると大衆に約束していると解される</u>。そして，もしそれが見せかけにすぎないならば，彼は，その職業を信頼して雇用しているすべての者に対して，一種の不正（a species of fraud）を犯していることになる。しかし，いかなる者も，技量を有する者であれ，そうでない者であれ，彼が引き受ける仕事は成功裡にそして欠点や誤りがなく実行されるということを約束しているのではない。彼は自らが正直（good faith）かつ誠実（integrity）であることについて約束しているのであって，絶対に誤りのないこと（infallibility）を約束しているのではない。そして，彼は，雇用主に対して，怠慢（negligence）や不正直（bad faith），不誠実（dishonesty）について責任を負うのであって，純然たる判断の誤りの結果生じる損失について責任を負うのではない（下線著者）。

.04　正当な注意の問題は，独立監査人が何を（what），どの程度うまく（how well）実施したかに関係する」

■上の03が規定された理由は，「職業専門家としての正当な注意」の概念を，法曹界を含むプロフェッション共通の特徴として示すことにあったのだろう。

この SAS No.1の職業専門家としての正当な注意について，1978年，コーエン委員会報告書は，それは，監査業務を判断する際の一つの広範な指針

（a broad guide）を示しているにすぎないので，不正の発見という監査職能の重要な側面をより効果的に遂行できるよう，正当な注意の基準の内容をより充実させるという観点から，特に以下の事項を勧告したのである（248頁）。

> 職業専門家としての技量と注意を行使するには，「健全な懐疑心」（healthy skepticism）——経営者の重要な陳述については，まずそのすべてを疑ってかかり，その妥当性を確かめようとする心構え——がなければならない。経営者の誠実性と正直さを判断するに当たっては，監査人は偏見のない姿勢（open mind）で臨むべきである。監査人は，経営者が不誠実であるとの前提をおくべきではないが，一方で，経営者の誠実性と正直さを当然のことと考えてはならない。

　ここで，「懐疑心」という用語が登場した。つまり，懐疑心は，経営者の不正に起因する財務諸表の虚偽表示を発見するために，職業専門家としての監査人の姿勢として主張されたのである。そして，第9章で概観したように，米国公認会計士の監査実務指針である「監査基準書」（SAS）は，その中心部分において，職業専門家としての懐疑心，つまり職業的懐疑心の「見える化」を巡って展開されたのである（1977年 SAS No.16, 1988年 SAS No.53, 1997年 SAS No.82, 2002年 SAS No.99）。加えて，SAS は改訂のたびに職業的懐疑心を保持して監査すべき事例を示してきた。その事例は拡大しかつ求める監査手続も高度化している。職業的懐疑心について記述する項目数は，SAS No.16が全部で15項目，SAS No.53が全33項目，SAS No.82が全41項目であったのに対し，SAS No.99は全84項目である（130頁）。

　残念ながら，わが国においては，SAS における「職業的懐疑心」の展開についてはほとんど知られていない。

2 わが国の監査の基準 ——「職業的懐疑心」が躍る！

　わが国の現在の監査基準（最終改訂2020年11月6日）は，一般基準（公認会計士の資格及び公認会計士が業務上守るべき規範）3において，「監査人は，職業的専門家としての正当な注意を払い，懐疑心を保持して監査を行わなければならない」と定め，また，監査基準の実施基準・基本原則5は，「監査人は，職業

的専門家としての懐疑心をもって，不正及び誤謬により財務諸表に重要な虚偽の表示がもたらされる可能性に関して評価を行い，その結果を監査計画に反映し，これに基づき監査を実施しなければならない」と規定している[2]。

　この職業的懐疑心という用語はわが国の場合，2002年改訂の監査基準に突然登場したのであるが，問題は，従来からの「職業的専門家としての正当な注意の基準」に加えて，なぜ「職業的懐疑心」が導入されたかである。

　「監査基準の改訂について」は，次のように指摘する[3]。

　　「監査人としての責任の遂行の基本は，職業的専門家としての正当な注意を払うことにある。その中で，監査という業務の性格上，監査計画の策定から，その実施，監査証拠の評価，意見の形成に至るまで，財務諸表に重要な虚偽の表示が存在する虞〔おそれ〕に常に注意を払うことを求めるとの観点から，職業的懐疑心を保持すべきことを特に強調した」

　そして，現在の「監査における不正リスク対応基準」（2013年3月26日）も，「経営者等の誠実性に関する監査人の過去の経験にかかわらず，不正リスクに常に留意し，監査の全過程を通じて，職業的懐疑心を保持すること」，「職業的懐疑心を発揮し，不正の持つ特性に留意し，不正リスクを評価すること」，「職業的懐疑心を発揮して，識別した不正リスクに対応する監査手続を実施すること」，「職業的懐疑心を発揮して，不正による重要な虚偽の表示を示唆する状況を看過することがないように，入手した監査証拠を評価すること」，「職業的懐疑心を高め，不正による重要な虚偽の表示の疑義に該当するかどうかを判断し，当該疑義に対応する監査手続を実施すること」を監査人に求め，職業的懐疑心の発揮を強調している[4]。

　これらの監査の基準を受けて，監査実務指針である監査基準報告書200（「財務諸表監査における総括的な目的」）は，「職業的専門家としての懐疑心—誤謬又は不正による虚偽表示の可能性を示す状態に常に注意し，監査証拠を鵜呑みにせず，批判的に評価する姿勢をいう。なお，職業的懐疑心ともいう」と定義し，「監査人は，財務諸表において重要な虚偽表示となる状況が存在する可能性のあることを認識し，職業的懐疑心を保持して監査を計画し実施しなければならない」と要求している[5]。■下線部分について。「職業的懐疑心」を一番うまく表現している。

また，監査基準報告書240（「財務諸表監査における不正」）は，「監査人は，経営者，取締役及び監査役等の信頼性及び誠実性に関する監査人の過去の経験にかかわらず，不正による重要な虚偽表示が行われる可能性に常に留意し，監査の全過程を通じて，職業的懐疑心を保持しなければならない」と指示している[6]。

3　職業的懐疑心は浸透しているか？

上述したように，わが国の「監査の基準」は職業的懐疑心の保持と発揮を強調している。しかしながら，職業的懐疑心が監査実務にどれほど浸透しているかに関しては心もとない。否，かなり否定的である。

なぜか？

その主たる理由は，わが国の監査基準はもとより，監査人の実務指針である監査基準報告書（旧監査基準委員会報告書，2022年7月21日名称変更）は米国の監査基準書（SAS）を模倣し，国際監査基準を参考にして「文書化」されたものだからである。第9章で検討したように，米国の公認会計士とその業界が身をもって経験した危機的状況から生まれたものではないからである。だから，監査現場で十分に生かされていない。

とは言え，わが国においても，監査基準や監査基準報告書は，米国のSASや国際監査基準の展開に合わせて順次改訂・改正され，職業的懐疑心の発揮事例を整備している。監査人が職業的懐疑心を発揮すべき監査対象と監査手続を監査基準報告書が例示にせよ明示しているということは，それに準拠しない監査手続は職業的懐疑心を発揮したことにはならない。そして，個々の監査人が職業的懐疑心を発揮して監査を実施したかどうかは監査調書を見ればわかる。監査調書は，当該監査人の監査が要証命題を充足するに足る十分かつ適切な監査証拠を入手しているか，監査人の判断が当該状況下において妥当であるか等について示しているからである。したがって，第1のディフェンスラインである監査チームでの監査調書の査閲（レビュー）が極めて重要である。問題は，それが有効に機能しているかである。第14章で検討する。

4 国際監査基準

　国際監査基準第200号「独立監査人の総括的な目的及び国際監査基準に準拠した監査の実施」（2009年12月15日以後開始する期間の財務諸表の監査に対し発効）は，「職業専門家としての懐疑心とは，誤謬又は不正による虚偽表示の可能性を示す状況に注意し，疑いを抱き，監査証拠を批判的に評価する姿勢のことである」と定義する（Professional skepticism —— An attitude that includes a questioning mind, being alert to conditions which may indicate possible misstatement due to error or fraud, and a critical assessment of audit evidence.）。

　そして，「監査人は，財務諸表が重要な虚偽表示となる結果を招く状況が存在する可能性のあることを認識した上で，職業専門家としての懐疑心をもって，監査を計画し，実施しなければならない」と定め，次のように説明する[7]。

① 職業専門家としての懐疑心とは，例えば，入手した監査証拠間に矛盾がないか，監査証拠として用いる文書や質問に対する回答の信頼性に疑念はないか，状況は不正が発生している可能性を示しているのではないか等，油断なく警戒をすることである。

② 職業的懐疑心の発揮は，例えば，異常な状況を看過してしまうリスク，監査上の観察から結論を導き出す時に一般化しすぎてしまうリスク，監査手続の性質・実施時期・その範囲を決定する際及びその結果を評価する際に不適切な仮定を用いてしまうリスク等を抑えるために必要である。

③ 職業的懐疑心は，監査証拠の批判的評価に必要である。例えば，矛盾する監査証拠や文書の信頼性，質問に対する回答，経営者やガバナンスに責任を負う者から入手した情報等に疑問をもつこと。また，入手した監査証拠の十分性と適切性を状況に照らして検討すること。例えば，不正リスク要因が存在する場合に不正を受けやすい性質の文書が重要な財務諸表の金額を裏付ける唯一の証拠であるような場合である。

④ 監査人は，もしそうでないと信じる理由がなければ，記録や文書は真正なものとして受け入れることができる。しかし，例えば，情報の信頼性について疑いがある場合や不正の可能性を指摘している場合（監査の過程で

識別した状況によりその文書は真正でないあるいは文書の条件が不当に変更されているような場合等）には，監査人はさらに調査しなければならない。

⑤　監査人は経営者及びガバナンスに責任を負う者の正直さと誠実性に関する過去の経験を無視することを求められているわけではない。にもかかわらず，経営者及びガバナンスに責任を負う者は正直でかつ誠実であるという監査人の信念は，監査人が職業専門家としての懐疑心を保持する必要性を軽減する（relieve）ものではなく，また，合理的な保証を得るに当たって，監査人が説得力の高い監査証拠に至らぬ証拠に満足することを許すものでもない。

このように，国際監査基準の職業専門家としての懐疑心の定義や例示にしても，第9章で概観した米国のSASにおけるこれまでの到達点を越えるものではない。むしろ，SAS No.99（「財務諸表監査における不正問題」，2002，128頁）を踏襲したものといえよう。

■経営環境は絶え間なく変化し，グローバル化やテクノロジーの進歩は，財務諸表の作成過程における判断や見積りの介入を拡大させ，同時に，不正な財務報告をもたらす機会を増大させている。

財務諸表監査における監査リスク・アプローチは，監査契約の締結，監査計画の策定，内部統制の評価，監査証拠の収集と監査証拠の十分性と適切性の評価，実証手続の実施，そして監査報告書の作成という各段階において，監査人に累積的で反復的なリスク評価を求めている。監査人は，前の段階で実施したリスク評価をベースに後の段階でのリスク評価手続を行い，また，後の段階で実施したリスク評価手続の結果次第では，それまでの段階で行ったリスク評価を再評価することになる。そして，目標とする発見リスクの水準を達成できたと確信するまで，監査手続を何回でも繰り返すことになる。

その全プロセスにおいて，監査人は，自らの判断や意思決定に誤りがなかったかを自問する。監査意見を支える自らの信念が十分に正当化されたかを自問する。その自問こそが，職業専門家としての懐疑心である。

5 「中立的な観点」から「推定上の疑義」へ，そして「完全な疑義」へ

　ところで，監査人と被監査会社の経営者との関係は，本質的には利害が対立している。そこで，監査人が保持・発揮すべき職業的懐疑心は，経営者に対して「中立的な観点」（neutral perspective）であるべきか，あるいは「推定上の疑義」（presumptive doubt）とすべきかについては，議論が存在する。

　わが国の不正リスク対応基準は，「本基準における職業的懐疑心の考え方は，これまでの監査基準で採られている，監査を行うに際し，経営者が誠実であるとも不誠実であるとも想定しないという中立的な観点を変更するものではないことに留意が必要である[8]」として，わが国の監査の基準が，職業的懐疑心を中立的な観点でとらえていることを明示している。この職業的懐疑心に関する中立的な観点は，米国をはじめ各国の監査の基準においても採用されている。

　しかし，監査基準報告書が指摘する以下のような状況においては，中立的な姿勢よりも，より強い職業的懐疑心の発揮が求められると考える[9]。

　「職業的懐疑心は，入手した情報と監査証拠が，不正による重要な虚偽表示が存在する可能性を示唆していないかどうかについて継続的に疑問をもつことを必要としている。これには，監査証拠として利用する情報の信頼性の検討及びこれに関連する情報の作成と管理に関する内部統制の検討が含まれる。不正の持つ特性から，不正による重要な虚偽表示リスクを検討する場合には，経営者の説明を批判的に検討するなど，監査人の職業的懐疑心は特に重要である」

　「監査人が過去の経験に基づいて，経営者，取締役及び監査役等は信頼が置ける又は誠実であると認識していたとしても，状況が変化している可能性があることから，不正による重要な虚偽表示リスクを検討する場合には，経営者の説明を批判的に検討するなど，監査人の職業的懐疑心の発揮が重要である」

　さらに，監査監督機関国際フォーラム（IFIAR：International Forum of Independent Audit Regulators）の委員会であるGPPC（Global Public Policy

Committee）は，そのワーキンググループのレポート「監査人の職業的懐疑心の強化」において，興味ある提言をしている[10]。

それは，職業的懐疑心を，ひとつの特定した観点でのみ捉えるのではなく，重要な虚偽表示リスクやその他の要因に対応して，連続体（continuum）としての懐疑心と捉え，監査業務に適用することの必要性である。

このGCCPレポートについて，吉田周邦教授（岡山大学）は，次のように指摘する[11]。

「〔この主張は，〕当初の慎重で厳密なリスク評価の後に，懐疑心を連続的なものとして捉え，監査人は，監査の過程を通してリスクを再評価し続けること，また，監査証拠の入手と評価における適切な職業的懐疑心のレベルを確かめ続けることということである。……GPPCレポートは，連続体としての職業的懐疑心のレベルが，状況の変化により，『中立的な観点』から『推定上の疑義』，さらには，一部『完全な疑義』（Complete Doubt）まで変化する状況を示している。完全な疑義の段階では，監査人の職業的懐疑心は，不正検査の心構え（forensic mindset）へと変化していく。……このようなGPPCレポートの考え方は，職業的懐疑心に関し中立的な観点か推定上の疑義の二者択一をするのではなく，監査人が保持・発揮すべき職業的懐疑心の強度が，監査局面に応じて常に見直されつつ適宜変化するというものである。監査人が監査業務を実施するにあたり，職業的懐疑心の概念を具体的に構築し，それを保持・発揮しようとする場合に，このGPPCレポートによる職業的懐疑心の概念は，監査実務の実態に照らして比較的理解しやすく，首肯しうるものと考えられる（下線著者）」

■下線部分，同感。163頁の私見〔■〕に相通じるものがある。

◆注 ─────

1 AICPA, Statement on Auditing Standards No.1, "Codification of Auditing Standards and Procedures," November 1972, AU Section 230.

2 企業会計審議会「監査基準」，最終改訂2020年11月6日

3 企業会計審議会「監査基準の改訂について」，「主な改訂点とその考え方」2(3)，2002年1月25日

4 企業会計審議会「監査における不正リスク対応基準」,「第一 職業的懐疑心の強調」, 2013年3月25日

5 日本公認会計士協会・監査基準報告書200「財務諸表監査における総括的な目的」, 第12項（11）, 第14項, 最終改正2024年9月26日

6 日本公認会計士協会・監査基準報告書240「財務諸表監査における不正」, 第11項, 最終改正2024年9月26日

7 IAASB, International Standard on Auditing 200, *Overall Objectives of the Independent Auditor and the Conduct of an Audit in Accordance with International Standards on Auditing*, April 2009, 13, 15, A18-A22. 日本公認会計士協会・国際委員会 国際監査基準第200号「独立監査人の総括的な目的及び国際監査基準に準拠した監査の実施」(2009年4月), 2010年11月15日, 第13項, 第15項

8 企業会計審議会「監査における不正リスク対応基準の設定について」「4 不正リスク対応基準の主な内容(2)」, 2014年3月26日

9 日本公認会計士協会・監査基準報告書240, 前掲（注6）, III 適用指針 A6, A7, 最終改正2024年9月26日

10 IFIAR, GPPC "Enhancing Auditor Professional Skepticism," November 2013, p.3.

11 吉田周邦「監査組織における職業的懐疑心の展開」『岡山大学経済学会雑誌』第46巻第1号, 2014年7月, 14-16頁

第13章

監査現場が危ない！
── なぜ不正を発見できないのか？──

　本書の11頁で指摘したように，わが国の公認会計士監査制度は，英国から
遅れること約100年，米国から遅れること約50年後にスタートした。しかし，
現在，その遅れを引きずってはいない。わが国の公認会計士監査制度は着実に
進展している，と評価する。

　一方で，被監査会社の急激かつ大規模なグローバル化に対し監査体制が
追いついていないのではないか，監査現場が疲弊し監査品質が「後退」して
いるのではないかとの不安も消えない。「AI時代，公認会計士はプロフェッ
ショナルとして生き残れるのか」という危機感も過る。「公認会計士の魅力が
薄れている」という意見にも耳を傾けなければならない。

　魅力ある公認会計士像を再構築し，監査法人の生命線である監査の品質を
向上させるための最大の解決策は，公認会計士一人ひとりが"プロフェッショ
ナル"としての自信と誇りを堅持し，監査の「現場力」を高めることにあると
確信する。

　ところで，日本公認会計士協会の調査等によると，大会社1社に対する
パートナーの関与時間は総監査時間の10％以下，マネージャーが30％前後，
シニア及びジュニアが60％～70％である[1]。

　入所3年以内のジュニアと監査経験4年～6年程度のシニアが監査現場の
中心を占める。ジュニアは，新しい世界に大いに関心をもっている（実務補習
所等の講師としての経験から）が監査経験に乏しい。しかも，昨今の会計士合格

者や若手の公認会計士は，自ら考え，自ら行動する「自立的な監査」に問題がある（これは大手監査法人幹部の共通した認識である）。シニアは，自らに割り当てられた監査業務と同時にジュニアの監督や監査調書のレビュー（「査閲」）という指導業務も行う。"インチャージ"（主査や主任ともいわれる）を任されると，監査計画を作成する場合もある。入所前の理想と現実との乖離にかなり多くのシニアは悩む（彼らに対する私のインタビューから）。

　そして，監査経験年数およそ7年以上のマネージャーがパートナーになるまでの期間は10年を超す。マネージャーからパートナーへの昇格は4，5人に1人であろう。パートナーを目指す者と別の道を探ろうとする者が混在し，この層には弛みも見られる（彼らに対する私の講演等の経験から）。

　したがって，総監査時間の90％を超えるマネージャー以下のメンバーで構成される監査チームの現場力に大きなバラツキがある。

　監査法人の抱える問題はかなり根深い。

1　監査人のミッションを忘れるな！

　監査の現場で，多くの時間をパソコンとにらめっこしているジュニアやシニアの諸君！　次の文章を読んだことがあるだろうか？

　「公認会計士は，監査及び会計の専門家として，独立した立場において，財務書類その他の財務に関する情報の信頼性を確保することにより，会社等の公正な事業活動，投資者及び債権者の保護等を図り，もつて国民経済の健全な発展に寄与することを使命とする」

　言うまでもなく，1948（昭和23）年7月6日に制定され今日まで77年間も続く公認会計士法第1条の定めである。公認会計士は，独立した立場において，会社の発表する会計情報に信頼性を付与することによって，会計情報を判断基準とする株主や債権者等を含む広範なステークホルダーを保護することを使命としているのである。

　つまり，会計監査人たる公認会計士の使命，ミッションは，財務諸表には全体として重要な虚偽の表示がないという意見を表明することによって，

財務諸表に「信頼性」を付与することである。その使命を達成するために，公認会計士は，職業的懐疑心を発揮して「財務諸表の虚偽表示」を追及しなければならないのである。

■**多くのジュニアとかなりのシニア諸君！**

公認会計士にとっての真の「顧客」はステークホルダーである。"Our clients are public"であることを確認しよう。そして，遠回りのようだが，少し余裕をもって，会計監査の歴史を学ぼう。会計監査の歴史を学び，自らの役割と責任の変化をしっかりと把握し，自信をもって監査現場に臨もう。

■2 準備せよ！

監査経験の浅いジュニアは，日々の監査業務において，比較的複雑ではなく，不正リスクが低いと思われる財務諸表項目等を割り当てられる。それでも，おそらく監査担当会社を3〜4社割り当てられている彼らにとっては，監査法人のマニュアルに基づいた監査作業の遂行で精一杯であろう。

ジュニアにとって重要なことは，監査現場に行く前に被監査会社についての情報を習得しなければならない，ということである。当該会社の有価証券報告書を参考に，会社の概況（主要な経営指標等の推移，事業の内容，関係会社の状況，従業員の状況等），事業の状況（経営方針，経営環境及び対処すべき課題，事業上のリスク，経営者による財政状態と経営成績及びキャッシュ・フローの状況の分析等），株式の状況（大株主の状況，配当政策等），コーポレート・ガバナンスの状況（役員の状況，監査の状況等），連結財務諸表や個別財務諸表に見られる特徴点等々を把握すること。そして，被監査会社とその業界に係る情報を，日々の新聞記事や有力週刊誌により入手し，インプットすること。さらに，先輩や仲間が作成した被監査会社に係る過年度の監査調書を吟味し，疑問点を同僚や監査チームの上級スタッフに質問することである。

■**ジュニアとシニア諸君！　なんの準備もせずに被監査会社に出向くな！会社はかなり高額の報酬を君たちに支払っていることを忘れるな！**

3 　仕訳の裏に存在する経済実態を把握せよ！

　仕訳の裏に存在する取引の実態を理解しているか？　そして，仕訳は取引の実態を適切に反映しているか？　監査の原点はここにある。

　しかし，かなり多くの若手公認会計士は，記帳された取引の実態や背景を理解していない。彼らは，会社の仕訳に係る証憑の収集とその突合に注力し，仕訳が取引の実態を反映しているのかを見ていない。■諸君！　反省する状況にないか？

　周知のように，世界中のすべての企業の取引は，わずか11種類の仕訳の原則により処理される。しかしながら，仕訳の裏に存在する経済実態は極めて複雑である。IT を駆使したネットでの売上高の計上，海外における M&S とそれに伴う「のれん」や無形資産の評価，投資不動産の減損損失の発生，証券取引所に上場されていない投資株式や関係会社株式の含み損益の認識，繰延税金資産計上の基礎となる向こう5年間の利益の見積り，デリバティブ取引，タックスヘイブンにある子会社や特別目的会社（SPC，88頁）等を利用した複雑な取引，数百社を含む連結財務諸表の作成と連結通算等々。監査人は，これらの取引の妥当性と価額を，景気動向や将来の金利水準等を考慮して評価しなければならない。会社を取り巻く内外の環境と経済実態を的確に把握せずして，会社の仕訳の適切性を判断することは不可能である。もっとも，ジュニアやシニア，特にジュニアの諸君がこれらの難題にすぐに関与するわけではないが……。

　■監査現場では，仕訳の手順とは逆に，記帳された仕訳から取引を推定し，取引実態を把握することを心掛けよう。そのくらいの「余裕」がないと隠された事実を見失ってしまう。

4 　異常点や不規則性の発見に傾注せよ！

　名著がある。野々川幸雄『異常点着眼の監査技法』（中央経済社，1972年）である。野々川公認会計士は，異常点や不規則性への着眼について，次のように

主張する（下線著者）。

① ほとんどのケースにおいて，個々の取引に係る関係資料はほぼ完全に整備されているので，正常な取引と区別がつかないため，不正や誤謬を発見することは難しい。しかし，<u>時間の経過に対応する取引の連続の関係に異常が現れることが多い。</u>■取引の連続性に注意せよ。

② 「不正内容」を推理せよ。監査途上において，不正（粉飾，横領・着服）の兆候に気付いたら，<u>監査人は自らを「当事者」と仮定して，どのように会計処理するかを考えてみる。</u>複式簿記機構による会計記録である以上，〔被監査会社の〕内部牽制組織の状況を勘案すれば，ある程度は操作の過程，隠蔽・秘匿の方法を推定・予想することができる。ある説明を受け，資料調査の結果それに納得できたとしても，自己の想定する「不正会計処理」をベースに別の角度から検討する。■大変興味あるアプローチである。

③ 労力・手間を惜しまないこと。監査途上において，異常点，不規則性の兆候に気付いたら追跡調査を面倒がらないことが不可欠である。次の段階まで追跡する勇気と根気が必要である。■まさに，監査の原点である。大いなる教訓である。

④ 被監査側の協力を必要とする監査現場では，要求資料の入手に関して困難な場面に遭遇する。厄介なことに，<u>監査は，本来，信頼や良好な人間関係を前提としないところで成立する仕事である</u>〔■言い当てておられる〕。可能な限り，協力をそこなわない言葉をさがして，<u>無駄なそして手数のかかる資料ではなく，監査上必要な資料を入手しなければならない。</u>■下線部分，意外に重要なポイントである。難関試験に合格し会計士補や公認会計士になったからといって，威張ってはいけない。

⑤ 異常性や不規則性に関して質問する場合は，たとえ，自己なりに結果についてある判断をもったときでも，まったく白紙の状態で質問する。「記録がこのようになっておりますが，どのような理由によるのでしょうか」とか。回答を得たら，果たして記録が回答された内容と一致するかどうか，回答されたように処理されているかどうかを，証憑その他を吟味して，不正・誤謬の有無や取引処理の当否を判断する。この場合，回答と監査人が自ら調査した事実と異なり，それが，監査人自身が考える不正・

誤謬に結び付けば，会社側に再考を促し，自らも調査する。■あせらず，あきらめず追及する。

⑥　質問する時には，相手となる人に一種の圧力を感じさせる必要がある。圧力と好感は相反することが多いが，相手方に「経験ある監査のエキスパートであり，思いつきの虚偽の説明は通用しない」と感じさせる圧力は必要である。監査手続と不正・誤謬の実例に精通すれば，自然にこのような状態を作り出すことができる。

　　■監査人である君の第1弾の質問に対する会社の回答に対して，君は，第2弾の質問ができるか，第3弾は？　東芝（株）のある月の営業利益が売上高を上回るという異常な状況に気付いた若手の監査人が質問する。「期末に一括コストダウンの交渉を行った結果です」と東芝が回答。それで納得してしまう。いつ，どの製品について，誰が，どのように交渉したのか等についての次の質問が不発である。

5　“バックテスト”を駆使せよ！

　言うまでもなく，“バックテスト”とは，経営者等による会計上の見積りに対して，その実績が出た時に，彼らの当時の見積りが適切であったかどうかを確かめる監査手続のことである。財務諸表を構成する様々な項目に関する経営者の見積りの妥当性を検証するために，監査人が保持する強力な手段である。

　例えば，有価証券の減損や固定資産の減損，税効果会計の繰延税金資産の回収可能性等を裏付ける資料として，会社の作成した事業計画が利用される。監査人は，事業計画の合理性と実行可能性を検討しなければならないが，単に会社の取締役会ですでに承認されている等の理由のみでは不十分である。また，合理性の検証に当たっては，将来の売上高の推移のみならず，原価（コスト面）の推移についてもチェックする必要がある。そして，一定期間経過後にそれまでの会社の実績をベースに当該事業計画の妥当性を再検討し，併せて当該年度における会社の会計処理・表示の適正性を評価する。

　　■監査人は，“バックテスト”を広範囲に活用しよう。これも，時間とコストを要する監査手続であるが，あせってはならない。

6 「誤謬」を軽視するな！

　財務諸表の虚偽表示には，「誤謬」（意図的ではない単なるエラー）と「不正」（利益操作のような意図的な行為）に因るものとがあるが，<u>誤謬は，個別にはその重要性が認められないが，それらを集計すると重要性の基準値（149頁）を超える場合もある。</u>したがって，誤謬を短絡的に軽視してはならない。ただし，下線部分は，他の勘定科目を監査するチームメンバーとの協働作業が不可欠である。彼らとのコミュニケーションを忘れないでほしい。

　■そもそも，会社が内部統制を整備し運用している状況において，会社側のミスである誤謬を発見したということは「凄い」ことなのである。何よりも会社を驚かせ，会社は君の監査姿勢を正しく評価する（ただし，会社はそういう素振りを見せない）。そして，君のその監査姿勢と経験は，必ずや自己の「発見力」の醸成につながる。

7 監査チームでの"ミーティング"を活発化せよ！

　監査の現場力強化に不可欠な手段が，監査チームでの"ミーティング"である。パートナーを含み監査チームのメンバーはその重要性を再確認すべきである。そこでは，何よりも，財務諸表の虚偽表示のリスクに関する議論が優先されなければならない。監査対象企業の不正リスク要因は何か，不正はどのようにしてどこで発生し，財務諸表にどのような影響を及ぼすのか，経営者はいかにして不正を隠すことができるのか，監査人はいかに対処すべきか等について，大いに議論しなければならない。また，被監査会社のビジネスモデルや業務プロセス，業界特有の会計処理等についても討議する。

　そして，監査リスク・アプローチの中心課題である「重要性の基準値」についても，その指標や割合の決定，基準値を超えた検出事項の取扱い，各メンバーが検出し誤謬と判定した未修正の金額を集計すること等について，監査チームのメンバー間で情報を共有しなければならない。

　また，ジュニアやシニアが財務諸表の虚偽表示を発見した時には，その事実

と経過を取り上げ，彼らを称え，その経験を各メンバーの力としなければならない。

■監査チーム全員の日程調整が難題であろう。マネージャーは，事前に監査計画に組み込め！

8 監査に対する姿勢が後ろ向きになっていないか！

監査品質の向上のための現在のチェック・システムは，図表13－1で示すように重層的である。

図表13－1　監査品質の重層的チェック・システム

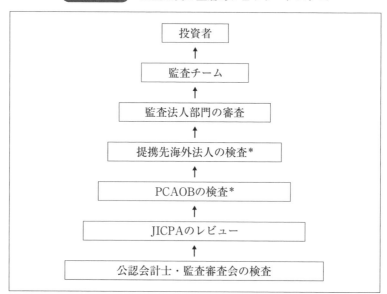

＊大手監査法人に対してのみ実施

このチェック・システムは，いわば「背中を突っつく」システムである。現場の公認会計士が背後のチェック，特にJICPAのレビューと公認会計士・監査審査会の検査を気にするあまり，監査に対する姿勢が後ろ向きになり，前を向いた監査が後退しているのではないか，と懸念する。「公認会計士・監査審査会が重箱の隅を突っつくような検査をするから，若手の公認会計士が

辞めていく」と文句を言ってきた監査法人の理事長もおられた。

■私は繰り返し主張する。我々の社会の強みは，多くの場合，数値は正しいと信じることができる，ということだ。特に大会社の発表する財務諸表は「安全」なので，広範なステークホルダーは「安心」してそれを利用できる，ということだ。それは，公認会計士監査が存在しているからである。監査法人に対する外部からのチェック・システムは，**公認会計士と監査法人が独立性と誠実性を継続して遵守しているかを確かめるためにある**。この重層的チェック・システムにおける個々のベクトルは，投資者保護という目的に向かっている。第一線の公認会計士と監査チームが，投資者保護のために監査顧客に対峙し前を向いた監査を実施している限り，背中のチェックは恐れるに足らずだ。

9　納得のいく監査調書の作成を！

私の経験によると，公認会計士受験勉強時代と現実の監査実務との極めて大きな違いは，「監査計画」と「監査調書」にある。受験勉強時代には，両者については，その意義を整理し覚えさえすれば合格点を確保できると思った（同じ思いをされた諸君も多いことだろう）。

しかし，現実は，監査顧客にマッチする監査計画の策定とそれに依拠した監査実務が勝負である。シニアになるとインチャージとして監査計画の策定に苦慮し奮闘している諸君も多いと聞く。

そして，言うまでもなく，監査調書は監査人が正当な注意を払い職業的懐疑心を発揮して監査したことを，つまり自らの行為の正当性を立証する唯一の手段であり，監査意見形成のベースとなる。したがって，監査人は，実施した監査手続について，結論に至るまでのプロセスを明確に監査調書に記載しなければならない。

■監査調書のまとめは，私の経験からも，退屈で面白くない作業である。しかし，異常点や不規則性等を発見した時には"ワクワク"し，かつ自信をもって監査調書をまとめることができる。この訓練の積み重ねも「実力」を付けるためには避けることができない。

10 マネージャーは「監査現場のリーダー」であることを自覚せよ！

　マネージャー（Manager）は監査現場の"リーダー"である。彼らは，自らに割り当てられた監査業務（不正リスクの高い財務諸表項目等）と同時に監査チームの部下の監督や監査調書のレビューも行う。

① 　まず第1に，マネージャーは，監査現場のリーダーとして，職業的懐疑心の発揮による財務諸表の重要な虚偽表示の発見が監査チームにとって最大の課題であることを全員に周知させなければならない。その「場」は，日々の監査現場にある。そして，すでに指摘した監査チームでのミーティングにある。

② 　マネージャーの作成する監査計画とその実施について，当局の検査報告は，次のように指摘する。

・被監査会社を取り巻く環境の変化にもかかわらず，例年の監査手続を踏襲している。

・当初の監査計画を期中において「変更」せざるを得ない状況にあるにもかかわらず変更しない，あるいはその旨をパートナーに進言していない。

・重要な勘定において多額の異常値を把握しているにもかかわらず，監査の基準で求められている実証手続を実施していない。

・被監査会社が行った見積り方法の変更や事業計画の合理性についての批判的な検討が行われていない。

・経営者による内部統制の無効化に関係したリスク対応手続として実施した「仕訳テスト」において抽出した仕訳の妥当性について検討していない。

・JICPA の品質管理レビューや公認会計士・監査審査会の検査報告において，監査手続の不備として指摘された事項を監査調書の形式的な不備として処理している。

・監査上の異常事項や問題点についての情報をメンバー間で議論でき，直ちに監査責任者に伝わるような風通しの良い監査チームの醸成に

リーダーシップを発揮していない。

■マネージャー諸君！　反省すべき点はないか？

③　マネージャーは部下の監査調書のレビューという重大な任務を遂行しなければならない。その基本的視点は，ジュニアやシニアが監査証拠の収集及び評価プロセスにおいて，財務諸表の虚偽表示の兆候の発見につながる可能性がある会計処理の異常点や不規則性等に着目して監査を実施しているかどうかにある。

吉田周邦公認会計士は，次のように勧告する[2]。

「監査調書の査閲は，懐疑的アプローチ（skeptical approach）により実施すること。すなわち，ジュニア〔及びシニア〕の監査調書に不備がある可能性を想定し，監査実施上の不備を識別することを主眼として実施する。識別された監査実施上の不備について，追加手続の実施等の適切な措置を指示し，その結果を確認することによって，〔マネージャーは〕自ら実施した場合と同等の監査品質水準を確保することができる。

そして，監査調書とそれに関連して入手された監査証拠（原始証憑等）を見ながら，可能な限り監査スタッフの面前で査閲を実施すること（傍点著者）。現在多くの監査法人では，監査調書の電子化が進みつつある。この場合，電子化された監査調書の査閲を，監査スタッフの面前で行い，入手された監査証拠と照合しながら，部下と十分にコミュニケーションすることは，上級監査スタッフとしての心証形成のために重要である。また，このような面前の監査調書の査閲は，ジュニア〔及びシニア〕のための効果的な"ジョブ・トレーニング"になる」

■まさに，そのとおりである。指導のポイントを突いている。指導を受けるジュニアやシニアは，自分がマネージャーになっても，同じように面前で指導することになろう。

■マネージャー諸君！　被監査会社との信頼関係は，生き生きとした監査現場による日常の厳しい監査，つまり強力な現場力から生まれることを，そして，そのリーダーは君であることを忘れてはならない。

〔補記〕　小さな「自慢話」

　私のささやかな監査経験のうち忘れられない事件を紹介する。

①　ある名門繊維会社の伝票をチェックしていると，１冊50,000円の原色図鑑の購入が記録されていた。同じ頃の1984（昭和59）年に上梓した私のデビュー作である『アメリカ監査制度発達史』は3,500円と当時としては高価であったが，それに比しても50,000円は高い。原色図鑑だからだな，と思いながらさらに伝票をめくっていくと，再び50,000円の原色図鑑の購入が記録されていた。「２冊購入したのですね」と隣に座っていた課長に質問すると，彼は黙って立ち上がり，10分ほどして帰ってきて「１冊だそうです」と答えた。伝票には５つほどの検印が押され，その課長の印鑑もあった。3,500円に比して50,000円は高いこと，そして金額の重複の気付きが決め手である。

②　あるバス会社の監査で，「建設仮勘定」のかなりの金額が動きのないまま長期間繰り越されていた。質問すると，担当者は，入社前からの金額でその理由は知らないと答えた。そこで，年配の課長に尋ねると，観光バス遊覧のためにグループが経営するゴルフ場の隣接地帯の開発に係わる案件だと答えた。現場を視察したいという私の数度の要望に応えて課長は同行してくれたが，現場は草茫々で工事の形跡がわずかに残っているだけであった。課長は，開発プロジェクトは「とん挫」したと答えた。

　同じ会社。相当な金額の「仮払金」も停滞していた。ベテランの社員が内々に保管していた台帳には「社長仮払金」と記載されていたが，当該社員はその内容はわからないと答えた。“超ワンマン”の社長の懐刀で，グループ約20社の財務一切を取り仕切る専務に会わせてほしい，と経理部長に何度もお願いしてやっと実現した。専務は開口一番，「先生のご要望は十分に理解しています」と述べた後に，「社長が亡くなってから整理します」と答えた。私は，「社長には先ほどお会いしましたが，まだまだお元気ですね」と言いながら，「社長仮払金はなんですか」と質問した。彼は「選挙資金です」と正直に答えた。すでに終わっている多くの市町村議員選挙に要したものであった。「これは整理してください」と言うと，「社長からの仮払金もあります」と専務は反論した。「それでは両者

の差額は今期に損失計上してください」と言うと,「わかりました」と答えた。「建設仮勘定」については,計画を中止したわけでないと抵抗したが,一部損失計上すると回答した。

③　小規模の証券取引法対象会社で,購入したゴルフセット一式が交際費に計上されていた。「どなたに差し上げたのですか」とそれとなく尋ねると,新任の経理課員は銀行から資金が調達できたので,融資担当の専務にお礼に差し上げたと答えた。簿外の借入金を発見した。交際費と借入金という関連項目の監査は「要注意」と学生時代に学んだ。

④　ノンバンクの貸借対照表に計上されていた退職給与引当金(当時)と附属明細表である同引当金明細表の合計金額は合致していた。退職給与引当金明細表は10の部署別に計算され,その10の部署別の合計額(「中計」と表示)を計算調すると引当金明細表の合計金額に合致していた。次に,3部署の従業員別の個別引当金の合計額を計算調すると,1部署において中計金額と合致していなかった。そこで改めて残りの7部署の個別引当金の合計額も計算調すると,2部署において中計金額が個別引当金の合計を下回っていた。つまり,3部署において退職給与引当金の過少計上が発見されたのである。

　経理課長は,貸借対照表に計上する退職給付引当金を過少に表示するために,3部署については,別のパソコンにより退職給与引当金明細表の「中計」金額を実態よりも過少に計算し,その資料のコピーを私に提供したことを認めた。コンピュータからの出力ではなく,マニュアルで作成した資料に注意すること,そして「計算調」という基本的な監査手続の重要性を再認識した。

◆注

1　日本公認会計士協会「監査実施状況調査(2022年度)」,2023年12月20日

2　吉田周邦「監査組織における職業的懐疑心の展開」『岡山大学経済学会雑誌』第46巻第1号,2014年7月,20頁

第14章

監査現場が危ない！
── すべての責任はパートナーにある ──

監査契約責任者（Engagement Partner, 以下パートナー）には，監査チームの総合力を高め，かつ，監査顧客からの信用を得る責任がある。

経営者の公認会計士監査に対する期待が確実に高まっているなかで，監査チームをリードするパートナーの任務を改めて問う。

1 監査チームの編成は適切か？── 顧客は見ている

① 「ジュニアやシニアにとっては現場が教育だ。現場で学ぶことによって力を付けていく」とパートナーは主張する。それは確かだ。としても，その論理はパートナー側のものだ。

監査顧客（被監査会社）には別の論理がある。「やっと会社の内容を知ってもらったのに，また新人のお出ましかョ」と，頻繁な監査補助者の交代のたびに（カゲで）文句を言う。会社の不満は鬱積している。これでは，監査報酬のアップもままならない。

② 巨大企業はインターカンパニー制を採用する。各カンパニーに対して監査チームを編成するが，各社に対する監査人の割り振りは適切か。

例えば，各カンパニーを含むグループ全体の会社数は7社（連結売上高約3兆円）。当該グループ会社に対する監査人は合計30人（パートナー3人，マネージャー7人，ジュニア及びシニア20人）。各カンパニーの売上高は3,000億円〜5,000億円。各カンパニーの監査は，内部統制監査と個別財務諸表

監査を平均５人で担当する。これに，連結財務諸表監査が加わる（これは実例である）。一体，適切な監査ができているのだろうか？。

　そして，パートナーは，被監査会社の状況に応じて，個別財務諸表チームと連結財務諸表チームに区分して編成する。個別財務諸表チームが見逃した実態を反映しない会計処理を，連結財務諸表チームは気付くことができるだろうか？　両チームのコミュニケーションはどうなっているのか？

③　監査チームのメンバーが固定化されておらず，各メンバーの関与会社に対する理解が不十分で，チーム内のコミュニケーションも不足し，結果として，深度ある監査が実施しにくい状況になっているのではないか？

パートナーは，監査チームの人員総数と配置が被監査会社の業容拡大とリスク水準に対応したものとなっているかについて常に留意しなければならない。

　そして，監査上の異常事項や問題点についての情報をメンバー間で議論でき，迅速にパートナーに伝わるような監査チームの醸成に努めなければならない。

■私は監査役として，関与会社の監査法人に対して，監査チームのリストを提出してもらう。そこには，メンバー全員の職位，氏名，年齢，監査法人での履歴，関与会社の属する業界での監査経験年数，関与会社での監査経験年数等の記載を求める。このリストを数年間分検討し監査役会で議論し，監査法人の姿勢や当該監査年度のメンバーを配置した監査計画の適切性等をチェックする。

2 監査業務がベルトコンベアー式の「単なる作業」に陥（おちい）っていないか？

　監査法人の監査マニュアルは，被監査会社の大規模化・複雑化・国際化・IT化に対処する監査人の実務指針である。監査マニュアルが監査品質の向上のために有効な監査ツールであることは疑いない。ジュニアやシニアは，それに準拠して監査を実施しなければならない。

　一方で，まず何よりも，その監査マニュアルが被監査会社に適合するものかが問われなければならない。被監査会社を取り巻く内外の環境が激変するなかで，数年前に作成された監査マニュアルの継続的な適用は意味をなさない。

　そして，監査マニュアルの画一的な強制化は，タイムリミットの中で与えれ

らた作業をすべて遂行しなければならないジュニアやシニアの思考を停止させてしまう危険性をはらむ。監査業務がベルトコンベアー式に機械化され，彼らが立ち止まって考える機会を奪ってしまう。したがって，取引記録に埋もれた経済実態の大きな変化を見逃してしまうリスクが増大する。

　現場では，サンプル数の拡大ではなく，一つひとつのサンプルが取引実態を反映しているかをじっくり考えさせることが不可欠である。「監査の品質」向上の原点はここにある。

　■「監査厳格化」のスローガンの下でのサンプル数の「拡大」から脱却せよ！　そして，自発的なプロフェッショナルを育成するために，被監査会社に適応した監査マニュアルの弾力的適用をいかに進めるか，パートナーに課せられた大きな課題である。

　監査を受ける立場から，八木和則氏（横河電機株式会社元専務執行役員，金融庁公認会計士・監査審査会元委員）は，次のように主張する[1]。

　「公認会計士は今こそ“士業”としての矜持を持つことが求められる。……監査の現場が取引の実態を理解することなく，チェックシートに基づいて調書を作成するのが監査だという『調書作成アプローチ』になっていて，職業的懐疑心的なものの見方が訓練されていない。各々の帳票には様々な企業活動が反映されている。監査業務は無機質なところがあるが，企業活動を理解するような有機的な監査を心がければ，伝票の先に企業が活動する姿が見えてくる。そのことが，被監査会社が主張する見積りの妥当性に対する判断力を強め，ある時は不正の端緒を発見する糸口が見えてくることにつながるのではないか。現場の改革は，物事に対する有機的なアプローチから始まるのではないか」
　■ズバリ，そのとおりです。

3　監査チームでの“ブレーン・ストーミング”に指揮を執れ！

エンロンやワールドコム等の倒産と両社の監査人であった業界最大手の

アーサー・アンダーセン（Arthur Andersen & Co.）崩壊後の2002年に発表されたSAS No.99（「財務諸表監査における不正の検討」，129頁③）は，監査チームにおける"ブレーン・ストーミング（brainstorming）"を要求した[2]。米国監査基準書がブレーン・ストーミングという行為を求めたのは初めてである。

　そこでは，監査契約責任者であるパートナーの参加も求め，被監査会社の経営者をして不正に走らせるインセンティブやプレッシャー，不正を起こさせる機会，経営者をして不正を正当化させる環境等について，そして監査人はいかに対処すべきかについて，特に監査計画設定前に監査チーム全体で議論することを求めた。このブレーン・ストーミングを実施しているかは，PCAOB（Public Company Accounting Oversight Board：公開会社会計監督委員会）による監査法人検査の対象になる。

　監査チームでのミーティングの重要性については前章の173頁で指摘したが，監査対象会社が抱える「不正リスク要因」の識別とリスク対応手続，重要性の基準値に係る諸問題（これには，グループ監査における「グループ財務諸表全体としての重要性の基準値」や「構成単位の手続実施上の重要性」等も含まれる[3]）について議論し，監査チームのメンバー間で情報を共有しなければならない。

　そして，JICPAの品質管理レビュー，所属する"ビッグ4"等による品質管理レビュー，当局による検査結果で指摘された不備事項等に関しても，監査チームで共有し，直ちに是正措置を講じなければならない。

　さらに，第16章で検討するように，東芝のパソコン事業におけるバイセル取引の「製造原価のマイナス処理」（211頁）や半導体事業の前工程と後工程の会計処理の相違（217頁）等の極めて巧妙な会計操作については，ジュニアやシニアの経験の浅い公認会計士が気付くことは容易ではない。否，ほとんど不可能であろう。上司のマネージャーやパートナーが被監査会社の独特な会計処理について事前にメンバー全員に知らせなければならない。東芝の粉飾決算を看過ごした監査チームの最大の原因は，若い監査スタッフが現場で発見した異常事項を，パートナーが取り上げず監査チームでの討議を怠ったことにある。

　なお，会議においては，パートナーは「成功談」（職業的懐疑心を発揮して重要な虚偽表示の発見につながったケース等）とともに「失敗談」（監査現場での

失敗や納得のいかなかった監査調書の作成等）も語れ。ジュニアやシニアは
パートナーに共感を覚える。

■パートナーは，監査チームでのミーティングの意義を改めて確認し，効果
的な会議のために指揮を執らなければならない。

4 監査チームの査閲（レビュー）機能をいっそう強化せよ！

当局の検査報告は，「業務執行社員がその責任を放棄している」と，常に，
次のように指摘する。

　「監査チームには多数の監査補助者が関与し，現場の業務を担う監査補助
　者のなかには監査経験の浅い者が多く含まれている状況において，パート
　ナーは，監査調書の査閲を通じての監査補助者への指示・監督を適切に行っ
　ておらず，結果として，監査チームが実施した監査手続から得られた監査
　証拠の十分性や適切性について検討していない」

ジュニアやシニアは，多くの場合，「自分なりに職業的懐疑心を発揮して
監査調書を作成した」と主張する。マネージャーは，彼らの主張が要証命題を
充足するに足る十分かつ適切な監査証拠に裏付けられているかについて，彼ら
の監査調書を査閲する。彼らの検出事項が重要であるならば，パートナーを
含み監査チーム全体で議論する。場合によっては監査法人の審査部門や品質
管理部門，さらに上位の審査会でも検討する。このような重層的かつ一体的
なチェック・システムは，職業的懐疑心を，個々の監査人の「心の状態」と
してのみではなく，監査チーム全体の，そして，監査法人全体の問題として
捉えていることを意味する。

問題は，それが有効に機能しているかである。特に第1のディフェンスライ
ンである監査チームのチェック体制である。ジュニアの監査調書をシニアが
レビューし，シニアの監査調書をマネージャーがレビューし，マネージャーの
重要な問題点を指摘する監査調書をパートナーがレビューするという
組織的チェック体制が適切に機能しているかである。各階層における上司の
レビューが弱体化しているのではないか。

そして，第2のディフェンスラインである監査法人の審査部門や品質管理

部門はややもすると現場に疎い。「審査部門が監査チームから提出された審査資料のみを審査し，資料の裏に存在する監査チームが行った重要な判断の妥当性について評価していない（傍点著者）」との当局の検査報告もある。

指摘するまでもなく，パートナーの最終意見は，監査チームのジュニアやシニア，そしてマネージャーの意見に基づいて形成される。特に総監査時間の60％を超えるジュニアやシニアが財務諸表の重要な虚偽表示を看過すると，パートナーが誤った意見を表明してしまうリスクは高まる。最近改正されたグループ監査に係る実務指針は，「監査の実施中に識別された，専門性が高く，判断に困難が伴う事項や見解が定まっていない事項を含む重要な判断並びに到達した結論等」については，パートナーが監査調書を査閲することを求めている[4]。

■優秀なパートナーは，異口同音に，「上司の厳しい『査閲』に育てられた」と言う。パートナーは，自らの教訓を生かし，監査チームの査閲（レビュー）機能をいっそう強化しなければならない。

5 パートナーは現場に出よ！

パートナーの監査顧客1社当たりの関与時間は，総監査時間の10％以下である。数社のパートナーを兼ね，監査法人の経営に係る業務や会議等で忙殺されておられるからであろう。しかし，パートナーは，監査現場に積極的に往査し，財務諸表の重要な虚偽の表示を看過しないために監査チームのメンバーが職業的懐疑心を発揮しているか，それが監査チーム全体に浸透しているか，をチェックしなければならない。

■パートナーが現場に来ると監査チームの緊張感とともに士気も高まる。また，被監査会社もパートナーの来社を大いに「期待」していることを忘れないでほしい。パートナーの業務は，重要な検出事項について経理担当役員や経理部長等との打ち合わせに終わってはならない。

そして，パートナーには，是非とも被監査会社の工場現場を視察してほしい。現場での従業員の行動やモノの動き等を見て，そこで起きている事象が財務諸表に適正に反映されているかを判断してほしい。

6　パートナーは社長面談に全力を尽くせ！

　パートナーは被監査会社の代表取締役社長（CEO：Chief Executive Officer）
と面談する。パートナーにとっては，いわば監査手続の一つであるが極めて
重要な任務である。そもそも，CEOとの面談の主たる目的は，相互認識と
信頼関係を深めるためではない。両者の信頼関係が大事なことは言うまでもな
いが，パートナーは「CEOを監視するために面談する」という基本姿勢を
堅持しなければならない。
　テーマの選定については，パートナーが決める。CEOの経営理念，中期経
営計画，直面する経営課題，当期の業績予想，ガバナンス体制等，パートナー
が自ら相当な時間をかけて選び抜くことになる。どのようなテーマを選ぶかで，
まさにパートナーの力量が問われていると考えるべきである。
　失礼ながら，CEOを超えるパートナーはそれほど多くない。しかし，CEO
は，会計及び監査の職業専門家であるパートナーの意見に耳を傾ける。CEOは，
この機会を通じてパートナーや監査法人の姿勢を評価する。忙しいCEOとの
面談は，せいぜい1時間であろう。CEOは，時には，サステナブルな社会に
おける自らの会社やその業界の展望，会社を取り巻く各種のリスクと他社の
対応状況等のトピックスについても，パートナーに意見を求める。十分な準備
が不可欠である。
　■実は，CEOは，重要な経営会議や日々の会議において，監査法人のスタッ
フが"プロ"として前向きに活動しているか，発見した問題点について経理部
スタッフ等と議論しているか，マネージャーが監査チームをリードしているか，
マネージャーは会社の中間管理者である部長や課長と議論しているか等々に
ついての情報を入手している。したがって，社長面談は単なる監査報告で
終わってはならない。パートナーは，社長面談に全力投球せよ！

7　他のチームのパートナーと議論せよ！　協働せよ！

　おそらく多くのパートナーにとって，自らがサインする会社の監査に追われ，

他の監査チームのパートナーと議論する余裕もなかろう。しかし，パートナー同士が知恵を出し合うと，識別された財務諸表の重要な虚偽表示の対処方法等について，納得のいく結論を見出すことができる。特にアドバイザリー部門のパートナーとの議論は効果的である（「言わずもがな！」）。

最近，ある日本企業の海外プロジェクトに関する日本の監査法人のアドバイザリー合同会社の調査報告書に接する機会があった。正直，驚くほどの出来栄えであった。<u>ある会計事象が財務諸表に表示されつつも，顕在化していない当該事象の背景や事由について詳細に説明する調査報告書を，監査チームが活用することの大いなる意義を認識した。</u>

■パートナーは，他のパートナーとの議論を積極的に進めよ。ややもすると"プライド"が邪魔して，このようなコミュニケーションには消極的であろうが……。

8 「公認会計士監査の限界」を過度に強調していないか？

粉飾決算が発覚するたびに，メディアは「なぜ公認会計士は不正を見つけられなかったのか？」と問う。そのたびに，当該会社を監査していた監査法人のトップや担当パートナーは反論する。「会社ぐるみで不正が行われたら，到底見抜くことはできない」，「会計監査は経営者と公認会計士の間に信頼関係があって初めて成り立つ。だから，経営者が本気でだまそうと思えば公認会計士は歯が立たない」と。一概に間違いとは言えない。

しかし，それらを"前提"としてはならない。問われるのは，監査チームの各メンバーがいかに自らに課せられた使命を誠実に実行していたか，なのだ。まさに「職業的懐疑心」を発揮していたか，である。

■確認すべきは，パートナーと各監査人がその責任を免除されるのは，彼らが職業専門家としての正当な注意を払い，職業的懐疑心を発揮したにもかかわらず，不正会計を発見できなかった場合のみである。現状の公認会計士監査，監査法人監査に対する"合理的な期待"は，すでにそのレベルにある。パートナーは発言に十分注意し，墓穴を掘ってはならない。

9　パートナーは被監査会社に関するデータベースの構築に前向きに取り組め！

　被監査会社に関係するデータベースとは，被監査会社の概況と動向（特に主要な経営指標等の推移，株価の推移等），被監査会社の属する業界の状況の推移，不正リスク要因，従来の監査での発見事項・異常事項，監査人の勧告に対する会社側の反応，規制当局による検査等で識別された不備事項，税務調査の指摘事項，監査チームのメンバー，監査報酬等々の情報一覧のことである。

　このデータベースは，監査人が被監査会社を取り巻く監査環境や被監査会社を理解するに当たって欠かせないツールとなる。監査調書の電子化はかなり進んでいるが，このデータベースの構築は遅れているのではないか。

10　財務諸表の「その他」には何かが潜む
　── ブルータス，お前もか！

　パートナー諸君！　今の立場にある皆さんは，被監査会社の作成した有価証券報告書の最終チェック（主に財務諸表の「財務諸表等規則」への準拠性のチェック）を実施することはないであろう。そのチェックをマネージャーに指示し，マネージャーはシニアに命じ，シニアがジュニアに要請した結果，ジュニアの「特に異常はありません」いう回答を基に，マネージャーの出す"OK"に依拠するという「構図」であろう。実は，そこに大きな落とし穴がある。

　以下は，私の数少ない内なる"ヒット作"である。

　2012年3月期のパナソニックの株主総会に提出された貸借対照表の流動負債に未払費用1兆1,007億円が計上されていた。それは，流動負債合計3兆46億円の37％も占める大きな金額であった。しかし，その内容を知ることができない。そこで，同社の有価証券報告書の「主な資産及び負債の内容」を見ると，「未払費用」の内訳が**図表14－1**のように示されていた〔当時は同表が有価証券報告書に含まれていたが，現在は連結財務諸表提出会社は省略することができるので，ほとんどの会社は開示していない。財務ディスクロージャーの後退である〕。

図表14-1 未払費用	（単位：百万円）
内　訳	金　額
販売直接費	50,079
従業員給与	5,441
広告宣伝費及び販売助成費	19,329
運送費	10,065
特許権使用料	19,463
支払利息	1,006
その他諸経費	995,327
計	1,100,710

　この内訳表から未払費用の最大の金額は「販売直接費50,079百万円」，最小の金額は「支払利息1,006百万円」であることがわかる。しかし，巨額な「その他諸経費995,327百万円」の内容はわからない。

　財務諸表の開示は一般には「重要性の原則」に依るので，その他諸経費は，表示されている最小の支払利息10億600万円以下の小額の多くの未払経費が合算されて9,953億2,700万円を構成していると解するのが普通だ。

　一方，同じ2012年３月期の損益計算書の「特別損失」には，以下が記載されていた。

投資有価証券売却損	19,737（百万円）
関係会社債務超過引当損	394,974
減損損失	74,559
事業構造改革特別損失	46,047
合併に伴う損失	60,361
（特別損失合計）	595,678（百万円）

　「関係会社債務超過引当損394,974百万円」が突出している。債務超過に陥っている関係会社に対する貸付金等の貸倒れに備える引当金だ（主にテレビ事業会社と旧三洋電機関係）[5]。約4,000億円もの巨額な引当損が計上されているにもかかわらず，貸借対照表の負債の部にはそれに対応する引当金，つまり「関係会社債務超過引当金」が見当たらない。

おかしいな，どうしてだろう。

すると１年後の2013年３月期の株主総会に提出された貸借対照表には，流動負債（3,137,229百万円）の中に，新たに「関係会社事業損失引当金948,460百万円」が登場した〔「関係会社債務超過引当金」は2013年３月期から「関係会社事業損失引当金」に名称変更された〕。また，損益計算書には「関係会社事業損失引当金繰入額114,096（百万円）」が掲記された。

そして，パナソニックは2013年３月期の個別注記表の「表示方法の変更に関する注記」において，以下のように記載した。

（貸借対照表）

　前事業年度において，関係会社に対する将来の損失見積額は，流動負債の「未払費用」に含めて表示しておりましたが，表示上の明瞭性を高めるため，当事業年度より「関係会社事業損失引当金」（前事業年度831,448百万円）として表示しております。

（損益計算書）

　前事業年度において，関係会社に対する将来の損失見積額は，特別損失の「関係会社債務超過引当損」（前事業年度394,974百万円）として表示しておりましたが，貸借対照表上の表示方法を変更したことに伴い，当事業年度より「関係会社事業損失引当金繰入額」として表示しております。

つまり，2012年３月期に明示すべきであった「関係会社債務超過引当金831,448百万円」は，図表14－１の未払費用の「その他諸経費995,327百万円」の中に含まれていたのである。未払費用には関係会社債務超過引当金8,314億4,800万円という大物が含まれていたのである。否，これは隠されていたのである。明らかに「隠蔽」だ。当期純損失には影響を及ぼさないが，表示方法において大問題だ。これに気付かない監査法人も"アウト"だ。

さすがにパナソニックも大いに反省した〔■おそらく外部からの疑念が寄せられたのだろう〕。翌期に津賀一宏新社長は，「表示の明瞭性を高めるため」と弁明したのである。そして，有価証券報告書においては「一部誤りがあった」ことを認め，過去５期間（2009年３月期～2013年３月期）に係わる訂正有価証券報告書を2013年８月６日に提出した（■前の４事業年度とも同様な表示をしていたのである）。

以下の**図表14-2**を見よう。

図表14-2 パナソニック（単体と連結）の業績

(単位：億円)

決算期	売 上 高		当 期 純 利 益	
	単 体	連 結	単 体	連 結
2002.3	39,007	70,738	▲1,324	▲4,277
2003.4	42,378	74,017	288	▲ 194
2004.3	40,814	74,797	594	421
2005.3	41,456	87,136	734	584
2006.3	44,725	88,943	204	1,544
2007.3	47,468	91,081	988	2,171
2008.3	48,622	90,689	1,003	2,818
2009.3	42,492	77,665	▲ 563	▲3,789
2010.3	39,265	74,179	▲1,249	▲1,034
2011.3	41,430	86,926	▲ 498	740
2012.3	38,724	78,462	▲5,270	▲7,721
2013.3	39,169	73,030	▲6,593	▲7,542
2014.3	40,846	77,365	▲ 259	1,204
2015.3	38,524	77,150	82	1,794
2016.3	37,822	76,263	37	1,652
2017.3	36,552	73,437	4,434	1,493
2018.3	40,560	79,821	1,740	2,360
2019.3	42,552	80,027	1,390	2,841
2020.3	40,588	74,906	1,555	2,257
2021.3	38,125	66,987	787	1,650
2022.3	27,559	73,887	865	2,653
2023.3	—	83,789	—	2,655
2024.3	—	84,964	—	4,439

（出所：各期の有価証券報告書から作成。2022年4月1日より持株会社（パナソニックホールディングス（株））と事業会社からなる新体制に移行したため，これまで公表していたパナソニック（株）単体の財務諸表は明らかにしていない）

「事件」が起きた2012年3月期のパナソニック（単体）は，売上高が4兆円を割り3兆8,724億円，当期純損失5,270億円，パナソニック・グループ全体（子会社511社，関連会社67社，計578社）では，売上高は前期を約8,500億円も下回る7兆8,462億円，当期純損失は過去最大となる7,721億円，まさに異常事態の時

である。「動機」はあった。それにしても，こんな処理・表示をするなんて，会計分野に絶対的な自信を誇っていた「松下経理大学」が泣く。

　■パートナー諸君！　皆さんにとっては有価証券報告書のチェックは自分の「仕事」ではなく部下に任せておけばいいと思っておられるのであろう。大間違いだ。有価証券報告書は，当該企業の１年間の業績をまとめ，ステークホルダーに報告するための極めて重要な手段だ。だからこそ，有価証券報告書提出会社の社長は，自らの作成責任を「確認書」という形で有価証券報告書とともに当局に提出するのである。彼らには，場合によっては10年以下の懲役，または1,000万円以下の罰金も科される。

　有価証券報告書に添付される無限定適正意見付の監査報告書は，パートナーを含む監査チームの最終生産物だ。パートナーは，財務諸表には重要な虚偽の表示はないことの合理的な保証を提供している。だから，あなたは最後まで「職業専門家としての正当な注意」を発揮しなければならない。

　そして，パートナーの皆様へ

　「健康経営」の推進役となれ！　職場も健康でなければならない。風通しの良い職場の構築はあなたの重要な任務だ。

　最後に，もう一言。

　「これまでの監査法人の生活のなかで自らが経験した不愉快な出来事は，絶対に部下にさせてはならない」

◆注

1　八木和則「会計・IR・コーポレートガバナンス・監査の領域での個人的体験」『会計情報』（トーマツ）Vol. 460，2014年12月

2　AICPA, Statement on Auditing Standards No.99, "Consideration of Fraud in a Financial Statement Audits," 2002. "Disscussion Among Engagement Personnel Regarding the Risks of Material Misstatement Due to Fraud," AU Section 316.14-18.

3　監査基準報告書600（「グループ監査における特別な考慮事項」），2024年９月26日

4　同上，A77

5　拙著『現場力がUPする課長の会計強化書』中央経済社，2019年，103-177頁

第15章

"ガラガラポン" ができなかった 中央青山監査法人

2000年4月1日，わが国における会計事務所第4位の太田昭和監査法人と第5位のセンチュリー監査法人が合併，国内最大の太田昭和センチュリー監査法人が誕生した。そして，同日，第3位の中央監査法人と第6位の青山監査法人が合併，中央青山監査法人も設立された。これにより，朝日監査法人と監査法人トーマツとともに「4大監査法人」の時代に入ったのである。

当時の4大監査法人の業容は，**図表15-1**のとおりである[1]。

図表15-1 4大監査法人の概要

	太田昭和センチュリー	朝　日	中央青山	トーマツ
業務収入（億円）	344	318	315	275
人員（人）	2,610	2,321	2,224	2,030
（公認会計士）	(1,699)	(1,101)	(1,137)	(1,107)
関与会社数（社）	4,881	3,535	4,278	4,361
（証券取引法監査）	(900)	(651)	(817)	(733)

(注)　1999年3月期。合併新法人は合算数値。

5年後の2005年3月31日，中央青山監査法人は，社員・職員数3,377名（社員公認会計士439名，公認会計士1,352名，会計士補825名，その他761名），事務所56カ所（国内27，国外29），監査関与件数5,243社（証券取引法・会社法を含む法定監査2,727社，任意監査2,516社）へと拡大し，国内第2位を確保，業務収入で首位のトーマツにわずか8億円と迫った（第1位トーマツ532億円，第2位中央青山524

億円，第3位新日本494億円，第4位あずさ461億円）。そして，中央青山は，新日本製鐵，トヨタ自動車，ソニー，日本電信電話，KDDI，東レ，王子製紙，旭化成，信越化学工業，清水建設，中部電力，伊勢丹，京セラ，UFJホールディングス（UFJ銀行等），ミレアホールディングス（2008年7月に「東京海上ホールディングス」と商号変更），日興コーディアルグループ等，各業界を代表する著名な会社を監査顧客としていた。

その中央青山監査法人（その後「みすず監査法人」）が2年後の2007年7月，解体したのである。日本の公認会計士監査制度史に残る大事件といえる。

予兆はあった。

1 中央青山の驕り

2000年4月1日に組織された中央青山監査法人は，翌01年，監査法人 伊東会計事務所（名古屋市）を吸収した。伊東会計事務所は，トヨタ自動車，中部電力，東邦ガスといった大会社を監査顧客としていたが，世界の自動車メーカー GM，フォードに次ぐトヨタにとっては，伊東は"力量不足"であった（トヨタの2001年3月期，連結売上高13兆4,200億円，連結当期純利益4,772億円，連結子会社445社[2]）。伊東会計事務所争奪戦は熾烈を極めたという（伊東会計事務所幹部談）。結果，国際会計事務所 PwC（PricewaterhouseCoopers）と提携する中央青山監査法人が勝利した。

その3年後の2004年1月，国土交通省が道路関係4公団の民営化に向けた会計基準作成の補助業務を監査法人に委託したところ，中央青山が2万6,000円の低価格で落札した。入札では，新日本が5百万円，トーマツが77万円，あずさが45万円を提示した[3]。

■本件は，明らかに，新たに始まる道路関係4公団の民営化に伴う新会社を監査顧客とするための"ビッド"（Bid）であったが，それにしても，2万6,000円という常識離れの金額で落札した中央青山に対しては，監査人としての姿勢が厳しく糾弾された（トーマツの77万円，あずさの45万円も問題だ）。

1960（昭和35）年の皇居建設工事の入札の際，建設会社 間組は，落札価格に1万円を提示。非常識な入札が世間を驚かせた。やり直しとなり，施工業者

は他の建設会社に決定した。トヨタを監査顧客としたことで浮かれていた中央青山幹部はその教訓を生かせず，脇の甘さを露呈した。

日本公認会計士協会（会長：奥山章雄）は，2004年3月23日，会長の出身母体である中央青山監査法人を厳重注意処分にした[4]。

2 カネボウ粉飾事件

26頁で指摘したように，1997年度（1998年3月期）において，東京証券取引所上場企業1,360社の中で，連結債務超過は14社あった。その"ワースト1"は「鐘紡」で，連結債務超過額は233億円，96年3月期から3期連続の債務超過であった。不採算の繊維事業を子会社に移管すること等で，単独決算は97年3月期と98年3月期は最終黒字を確保していた。

2005年4月，カネボウの粉飾事件が発覚するのである。

(1) カネボウの粉飾発覚

2005年4月13日の日本経済新聞は，「カネボウ粉飾2,000億円，99−03年度過去最大規模に」と，一面で大々的に報じた[5]。カネボウは前年の2004年に「産業再生機構」の支援を受け経営再建中で，記者会見したカネボウは，粉飾決算は1990年代から始まり，9期連続の債務超過で，粉飾総額は2,150億円であることを認めた。同社によると，毛布メーカー・興洋染織等の不採算関係会社15社を意図的に連結決算から外し660億円の損失を隠蔽，さらに，回収が見込めない投融資の損失や在庫の評価減の先送り等で表面化した粉飾額が1,210億円にも上った。

5月12日，東京証券取引所は，カネボウの上場廃止を決定した[6]。

9月に入ると事態は一気に動き出す。

9月13日，朝日新聞は一面トップで「会計士4人逮捕」と報じる[7]。「東京地検特捜部は，カネボウの帆足 隆元社長らと共謀して有価証券報告書に虚偽の記載をした疑いが強まったとして中央青山の公認会計士4人を証券取引法違反の疑いで逮捕，法人本部の家宅捜索を始めた」

翌14日，各紙の見出しは躍る[8]。

「カネボウ会計士逮捕—帳簿の番人 背信」,「会計士4人逮捕—監査の重責自覚乏しく」,「中央青山の4人『連結外し助言』,検察,悪質と判断」,「『監査に手心』発覚恐れ,粉飾容認 メモ残る」,「カネボウ粉飾,会計士が不正指南,『連結外し』了承」,「なれ合い監査5年,会計士4人逮捕」等々。

9月15日の日本経済新聞の記事を要約すると,次のようになる[9]。

連結会計への変更を翌年に控えた1999年5月,カネボウは赤字子会社15社を連結対象から除外。公認会計士は,連結外しに了承を与えた。連結外しは,主に,カネボウが子会社の受け皿会社に代金を融資して赤字子会社の株式を買い取らせる方法で行われた。カネボウは受け皿会社との間で,受け皿会社が買い取った赤字子会社株を短期間で買い戻すという裏契約を交わしたが,複数のカネボウ関係者は「会計士はこの契約の存在も把握していた」と供述している。4人の公認会計士は同社社長らと共謀し,2002年3月期の連結決算が実際には約819億円の債務超過だったが,約9億円の資産超過とした虚偽の有価証券報告書を作成。03年3月期も約806億円の債務超過だったのに,約5億円の資産超過と偽った有価証券報告書を作り,それぞれ関東財務局に提出した。

9月24日,逮捕された4人の会計士は全員,虚偽記載を認めた[10]。

(2) 中央青山離れ

監査顧客の流出が出た。第1号は,三菱UFJフィナンシャル・グループである。同行は,2005年10月5日,2006年3月期通期決算の監査から共同で監査していた中央青山監査法人との監査契約を打ち切り,監査法人トーマツに一本化すると表明した[11]。

しかし,12月上旬時点では上場企業の"中央青山離れ"はまだ起きていなかった。ところが,年が明けて2月,旭硝子が会計監査人を中央青山監査法人から他の大手監査法人に変更する方針を固めた。同社は12月決算であるため3月の定時株主総会を経て正式に決定する。「企業統治を強化するうえで監査人を代える必要がある[12]」と判断したという。

2006年3月末時点。4人の会計士が逮捕されてから,すでに約7カ月が経過したが,旭硝子を除いて,その他の上場企業は,金融庁が中央青山に対して下す行政処分の行方を不安げに見守っていた[13]。

〔■当時中央青山監査法人からの依頼で再建委員をしていた私は，霞が関ビルにある本部の「暗さ」に驚いた。会議に出席していた幹部はほぼ全員，身を固くしてうつむいていた〕。

(3) 中央青山処分

2006年5月10日，金融庁は，中央青山監査法人に対して，証券取引法監査業務及び会社法監査業務の一部停止2カ月，4人の公認会計士のうち2人については登録抹消，他の1人については業務停止1年の処分を下した[14]（その後8月9日，東京地裁は，1人の公認会計士について懲役1年6月，執行猶予3年，残りの2人については懲役1年，執行猶予3年の有罪判決を下した[15]）。

同夜，中央青山が都内で開いた謝罪会見。奥山章雄理事長は「必ず立ち直る所存で臨む」と深々と頭を下げた。「他にも不祥事が頻発していることをどう考えているか」との記者の質問に，「経済や企業の変革のスピードに遅れていた。内輪の論理で問題を片づけていたのかもしれない」と答えた。また，中央青山の後見人ともいえる国際会計事務所のPwCが日本で新しい監査法人を設立すると発表したことについての質問には，奥山理事長は，「事実は承知している。しかしPwCとの信頼関係はあり，支援いただけることは確認している」と強調した[16]。

■奥山理事長のいう「内輪の論理」の意味については不明だが，奥山氏は，かつて「法人内に『ムラ意識』があった」と述べていた。合併前の会計事務所の有力パートナーを頂点とした序列構造をもち，縦割りが色濃く，“横のつながり”に欠けていたということであろう。

翌日（5月11日）の日本経済新聞は，次のように報じる[17]。

「日経平均株価が一時300円以上下げ，8割以上の銘柄が下落した10日の東京株式市場。ほぼ全面安の中で堅調な値動きを見せた銘柄がある。旭硝子株だ。実は，旭硝子は3月30日付けで，会計監査人を中央青山から別の監査法人に変えたばかり。中央青山問題が『投資家心理を冷やす一因になった』（国内証券）。この日は，ソニーやトヨタ自動車，新日本製鐵といった『中央青山銘柄』は軒並み下落した。

円高進行が主たる売り材料だった面は歪めないものの，旭硝子の逆行高は

株式市場に忍び寄る中央青山問題の影を象徴しているとみることもできる。監査不備に端を発する投資家の不信感が上場企業の株価に悪影響を及ぼすという現象は，すでに現実のものとなっている（下線著者）」■下線部分，同感。そして，中央青山離れが慌ただしくなってきた。

5月15日，東レが監査法人変更を決めたのに続き，太平洋セメントも変更に踏み切る。一方で，信越化学工業は中央青山との関係を保つ方針を固めた[18]。

■私の記憶では，信越化学工業の中央青山継続方針の決定は，確かに中央青山離れの流れを一時（いっとき）ストップさせた。

しかし，大きな流れを止めることはできなかった。5月10日の処分発表から5月29日までに計76社が中央青山との監査契約を解消した[19]。日本生命，コニカミノルタホールディングス，資生堂，日本郵船，みちのく銀行，富士火災海上，テレビ東京，阪神電気鉄道等々。

5月30日，中央青山監査法人は定時社員総会を開き，同日付で奥山理事長が退任，後任に片山英木氏を決めた。片山氏は，日本経済新聞のインタビューで，監査で問題が相次いだ原因について，「社員（パートナー）の意識に緊張感がなくなってきていた。顧客企業に恵まれ，採算面でも苦しい状況に陥ることもなかった。一種の大企業病にかかっていたと思う。法人の規模が急激に大きくなるにつれ，会計士同士がお互い無関心になっていた。カネボウ事件にしても，担当会計士が早い段階で周囲に相談していれば，あれだけの大きな問題には発展していなかったはずだ」と答えた[20]。

その翌々日の6月1日，あらた監査法人が設立された。中央青山出身の5人が出資したという。

■中央青山監査法人の理事長交代の翌々日にあらた監査法人が設立された。やや唐突の印象を覚えるが，相当以前から準備していたのであろう。そして，トヨタやソニー等の世界的企業を監査顧客として確保するという，あらた監査法人の提携先であるPwCの世界戦略方針の一端を窺うことができる（PwCは新法人設立を目指す幹部に，両社を"死守せよ"と檄を飛ばしていたに違いない）。

3 みすず監査法人スタート

　カネボウ粉飾事件に絡む中央青山監査法人に対する2カ月の業務停止処分が8月末で終わった。

　2006年9月1日，新たに「みすず監査法人」が発足した。これまでより3割程度少ない2,506人の陣容である。片山英木理事長は，今年3月時点で約830社だった上場企業の顧客のうち「約7割の企業に再任していただけると思う」と語った[21]。

　一方，「あらた監査法人」（代表：高浦英夫公認会計士）も同日，931人の態勢で本格始動した。トヨタやソニー等上場企業60社超を含む計400社の法定監査顧客を獲得したことを明らかにした。あらたは人員のほとんどをみすずからの移籍でまかなったほか，顧客企業もほとんど旧中央青山の顧客だった。同日（9月1日）の記者会見で，みすず側は「根っこは同じ。（あらたと）共同研修もありうる」と連携を匂わせたのに対し，あらた側は「PwCとのネットワークはみすずより緊密な関係にある。お互い独立した法人で，競合することになる」と述べ，独自路線を歩む姿勢を鮮明にした[22]。

　■みすず監査法人については「思っていたほどの痛手ではないナ」（「よく守れたナ」），あらた監査法人については「かなりの規模でスタートできたナ」が，私の印象だった。それだけに，中央青山法人内での両派の対立が根深かったのだ。これでは法人全体の"力"にならない。

4 みすず監査法人解散

　新生みすずがスタートして3カ月後，2006年12月17日の朝日新聞は一面トップで，「ミサワホーム粉飾の疑い，5年間で数十億円，未完成住宅を計上」，それに「日興 利益水増し容疑，監視委 課徴金5億円検討」の2つの"ビッグニュース"を報じた[23]。

　「『ミサワホームホールディングス』の連結子会社『ミサワホーム九州』は5年にわたって粉飾決算を行っていた疑いがあることが朝日新聞社の調べで

わかった。偽装の情報を得たみすず監査法人が10月，抜き打ちに実地調査を行った。その結果，未完成の住宅の窓にカーテンをつけて内部を隠したり，すでに入居者がいる別の住宅へ案内するなどの偽装を発見した」

「証券大手日興コーディアルが，2005年3月期決算に子会社間で生じた利益だけを計上して総額500億円の社債を発行した疑いがあることが，証券取引等監視委員会の調べで分かった。監視委は，投資家の判断を誤らせる可能性があったことを重視。同社に5億円の課徴金の納付と有価証券報告書の訂正を命じるよう，金融庁に勧告することを検討している」

翌18日，ミサワホームホールディングスは，社内調査の結果，2000年10月から06年3月までの5年半で販売した4,598棟のうち726棟，総額169億円の売上げを前倒し計上していた，と発表した[24]。■ミサワホームホールディングスの会計監査人も，旧中央青山監査法人であった。

12月19日，「日興水増しは『組織的』」と，朝日新聞は伝える[25]。

「日興は04年，100％子会社の日興プリンシパル・インベストメント（NPI）が企業買収を目的とする特別目的会社（SPC：Special Purpose Company）を通じて，東証一部上場のコールセンター大手のベルシステム24を買収した。この過程で，SPCがベルシステム社株に交換できるという特徴をもつ他社株転換債（EB債）をNPIに対して発行。日興はNPIに生じたEB債の含み益など約184億円を利益として連結決算に計上したが，逆に含み損が発生したSPCは連結対象外にして損失を計上しなかった。証券取引等監視委員会は『組織的に』水増しを図ったと指摘，経営責任を重くみている」

12月21日の日本経済新聞は，「日興コーディアルグループ事件は，みすず監査法人にとっては『踏み絵』となる」と報じる[26]。「みすず監査法人は問題となった日興の会計処理に適正意見を表明していたうえ，カネボウ粉飾決算事件にからみ今夏，金融庁から業務停止命令を受けている。審査体制の強化による信頼回復を掲げて再出発したばかりだけに，失敗はもう許されない」。■日興コーディアルグループの監査人も，旧中央青山監査法人であった。

2007年2月20日，みすず監査法人の片山英木理事長は「監査業務から撤退する」という重大ニュースを発表した[27]。その直接の理由は，同時期に内部統制

監査や四半期レビューの開始を控え，人手不足が懸念されたからである。

5月24日，みすず監査法人が監査を請け負っている上場企業600社のうち，250社超が会計監査人を新日本監査法人に変更する見通しとなった〔■顧客が一気に逃げて行った〕。新日本は上場企業受託数で業界トップとなる。みすずの会計士や専門職員のうち44％が新日本に移籍する予定だ[28]。

7月31日，みすず監査法人が解散，日本の4大監査法人の一角があっけなく解体した。1968年以来，日本の資本市場を支えてきた監査法人が，歴史の舞台から消えたのである。

■2000年4月1日に誕生した中央青山監査法人は，中央，青山両監査法人の「特徴」（「強さ」）を生かすことなく消滅した。発覚した粉飾決算が中央の監査顧客であったことから，青山の不満が一気に爆発したのであろう。

奥山章雄氏と片山英木氏が記者会見で指摘したように，「内輪の論理」（「ムラ意識」），「パートナーの緊張感の欠如」，「会計士同士の無関心さ」，「大企業病」，「業務のマンネリ化」等が，長い間に中央にはびこっていたことも原因であろう。

そもそも，監査法人の合併は単なる「量」の拡大だけではなく，「質」の向上が伴わなければならない。旧法人のそれまでの監査慣行を継続するのではなく，新法人としての一体化したより高い品質を目指す監査でなければならない。つまり，"ガッチャンコ"する監査法人の中身を"ガラガラポン"しなければならない，ということだ。そのことは同時に，合併当事者である監査法人の"風土"の違いを克服することでもある。

中央青山監査法人は両法人をガッチャンコしただけで，ガラガラポンすることができなかった。合併前から懸念されていた両監査法人の風土の違いも克服することができなかった。

中央青山監査法人事件は，わが国公認会計士監査制度に大きな影響を及ぼした。最大の教訓は，公認会計士及び監査法人に対し「投資者保護」という監査目的の重大さを改めて認識させたことである。そして，公認会計士及び監査法人が粉飾決算の発見に失敗すれば，市場から容赦なく放逐されるということも，である。

◆注

1 日本経済新聞「4大会計事務所時代へ」，2000年4月1日
2 トヨタ自動車「決算要旨」2001（平成13）年3月期
3 朝日新聞「安値受注，道路公団の会計基準作成費2万6千円」，2004年2月29日
4 日本経済新聞「中央青山を厳重注意」，2004年3月24日
5 日本経済新聞「カネボウ粉飾2000億円，99-03年度 過去最大規模に」2005年4月13日，「カネボウ巨額粉飾公表」2005年4月14日
6 産業再生機構「カネボウ株式会社株券の上場廃止にあたって」，2005年5月12日
7 朝日新聞「会計士4人逮捕」，2005年9月13日
8 朝日新聞「カネボウ会計士逮捕—帳簿の番人 背信」「子会社の連結外し指南」，2005年9月14日。日本経済新聞「会計士4人逮捕—監査の重責 自覚乏しく」「中央青山の4人『連結外し助言』，検察，悪質と判断」「『監査に手心』発覚恐れ，粉飾容認 メモ残る」，2005年9月14日。読売新聞「カネボウ粉飾，会計士が不正指南，『連結外し』了承」，2005年9月14日。産経新聞「カネボウ粉飾，なれ合い監査5年，会計士4人逮捕」，2005年9月14日
9 日本経済新聞「逮捕の会計士 債務超過 99年には認識」，2005年9月15日
10 日本経済新聞「逮捕の4会計士，全員関与認める」，2005年9月24日
11 日本経済新聞「三菱UFJ 中央青山との契約打ち切り」，2005年10月6日
12 日本経済新聞「旭硝子 中央青山から監査人変更」，2006年2月15日
13 日本経済新聞「中央青山『カネボウ』のつめ跡」，2006年4月1日
14 金融庁「監査法人及び公認会計士の懲戒処分について」，平成18（2006）年5月10日
15 日本経済新聞「カネボウ粉飾，元会計士3人有罪—東京地裁判決」，2006年8月9日
16 朝日新聞「中央青山に業務停止命令」，「『内輪の論理で処理』」，2006年5月11日
17 日本経済新聞「監査不信『中央青山 処分の衝撃』」，2006年5月11日
18 日本経済新聞「監査法人変更，動き急」，2006年5月16日
19 日本経済新聞「監査契約打ち切り すでに70社超」，2006年5月30日。朝日新聞「中央青山離れ 加速」，2006年5月31日
20 日本経済新聞「片山新理事長に聞く，『大企業病』の排除急ぐ」，2006年5月31日
21 日本経済新聞「みすず，2,500人で再開」，2006年9月2日
22 朝日新聞「企業監査 選別の波—旧中央青山再スタート」，2006年9月2日
23 朝日新聞「ミサワホーム粉飾の疑い，5年間で数十億円，未完成住宅を計上」，「日興利益水増し容疑，監視委 課徴金5億円検討」，2006年12月17日
24 朝日新聞「ミサワ九州 粉飾169億円認める，04年から債務超過」，2006年12月19日
25 朝日新聞「日興水増しは『組織的』」，2006年12月19日。読売新聞「日興利益水増し188億円，課徴金5億円」，2006年12月19日
26 日本経済新聞「みすず『踏み絵』」，2006年12月21日
27 片山理事長記者会見プレス，2006年12月21日
28 日本経済新聞「みすずから新日本へ移籍」，2007年5月24日

第16章

東芝粉飾大事件
── 陽はまた昇る？ ──

「町のランプがお花になった，マツダランプだ 明るく咲いた，とんとん東芝遠太鼓，たのしいお祭りもう近い」

子どもの頃，隣の部屋のラジオから流れるこの歌で目が覚めた。うろ憶えだが，今でもメロディーを口ずさんでしまうことがある。

1904年に創立された東芝は，「飽くなき探求心と熱い情熱」「イノベーションへの挑戦」という創業の精神を技術力で実現してきた。だから，東芝にはいくつもの「日本初」や「世界初」がある。

1879年にトーマス・エジソンが世界で初めて白熱電球を発明したが，そのエジソンから指導を受けた東芝創業者のひとり藤岡市助が1890（明治23）年に日本で初めて白熱電球を開発。以来，日本初の扇風機（1894），二重コイル電球（1921），ラジオ受信機（1924），自動式電気洗濯機（1930），電気冷蔵庫（1930），電気掃除機（1931），蛍光ランプ（1940），自動式電気釜（1955），電子レンジ（1959），カラーテレビ（1960），日本語ワープロ（1978），そして，世界初の電球形蛍光ランプ（1980），家庭用インバータエアコン（1981），ラップトップコンピュータ（1985），DVDビデオプレーヤー（1996）等々。

東芝製品は私たちの夢を実現してくれた。

そして，それらの成果は，東芝が，多様な価値観と幅広い知識・経験をもったステークホルダーとの対話を通して，社会の潜在的なニーズを先取りしながら，新たな価値創造に結び付けてきたからだ。

経営再建を進める東芝は，「非上場化」に踏み切った。非上場化によりステークホルダーを遠ざけた東芝。陽はまた昇るか……。

東芝事件の詳細は，拙著『経営者はどこに行ってしまったのか―東芝今に続く混迷』（中央経済社，2022年）を参照してほしい。

　2015年1月下旬，証券取引等監視委員会に東芝の会計問題に関する通報があった。2月12日，証券取引等監視委員会は，東芝に対しインフラ関連の工事進行基準等の会計処理について報告命令を発し，同時に開示検査（有価証券報告書の虚偽記載等の開示規制違反に対する検査）を開始した。

　5月13日，東芝は，社内の特別調査委員会が国内外の工事進行基準に係る約250件を調べた結果，2014年3月までの3年間で営業利益500億円強の影響が見込まれると発表した〔■当時の私は，「3年間で営業利益500億円強の影響」では，東芝規模の会社にしてはそれほど大きな問題にはならないだろう，と思っていた〕。

　5月15日金曜日の深夜，田中久雄社長による東芝トップの初めての記者会見。田中社長は，特別調査委員会による調査の結果，営業損益の減額修正の必要が生じた案件は9件あり，その大半が国内案件だと説明。また，設置した第三者委員会のメンバーを発表した〔■それにしても，外部通報があってから4カ月も経過。対応が遅い〕。

　7月20日の午後9時，東芝，第三者委員会調査報告書の要約版を公表。翌21日，調査報告書の全文を公表。同日の17時から田中久雄社長と前田恵造取締役が約2時間にわたって会見。東京都港区の東芝本社39階のフロアーに400人もの記者や証券会社のアナリスト等が殺到した。

1　第三者委員会調査報告書

　第三者委員会調査報告書は，9章から構成され全299頁である。

　第三者委員会は，東芝から①工事進行基準案件に係る会計処理，②映像事業における経費計上等に係る会計処理，③パソコン事業における部品取引等に係る会計処理，④半導体事業における在庫の評価に係る会計処理，の4つの事項に関する調査・報告を「委嘱」された。

　■第三者委員会が独自に調査対象を決めなかった理由のひとつは，東芝側

からすると，4つに事項に係る「委嘱」とすることによって，第三者委員会の調査範囲の拡大を封じたのである。一方，第三者委員会は，その調査報告書の冒頭において，「東芝から委嘱された事項について調査し報告する東芝のためだけの委員会」であり，「第三者に対して責任を負わない」と明言している。東芝からの委嘱による東芝のためだけの調査・報告とすることによって，自らの責任を限定することができると考えたのではないかとする見方もある。

　調査期間は2015年5月15日から同年7月20日までの約2カ月間，調査対象期間は2008年度から2014年度第3四半期までである。■なぜ2008年度からか？後述する（217頁）。
　調査委員会は4名で構成され，弁護士2名，公認会計士2名，委員長は弁護士上田廣一氏（元東京高等検察庁検事長。法務省・検察庁の序列として検事総長に次いで2番目の「大物」）である。調査補助者は，弁護士18名，デロイトトーマツフィナンシャルアドバイザリー合同会社77名（監査法人トーマツの関連会社）である。
　■弁護士は総勢20名であり，彼らが会計・監査問題を除き調査や報告書の作成等をリードしたことが読み取れる。委員の公認会計士のひとりが監査法人トーマツに在籍していたので，調査補助者となったデロイトトーマツフィナンシャルアドバイザリー合同会社の77名は，主に不正取引の金額の算定や四半期決算への影響等を担当したものと思われる。

　そして，本調査による会計年度別の連結税引前当期純利益の修正額（▲はマイナスすべき過大表示額）は，次頁の図表16−1のとおりである。

　■累計修正額1,518億円の内訳は，「パソコン事業における部品取引」592億円，「工事進行基準案件」477億円，「半導体在庫の評価」360億円，「経費計上」88億円である。いずれも当期純利益の過大表示をもたらした。
　そして，本報告書発表後，さらに，44億円，568億円，118億円，1,320億円（後述するウェスチングハウス社の「のれん」の償却費），合計2,050億円の利益の過大表示が明らかとなり，連結税引前当期純利益の修正額合計は3,568億円

| 図表16－1 | 会計年度別の連結税引前当期純利益の修正額 | | | | | | | （単位：億円） |

委嘱事項	2008 年度	2009 年度	2010 年度	2011 年度	2012 年度	2013 年度	2014 1-3Q	合　計
工事進行基準	▲ 36	1	71	▲ 79	▲180	▲245	▲ 9	▲ 477
部品取引	▲193	▲291	112	▲161	▲310	▲ 3	255	▲ 592
経費計上	▲ 53	▲ 78	▲ 82	32	▲ 1	30	64	▲ 88
半導体在庫	―	▲ 32	▲ 16	▲104	▲368	165	▲ 5	▲ 360
合　計	▲282	▲400	84	▲312	▲858	▲ 54	304	▲1,518

（1,518億円＋2,050億円）となった。<u>これは，調査期間6年と9カ月間の累計税引前当期純利益5,830億円の約61％超に相当する。</u>結果として，一大粉飾事件となった。

2 粉飾決算——高度かつ巧妙な手口

(1) 工事進行基準に係る会計処理（計477億円の粉飾, ワースト No.2）

いわゆる「工事進行基準」に基づき当期に計上される収益は，以下の算式による。

$$当期の工事収益 ＝ 工事収益総額 × 工事進捗度$$

$$工事進捗度（\%） ＝ \frac{当期に発生した工事原価}{工事期間中の見積工事原価総額}$$

算式の「工事収益総額」は顧客と会社との間の契約金額であり，当然のことながら，この金額を会社が勝手に操作することはできない。「工事進捗度」は，主に，分子である「当期に発生した工事原価」が大きくなるか，または分母の「工事期間中の見積工事原価総額」が小さくなると高まる。結果として，「当期の工事収益」（売上高）は拡大する。当期に発生した工事原価は多くの場合に裏付けとなる第三者との取引に係る証憑等が存在するのに対して，分母の工事期間中の見積工事原価総額の算定は，将来事象に関係するので会社の担当者の主観的判断や上司等による「圧力」の介入する余地が大きく操作されやすい。

そして，工事進行基準を採用する会社は，資材の高騰やストライキ等によるコスト増に対処するため，適宜，見積工事原価総額を見直さなければならない。

第三者委員会は，「２億円以上の工事損失（累計）が発生している案件または見積工事原価総額の過少見積りによる損益影響額が５億円以上と見込まれる案件」を抽出し15件について検討，次のように報告する。

① 受注時または受注後から損失可能性の高いリスクを認識しつつも，合理的な理由なく工事損失引当金を計上せず，または時期を遅らせて計上。

② 契約後の追加費用を含めない見積工事原価総額や裏付けのないコスト削減策を前提として控除した見積工事原価総額に基づいて工事進捗度を意図的に高め，利益の過大計上をもたらしたケースがほとんど。

■周知のように，工事期間中の見積工事原価総額の過少見積りは，利益を過大表示するための「慣行的」粉飾手口である。

(2) 映像事業における経費計上等に係る会計処理

東芝の映像事業（テレビの製造・販売）の業績推移は，**図表16－２**のとおりである。

図表16－２ **映像事業の業績推移**

（単位：億円）

年 度	2008	2009	2010	2011	2012	2013	2014
売上高	5,330	5,301	6,155	4,627	3,006	2,692	2,165
営業利益	13	32	32	▲535	▲481	▲261	▲354

このように，売上高は大幅にダウン，営業損失も拡大していた。この間，国内人員の削減，分社化，製造拠点工場の閉鎖や売却，海外販売拠点統廃合等を余儀なくされるほど，映像事業は苦境に陥っていた。■明らかに「不正リスク要因」が存在していた。監査人はそれを認識していたか？

映像事業部門においては，損益目標値を達成するための対策として，"C/O"（キャリーオーバー）と称するさまざまな損益調整によって，見かけ上の利益をかさ上げすることを行っていた。C/O の主な内容は，以下のとおりである。

① 欧州や中国，米国の販売会社による販売促進費やリベート等の未計上

② 支払先に請求書の発行を翌期とさせること等による経費の繰延べ

③ 東芝から海外現地法人へ販売する製品に関して，四半期末に意図的に製品価格をアップさせて販売することによる売上高の過大計上

④ 仕入先に対して翌期以降の調達価格を増額することを前提に，当期の購入価格の値下げを要求するという"CR"（コストリダクション）の交渉を行っていたため，当期に合意が成立したとしても，翌期以降のコストアップが相当程度見込まれる以上，実質的なCRとなっていないにもかかわらず当期に仕入値引の会計処理を実行

映像事業部門は，海外現地法人等と相談の上，C/Oの各手法の特徴や地域性を勘案しつつ，特に①〜③のアイテムをどの程度の金額で実施していくのかを選別し，月例会議においてカンパニー社長の了解のもとに実行していた。

■**図表16−1**で見たように，経費計上等に係る毎年の粉飾額は少額であるがカンパニーぐるみの不正である。それにしても，①と②は「稚拙」な手法である。特に②は，取引先に「弱点」を握られてしまうというリスクが発生し拡散する。東芝ほどの会社が，なぜこのような馬鹿げたことを実行したのか？それほど映像事業は存続の危機に追い込まれていたのである。

(3) パソコン事業における部品取引等に係る会計処理（計592億円の粉飾，ワースト1）

① パソコン事業の業績の推移

パソコン事業（PC事業）の業績の推移は，**図表16−3**のとおりである。

図表16−3 パソコン事業の業績の推移

（単位：億円）

年　度	2004	2005	2006	2007	2008	2009	2010	2011	2012	2013
売上高	7,679	8,527	9,718	10,404	9,553	8,881	9,160	8,229	7,051	7,339
営業利益	82	34	69	412	145	▲99	73	114	82	▲199

PC事業は2001年度から業績不振に陥り，「営業損益」は，同年度▲329億円，2002年度▲71億円，2003年度▲328億円の赤字であった。

そこで，東芝は，2004年1月，PC事業を再編，新たに社内カンパニー「PC

＆ネットワーク社」（PC社）を設立，西田厚聰氏（取締役執行役専務，当時）が
社長に就任。西田社長は資材調達分野のリーダーとして田中久雄氏（PC社
生産統括センター資材調達部長，当時）を任命した。そして，西田・田中の
コンビは，2004年9月から台湾のODM（Original Design Manufacturing）先に
"バイセル取引"（Buy-Sell取引）を開始したのである。

　図表16－3で見たように，再編後，好景気を背景に，売上高は順調に伸び，
2007年度には売上高1兆404億円，営業利益412億円という過去最高を記録した。
ところが，その後売上高はほぼ右肩下がり，2013年度の7,339億円は9年前の
2004年度の売上高7,679億円も下回ったのである。

②　部品取引と完成品取引に係る会計処理

　PC事業においては，台湾のODM先にPCの設計・開発・製造を委託して
いる。ODM先に供給するPCの主要部品（液晶パネル，ハードディスク装置，
メモリ等）については，東芝がまとめて各部品ベンダーと価格交渉を行った上
で購入価格を決定，通常は100％子会社の「東芝国際調達台湾社」（TTIP）が
部品を購入し，ODM先に対して有償支給している（「部品取引」という）。

　その部品取引において，東芝の競合他社とODM取引を行っている各ODM
先に東芝の主要部品の調達価格が明らかになり競合他社に漏洩することを防止
するために，TTIPはODM先に部品を有償支給する際，部品ベンダーからの
購入価格よりも高い価格（これを「マスキング価格」という）で供給している。
この時点におけるTTIPの会計処理は，マスキング価格と購入価格の差額
（「マスキング値差」という）についてはODM先に対する債権（未収入金），
そして東芝に対する債務（未払金）とする。

　このTTIPの会計処理に対して，東芝は，将来TTIPからパソコンの納品
があった時点で購入価格からマスキング値差分が控除されるように，マスキン
グ値差と同額を「製造原価の減少」として処理する。この会計処理により，
東芝ではマスキング値差分の利益が計上される。

　■本来，この時点では当該部品取引に係る「製造原価」は発生していないの
だが，「製造原価の減少」を計上することによって，マスキング値差分の利益
を生み出しているのである。これは，きわめて高度かつ巧妙な粉飾手法である。

完成品取引について。

ODM 先は，TTIP よりマスキング価格で購入した部品を使用して PC を製造，完成した PC に一定の利益を加算した価格で TTIP に販売する。TTIP は，購入した PC に一定の販売手数料（収益）を加えた価格で東芝に販売する。東芝は TTIP より PC 完成品を購入した段階で，これまでに発生したすべての費用を製造原価として処理する。この処理により，部品取引時の製造原価の減少分は相殺され（製造原価の借方と貸方の相殺），両者の差額である残高（借方に残る）が PC 1 台の製造原価となる。

具体的に示そう。**図表16－4**，**図表16－5**，**図表16－6**も参照されたい。

部品取引について。TTIP が20,000円で購入した部品（図表16－4①）を100,000円（マスキング価格）で ODM に供給したとしよう。そこで，TTIP は，ODM 先に対する債権を未収入金100,000円，東芝に対する債務（マスキング値差）を未払金80,000円と処理する（同②）。TTIP は利益を認識しない。

この取引の連絡を受けた東芝は，TTIP に対する債権（未収入金）80,000円と同額を製造原価の減少として処理する（同③）。結果として，東芝には80,000円の利益が計上される。

連結上は，TTIP と東芝との取引，つまり，②の未払金80,000円と③の未収入金80,000円は相殺される（同④）。そして，ODM 先に対する未収入金100,000円とベンダーへの買掛金20,000円，製造原価の減少80,000円が残る。■**この時点で四半期決算や期末決算になったならば，東芝には，単体，連結とも80,000円の利益が発生する。**

完成品取引について。ODM 先は TTIP より購入した部品（100,000円）を使用して PC を製造，完成した PC に一定の利益（例えば30,000円）を加算して TTIP に販売する（販売価格130,000円）。

TTIP は，完成した PC を購入した段階で，ODM 先に対する債務130,000円を未払金として計上する（図表16－5⑤）。すると，TTIP には部品取引時の ODM に対する未収入金100,000円（図表16－4②）との差額である未払金30,000円が残る。そして，TTIP は，購入した PC に一定の販売手数料（例えば10,000円）を加算して，価格140,000円（100,000円＋30,000円＋10,000円）で東芝に販売

第16章　東芝粉飾大事件 —— 陽はまた昇る？　213

図表16－4　各社の部品取引

（単位：円）

会社名	摘　要	借方	金額	貸方	金額
TTIP	①ベンダーからの購入	在庫	20,000	買掛金	20,000
	②ODMへの供給と東芝に対する債務の認識	未収入金（ODM）	100,000	在庫 未払金（東芝）	20,000 80,000
東芝	③TTIPへの債権認識と製造原価の減少	未収入金（TTIP）	80,000	製造原価	80,000
東芝（連結）	④連結会社間取引の消去	未払金（東芝）	80,000	未収入金（TTIP）	80,000

図表16－5　各社の完成品取引

（単位：円）

会社名	摘　要	借方	金額	貸方	金額
TTIP	⑤ODMからの購入	在庫	130,000	未払金（ODM）	130,000
	⑥東芝への供給	未収入金（東芝）	140,000	在庫 受取手数料	130,000 10,000
東芝	⑦TTIPからの購入	在庫	140,000	未払金（TTIP）	140,000
	⑧製造原価の発生	製造原価	140,000	在庫	140,000
東芝（連結）	⑨連結会社間取引の消去	未払金（TTIP）	140,000	未収入金（東芝）	140,000

図表16－6　東芝の連結財務諸表

（単位：円）

会社名	摘　要	借方	金額	貸方	金額
東芝（連結）	⑩連結財務諸表の表示	製造原価	60,000	買掛金 未払金 受取手数料	20,000 30,000 10,000

する。TTIPは，東芝に対する債権140,000円を未収入金として，また，在庫の減少130,000円と受取手数料10,000円を計上する（同⑥）。

東芝は，TTIP より PC を購入した段階で仕入処理を行い，在庫の増加140,000円と TTIP に対する未払金140,000円を計上（同⑦），同時に，製造原価140,000円の発生と在庫の減少140,000円を計上する（同⑧）。この処理により，部品取引時に計上していた③の製造原価80,000円は自動的に相殺され，残額60,000円が製造原価（借方140,000円－貸方80,000円）となる。

完成品取引においても，TTIP と東芝との取引，つまり，⑦の未払金140,000円と⑥の未収入金140,000円は相殺される（同⑨）。

以上の会計処理を集約すると，図表16－6が示すように，借方は製造原価60,000円，貸方は買掛金20,000円，未払金30,000円，受取手数料10,000円となり，PC の製造原価60,000円と受取手数料10,000円が連結損益計算書に，買掛金20,000円と未払金30,000円が連結貸借対照表に計上される。

ところで，バイセル取引の本質とは？

部品取引は将来の完成品取引を前提としたものであって（部品取引と完成品取引は実質的に一連の取引），TTIP が ODM 先に供給した部品は加工の上完成品という形で東芝が買い戻していると考えられることから，部品取引は実質的には「買戻条件付取引」といえる。よって，部品供給時点では，収益認識要件の1つである「財貨の移転の完了」（新収益認識基準では「契約上の履行義務の充足」）を実質的に満たしておらず，部品取引時に利益の計上を行うことは当該一連の取引実態を適切に表していない。

したがって，各決算期においては，部品取引後，完成品取引が完了していない部品及び完成品，すなわち ODM の在庫については，部品取引時に認識した利益相当額（当該マスキング値差に係る製造原価のマイナス。例示では80,000円）を取り消す必要がある。

③　マスキング倍率の「操作」

マスキング倍率の推移を見よう（**図表16－7**）。

調査報告書は「マスキング倍率とは，東芝の標準モデルにおけるマスキング対象部品について，マスキング値差をベンダーからの調達価格で除した倍率」という。すると，調達価格20,000円の部品を100,000円で有償支給すると，マスキング倍率は4倍〔（100,000円－20,000円）÷20,000円〕となる。佐々木則夫社長

第16章　東芝粉飾大事件 —— 陽はまた昇る？　**215**

図表16−7　マスキング倍率の推移

年　　度	西田社長	佐々木社長				田中社長
	2008	2009	2010	2011	2012	2013
マスキング倍率	2.0倍	2.2倍	3.6倍	4.2倍	5.2倍	5.2倍

時代の５倍強とは，調達価格20,000円の部品を120,000円強で有償支給したことになる。

　各四半期末に実施されたODM先への部品の供給による利益のかさ上げ額（マスキング値差。211頁）を，東芝関係者は「借金」と呼んでいた。通常は，翌月か翌々月に完成品として東芝が購入することにより製造原価が発生，部品取引時に認識した利益（製造原価の減少）は相殺される（図表16−5⑧と図表16−4③）。したがって，その間に新たなODM部品の押し込みを行わなければ，マスキング値差たる借金はゼロとなる。

　しかし，翌四半期にも損益の悪化が継続する場合には，さらに同期末月に必要数量を超えたODM部品の押し込みを実施することによって，当該四半期の損益の悪化を回避しようとする。東芝社長が月例会議等で求める“チャレンジ値”を達成するためには，マスキング値差を生み出すBuy-Sell取引を止めることができず，借金も減らない。むしろ，チャレンジ値が大きくなるほど，ODMへの部品の押し込み数量も増大し，かつ，マスキング倍率を高めることによって借金も増えるのである。

　■このように，部品供給時点で利益を計上する「仕組み」によって，東芝は，TTIPからODM先に供給されるマスキング倍率を５倍強にも拡大し，しかも，ODM先への部品供給量を必要以上に供給し在庫として保有させることによって，2008年度から６年と９カ月間において，合計1,325億円（図表16−1の利益の過少表示額（無印）も含む合計額）もの利益操作を行っていたのである。

〔付記〕
　「『社長お預け』から始まった」という日本経済新聞にしてはかなり奇抜な見出しで始まる記事を紹介しよう[1]。

「『成果を出してから社長になれ』。2003年末，東芝会長だった西室泰三氏が，専務の西田厚聡氏にかけた言葉を元東芝首脳は鮮明に覚えている。『社長になれなければ辞める』と常々言ってきたという西田氏。必ず結果を出すと西室氏に誓わざるを得なかった。

当時西田氏は社長の岡村 正氏の後継候補の筆頭だった。西室氏は指名委員会の委員長を兼ねる最高実力者，岡村氏の任期を考えると2004年春の社長交代が順当だった〔慣行的に東芝社長の任期は４年〕。だが業績不振のパソコン（PC）部門等デジタル製品全般の責任者であった西田氏の昇格には『赤字部門から社長は出せない』と異論も出ていた。

2015年に発覚した東芝の会計不祥事。不正はいつから始まったのか。第三者委員会報告書には今も関係者の間で物議を醸す文言がある。『バイセル取引は04年から始まった』〔東芝第三者委員会報告書によると，Buy-Sell取引は2004年9月から行われている。調査報告書219頁〕。悪用すれば不正会計の手口となる，PC等の生産委託先との取引手法だ。

03年当時，東芝のPC部門は危機に直面していた〔本書210頁〕。米コンパックを吸収した米ヒューレット・パッカード（Hewlett-Packard Company）が攻勢を強め，世界的な安値競争へ発展。東芝の同部門も，03年度は約480億円の営業赤字に沈んだ。

西田氏は『社長お預け』となった上に厳しい立場にあった。専務のままパソコンだけを担当する『降格人事』となったのだ。西田氏は，新たに設立された『PC＆ネットワーク社』の社長として，また，『パソコン事業改革プロジェクト』の総括リーダーとして2004年度にパソコン事業を黒字化することを任されたのである。西田氏にすればこの目標を達成することが社長昇格の条件であった。西田氏が逆襲の材料にしたのが海外の安い材料生産委託先のフル活用だった。

『１割に満たなかった外注比率はわずか数年で８割超に達した』（元東芝幹部）。単純な外注ではなく，西田は液晶や半導体等の部品を生産委託先にいったん売却し，後に完成品として買い取る『バイセル取引』を活用した。大量生産とスピードに適した仕組みだ。

驚異的な回復だった。西田氏は目標を３カ月前倒しで達成し，PC事業は04年４〜12月期に黒字転換する〔2001年度，02年度，03年度は赤字，2004年度は

82億円の黒字である。210頁〕。

　『強力な指導力と実行力を備えた西田君を推薦します』。社長の岡村氏が指名委員会に報告すると，05年6月に西田氏は念願の社長の座を手に入れた。

　第三者委員会報告書は，西田氏が主導した『04年の奇蹟』に不正取引があったとは認定していない。第三者委員会が『不正は08年度』からとしたのも，金融商品取引法上の時効があるためとの見方がある〔下線著者。■かなり説得力のある指摘である。207頁の疑問解決のヒント〕。ただ，多くの関係者の間で一致する見方がある。『04年に西田さんの社長お預けがなければ，その後の不正もなかったであろう』。同時代を過ごした元役員は振り返る」

(4)　半導体事業における在庫の評価に係る会計処理

　東芝グループの半導体事業会社である「セミコンダクター＆ストレージ社」（S&S社）は，標準原価計算を採用している。半導体の製造工程は，前工程と後工程に分かれているが，標準原価は工程別に決められており，原価差額（標準原価と実際に発生した原価との差額）も工程別に把握される。

　東芝の経理規程では，「標準原価の改訂は，原則として年1回予算編成に先立って実施するもの」と定めているが，S&S社は，計画時よりも販売数量の減少が予想され，それに伴い四日市工場（メモリ事業部）の操業度が期首に見積られた予算上の水準よりも大幅に低下することが見込まれたため，2011年度第3四半期の期中に臨時的に前工程の標準原価を増額した。本来であれば，前工程と後工程との間での標準原価の連続性を保つべく，前工程の標準原価改訂に合わせて後工程の標準原価改訂も行うべきであったが，後工程の標準原価改訂は行わなかった。その結果，東芝の採用する「合算配賦法」により，後工程における期末在庫及び売上原価に対して本来より少ない原価差額が配賦され，改訂した四半期における当期利益がかさ上げされた。

　■監査法人は，新年度の監査に当たり，それが新規の契約か更新かにかかわらず，必ず会社の採用する会計方針とその変更を問う。そして，会社は，通常は，臨時的な標準原価の改訂を行うのであれば，事前に監査法人に対して説明や相談をする。新日本監査法人と東芝との間でそのようなコミュニケーションが行われたのかどうかは不明だが，結果的には，東芝は前工程の標準原価のみ

を増額改訂し，後工程の標準原価の改訂を行わなかった。2012年度は368億円という大きな利益の過大計上である（図表16-1）。明らかに意図的な行為であり，「合算配賦法」を悪用した巧妙な利益操作である。

3 新日本監査法人の監査の「失敗」と金融庁による処分

第三者委員会は，調査報告書の「原因論まとめ」の間接的な原因（不正会計の背景と考えられるもの）の1つとして，「会計監査人による監査」を挙げ，次のように「総括」した。

「本調査の対象となった会計処理の問題の多くについては，会計監査人の監査（四半期レビューを含む）の過程において指摘がされず，結果として外部監査による統制が十分に機能しなかった」（調査報告書286頁）

つまり，東芝粉飾決算に関して，新日本監査法人の監査は機能しなかったと結論した。同事務所の監査は失敗したのである。

そこで，金融庁は，2015年12月22日，公認会計士・監査審査会（会長：千代田邦夫）の勧告に基づき，新日本監査法人に対して，契約の新規締結に関する業務の3カ月停止，抜本的な業務改善計画の提出，約21億円の課徴金納付命令を発した。併せて，同法人7名の公認会計士に対しては，最大6カ月の業務停止の懲戒処分を発表した。なお，監査法人に対する課徴金納付命令は，2008年4月に公認会計士法で定められて以来初めてである。

この金融庁による処分から1年後の2016年度のわが国会計事務所ビッグ4の業容は，**図表16-8**のとおりである。

図表16-8 ビッグ4の業容

	売上高	営業利益	顧客会社数（金商法・会社法）	
新日本	1,064億円	37億円	988社	（▲42社）
トーマツ	964	13	949	（▲10）
あずさ	898	15	757	（20）
あらた	370	34	122	（11）

（出所：日本経済新聞，2016年12月6日）

新日本監査法人は，金融商品取引法及び会社法に基づく監査顧客を前年度比42社も失った。新日本監査法人から他の監査法人への主な異動は，次のとおりである。第一生命：→あずさ，富士フイルム：→あずさ，王子ホールディングス：→ PwC あらた，カルビー：→あずさ。

■監査顧客は敏感である。一気に離れていく。

4 ウェスチングハウス社破綻

2006年10月，東芝は，The Shaw Group Inc.（米国の大手エンジニアリング会社）及び石川島播磨重工業（IHI）とともに，米原子力関連事業会社である名門ウェスチングハウス（以下 WH）グループの全株式を約54億ドル（約6,200億円）で買収した。東芝の持分は77%，The Shaw Group Inc. が20%，IHI が 3 %であった（その後，東芝は他の 2 社から株式を買い取り，WH を完全子会社化した）。

滑り出しは順調だった。買収直後の2007年に WH は中国で 4 基，翌2008年には米国でも 4 基の原子炉建設プロジェクトを受注した。この時，米国での4 基を WH と共同で受注したのが WH のパートナーである The Shaw Group Inc. の子会社ストーン＆ウェブスター（S&W）である（なお，The Shaw Group Inc. は，2013年，エネルギー建設最大手のシカゴ・ブリッジ・アンド・アイアン（CB & Iron Co.）に買収された）。

ところが，その米国 4 基について，すぐには着工できなかった。それは，米原子力規制委員会（NRC：Nuclear Regulatory Commission）が，WH の進める原子炉の安全性等を厳しく審査し，数度の設計変更や追加安全対策等も求めたからである。

2011年 3 月の福島第一原発の事故を受けて NRC の規制はいっそう強化され，許認可審査のやり直し等を経て，建設運転一括許可を得たのは2012年 1 月，建屋建築工事が始まったのは2013年である。受注からすでに 5 年を経過していた。当然，予算を上回るコストが発生した。その追加費用をどこが負担するかで折り合いがつかず，原発発注先，WH，S&W，CB&I との間で2011年から訴訟合戦が始まった。

そこで，東芝は，2015年12月，CB & Iron Co. から S&W を "0 ドル" で

買収しWHの子会社化することによってCB & Iron Co. 及び原発発注先との対立関係を解消し，原発建設完工に注力することを決定した。

ところが，わずか1年後の2016年12月，米国の4基の原子炉建設に絡みWHにおいて7,000億円規模の損失の発生が明らかになった。追い込まれたWHは，2017年3月29日，ニューヨーク州連邦破産裁判所に連邦破産法11条による再生手続を申し立てざるを得なかった。と同時に，東芝は，原子力事業について，海外における建設案件プロジェクトから撤退する方針を明らかにした。

結局，東芝は2017年3月期の連結決算において，WHの再生手続の申し立てに係る処理を含み，のれんの減損▲7,316億円，固定資産の減損▲1,142億円，貸倒損失▲2,421億円，親会社保証金の支払い▲6,877億円〔■原子炉建設の発注先である電力会社等への債務保証の支払い〕等，合計▲1兆3,942億円を計上，連結当期純損益は▲9,656億円という製造業で過去最悪の巨額赤字となった。その結果，債務超過（2,757億円）に陥ったのである。

5 東芝の業績

東芝の業績を見てみよう（**図表16－9**）。

■直近の2024年3月期の連結売上高3兆2,858億円は，30年前の1995年3月期の4兆7,907億円からなんと約1兆5,000億円も下回る。業績面では30年前に戻ってしまった。従業員数もピーク時から10万4,453人（209,784－105,331），約半分に減少した。なお，2019年3月期の連結当期純利益1兆132億円の計上は，半導体子会社東芝メモリの株式売却益である。

苦悩する東芝の主たる原因は，ウェスチングハウスを含む海外原子力事業の失敗といえるであろう。その意味では，第三者委員会が調査の対象とした4件の委嘱事項に係る粉飾決算（「利益のかさ上げ」）が，東芝74年の上場の歴史に幕を閉じた直接の原因とはいえないかもしれない。

しかしながら，図表16－9で見るように粉飾決算発覚後の2016年3月期の連結売上高4兆3,464億円は前期を2兆3,000億円強も下回り，その後は雪ダルマ式に転がり落ちた。この事実は，取引先や消費者を含む広範なステークホル

第16章 東芝粉飾大事件 —— 陽はまた昇る？

図表16－9 東芝グループと日立グループの業容

(単位：億円，人)

決算期	連結売上高		連結純利益		従業員数	
	東芝	日立	東芝	日立	東芝	日立
1994.3	46,309	74,002	121	652	—	—
1995.3	47,907	75,922	446	1,139	—	—
2000.3	57,493	80,012	▲329	169	—	—
2001.3	59,513	84,169	961	3,236	—	—
2002.3	53,940	79,937	▲2,540	▲4,838	176,398	306,989
2003.3	56,557	81,917	185	278	165,776	320,528
2004.3	55,795	86,324	288	158	161,286	306,876
2005.3	58,361	90,270	460	514	165,038	323,072
2006.3	63,435	94,648	781	373	171,989	327,324
2007.3	71,163	102,479	1,374	▲327	190,708	349,996
2008.3	76,653	112,267	1,274	▲581	197,718	347,810
2009.3	66,545	100,003	▲3,435	▲7,873	199,456	361,797
2010.3	61,298	89,685	▲197	▲1,069	203,889	359,746
2011.3	62,639	93,158	1,583	2,388	202,638	361,746
2012.3	59,964	96,658	31	3,471	209,784	323,540
2013.3	57,222	90,410	134	1,753	206.087	325,240
2014.3	64,897	96,664	602	4,138	200,260	323,919
2015.3	66,558	97,749	▲378	2,174	198,741	336,670
2016.3	43,464	100,343	▲4,600	▲1,275	187,809	335,244
2017.3	40,437	91,622	▲9,656	2,312	153,492	303,887
2018.3	39,475	93,686	8,040	3,629	141,256	307,275
2019.3	36,935	94,806	10,132	2,225	128,697	295,941
2020.3	33,898	87,672	▲1,146	875	125,648	301,056
2021.3	30,543	87,291	1,139	5,016	117,300	350,864
2022.3	33,369	102,646	1,946	5,834	116,224	368,247
2023.3	33,616	108,811	1,265	6,491	106,648	322,525
2024.3	32,858	97,287	▲748	5,898	105,331	268,655

(注) 東芝及び日立とも「米国会計基準」。ただし，日立は2014年3月期から「国際財務報告基準」（IFRS）。両社の有価証券報告書より作成。なお，東芝の2024年3月期については，同社の「2023年度連結決算」（2024年月16日）から作成。

ダーが粉飾決算を厳しく批判し，東芝のガバナンスに"No"を突き付けたということであろう。なお，日立製作所の業績も添付した。目を通してほしい。

〔補記〕東芝対 PwC あらた監査法人 ──「泥沼」の闘争

219頁で指摘したように，東芝は，2015年12月にシカゴ・ブリッジ・アンド・アイアン（CB&I）から原発建設を手がけるストーン・アンド・ウェブスター（S&W）を買収し，ウェスチングハウス（WH）の子会社とした。

ところが，わずか1年後の2016年12月，S&W社に絡み7,000億円規模の損失発生が明らかになった。工事費用等が想定より膨らむ見通しになり，東芝は損失を2017年3月期に一括計上しようとした。

2016年4月1日から，新日本監査法人に代わって，あらた監査法人が東芝の監査を担当することになったが，同監査法人と提携関係にあるPwC（201頁）は，WHの監査において，WHで巨額損失が突然現れたのは不自然だと指摘。「2016年12月より以前に損失を認識できていた可能性がある」と主張，東芝に対し2015年12月の買収時点まで遡って調査するよう要請した[2]。

一方，東芝は，「過去に遡って何度も調査したが，損失認識のタイミングは2016年12月で変わらない」と反論。2016年度第3四半期報告書（2016年4〜12月期）において，「のれん減損損失716,563百万円」を計上した。しかし，PwCとあらたはともに「2016年12月より以前に損失を認識していないという調査結果を示してほしい」と繰り返し求め，あらた監査法人は，東芝の2016年度第3四半期報告書については，当該金額が確定できないと同四半期レビュー報告書において，「結論の不表明」を発表した[3]。

双方とも譲らず，両者の対立は泥沼化したが，2017年8月10日，あらた監査法人は，内部統制に関する意見については「不適正意見」，財務諸表に関する意見については，「東芝は，2017年3月期に計上した652,267百万円のうちの相当程度ないしすべての金額を，前連結会計年度〔2016年3月期〕に計上すべきであった」と，「限定付適正意見」の監査報告書を東芝に提出した。限定付適正意見の根拠について，あらた監査法人は，「東芝の連結子会社であったWestinghouse Electric Co. は，2015年12月31日に取得した CB&I Stone & Webster Co. の会計処理（減損）を実施しなかった」こととした[4]。

■WHの手掛ける原発建設工事が大幅に遅れるなかで，その追加費用をどこが負担するかで折り合いがつかず，原発発注先，WH，S&W，CB&Iとの間で2011年から訴訟合戦が始まったことを考慮すると（219頁），「S&W買収後の

2016年12月に数千億円規模の損失発生が，突然に明らかになったのはおかし
い」とのPwCの主張に分があると考える。

　一方で，産経新聞によれば，上のS&Wに係る人件費，設備購入費，下請け
業者費等の膨大な損失の可能性についてWHが把握したのは2016年10月初め
だったという。そして，東芝の綱川　智社長がその事実を知ったのは，同年
12月21日の取締役会直前だそうだ。その取締役会で，「WHにおいて数千億円
の損失が出る可能性があります」と，代表執行役会長の志賀重範氏（東芝原子
力事業一筋の実力者，WHの社長・会長も歴任）が発言した[5]。これもまた，
「事実」とすれば，WHが発生した損失発生の事実を東芝側に迅速に伝えて
いないという東芝のガバナンスの問題があるとしても，東芝が2016年度第3
四半期報告書において，「のれん減損損失716,563百万円」を計上したことは，
情報開示としては適切である。

　東芝が弁護士を動員して訴訟も辞さないと強固の姿勢を崩さないなかで，
あらた監査法人としても数千億円の損失発生を確定する時期について「確証」
を握っておらず，攻め切れなかった。あらた監査法人内でも本件に係わり，
監査法人のあり方等を巡って活発な議論があったと聞く。

　東芝が上場廃止となる「不適正意見（否定的意見）」あるいは「意見不表明」
という監査報告書を提出できないという追い込まれた状況において，振り上げ
た拳の行き場に困ったあらた監査法人は，内部統制に関する意見は「不適正意
見」，財務諸表に関する意見は「限定付適正意見」と苦渋の決断をした。
メディアと投資大衆が同監査法人の姿勢に"エール"を送るなかでのこの
最終決断は，あらた監査法人にとっては決して「勝利」とはいえない。

◆注 ────

1　日本経済新聞「検証　東芝危機」，2018年2月27日
2　日本経済新聞「米原発建設会社『東芝見えぬ出口』」，2017年6月3日
3　東芝第178期第3四半期報告書，2017年4月11日
4　東芝第178期有価証券報告書，2017年8月10日
5　産経新聞「東芝原子力解体—歪みの代償　WH暴走，口挟めぬ東芝」，2017年4月12日

第 17 章

「安全港」を解放せよ！
── 重要性の基準値 ──

　「未修正の虚偽表示」とは，監査人が監査の過程で集計対象とした虚偽表示のうち，修正されなかった虚偽表示のことである[1]。つまり，適用される会計基準に準拠した場合に要求される財務諸表項目の金額と内外に報告される財務諸表項目の金額等との差異を意味する。

　財務諸表監査の目的は，すべての虚偽表示を発見することではなく，財務諸表には全体として重要な虚偽の表示がないかどうかを監査することであるため，未修正の虚偽表示に重要性がなければ，必ずしも財務諸表を修正する必要はない。したがって，未修正の虚偽表示は公表されない。

　本章では，第11章で検討した重要性の基準値と未修正の虚偽表示との関係について，東芝事件を素材に検討しよう。

1　第三者委員会調査報告書のウェスチングハウス案件

　東芝の第三者委員会が工事進行基準に係る粉飾決算として取り上げたウェスチングハウス社（WH）案件とは，WH が2007年から2009年にかけて，発電所の建設等を納期2013年から2019年の 7 年間にわたって，契約金合計76億米ドル（2009年 3 月度時点の契約金額約7,500億円。当時の 1 ドル98円で換算）で受注した巨大プロジェクトである[2]。

　本件は，工事進行基準に係る工事収益（売上高）の算式（208頁）において，分母である「工事期間中の見積工事原価総額」を過少に見積ったことにより

工事進捗度が高まり，したがって，工事収益が過大に表示されたという会計実務では「定番」の粉飾決算である。

　プロジェクトの設計変更や工事遅延等により工事原価が高騰し，それまでの見積工事原価総額に，さらに2013年度第2四半期に385百万米ドル（損益への影響約270億円のマイナス），第3四半期に401百万米ドル（損益への影響約325億円のマイナス）を「加算」しなければならないとの報告がWHから東芝に伝えられた。東芝は，専門家チームを米国に派遣，その結果，2013年度第2四半期に69百万米ドル（損益への影響約49億円のマイナス）を，第3四半期に293百万米ドル（損益への影響約221億円のマイナス）を見積工事原価総額に加算することを決定した。

　WHの見積工事原価総額の増加計上はWHの会計監査を担当する新日本監査法人と提携関係にあるErnst & Young（以下「米国EY」）の強力な主張に基づくものであったが，東芝の上のような決定の結果，2013年度第2四半期においては316百万米ドル（385百万米ドル−69百万米ドル。損益への影響約221億円のマイナス），第3四半期においては108百万米ドル（401百万米ドル−293百万米ドル。損益への影響約104億円のマイナス）の差異が生じることになった。

　そこで，東芝の会計監査人である新日本監査法人は，第2四半期の東芝による見積工事原価総額の増加見積値69百万米ドルにさらに167百万米ドル（損益への影響約112億円のマイナス，同期計161億円のマイナス）を加算すべきだと判断した。

　ただし，開示する第2四半期の連結財務諸表は東芝の主張する69百万米ドルとし，167百万米ドルについては新日本東芝監査チームの監査調書に「財務諸表には損益インパクトへの影響約112億円の虚偽表示がある」と記録することになった。これが「未修正の虚偽表示」である。

　そして，2013年度第3四半期においても，新日本監査法人は，米国EYが主張する401百万米ドルに対して東芝が提案した293百万米ドルを容認した。その結果，第3四半期の連結財務諸表も東芝案が発表され，108百万米ドル（損益への影響約104億円のマイナス）が未修正の虚偽表示として新日本東芝監査チームの監査調書に止められ，明らかにされなかった。

　一方，第三者委員会は，2013年度第2四半期については，東芝による見積

工事原価総額の増加額（69百万米ドル）は十分な根拠がなく，WH による報告値である385百万米ドルを織り込むべきであったと判断，また，第3四半期の会計処理についても，「第2四半期以降，外部専門家も活用しつつ東芝と WH の合同での精査を経たものであったことからすれば，相当程度合理性のある見積りというべきであり」，東芝採用値（293百万米ドル）には具体的な根拠がないため，WH から報告された401百万米ドルを採用すべきであったと結論した（調査報告書93頁）。

2 なぜ，167百万米ドル？

2013年度第2四半期において，なぜ，新日本監査法人は「167百万米ドル」という金額を見積工事原価総額に加算すべきだと判断したのだろうか。おそらく，新日本監査法人も米国 EY 案の385百万米ドルを受け入れたかったに違いない。しかし，東芝は69百万米ドルについては受け入れつつも，残りの316百万米ドルについては頑（かたく）なに拒否した。

新日本東芝監査チームの責任者は，316百万米ドル（損益への影響約221億円）が第2四半期の「重要性の基準値」の範囲内であれば，未修正の虚偽表示として処理することができる，しかし，316百万米ドルに係る損益への影響約221億円という金額はあまりにも大きく重要性の基準値の範囲に収まらない，そこで，重要性の基準値の範囲に収まる最大限の金額を167百万米ドルと算出，それを未修正の虚偽表示として処理し（損益への影響約112億円），<u>残りの149百万米ドル（385百万米ドル－69百万米ドル－167百万米ドル）については，米国 EYの評価が過大であるとし，切り捨てたのである。</u>

なお，2013年度第3四半期については，新日本監査法人は，米国 EY が主張する401百万米ドルに対して東芝が提案した293百万米ドルを認めた。それは，両者の差額108百万米ドル（損益への影響約104億円）は重要性の基準値の範囲内に収まるからである。

このように，新日本監査法人は，第2四半期においては，上の下線部分である米国 EY の主張を切り捨て，さらに未修正の虚偽表示といういわば「奥の手」を使って東芝に大幅に「譲歩」した。第3四半期においても，同じ

ように内部処理したのである。

　結果として，東芝の主張が全面的に通った。東芝としては，第2及び第3四半期の業績向上をアピールし，同時に，2009年3月期以降，金融機関から求められていた契約条項である「財務制限条項」（"コベナンツ"）への抵触を回避するためにも，利益のマイナスへの影響は絶対に避けねばならず，「力」で押し切ったのである。当時の東芝は，それほど追い込まれていた[3]。

　では，そもそも新日本監査法人は東芝の2013年度の監査に当たって「重要性の基準値」をいかなる金額に設定していたのだろうか？　残念ながら，それは公表されていない。すでに指摘したように（149頁），わが国の監査実務指針である監査基準報告書320は，重要性の基準値の指標について，「税引前利益の5％」を例示しているが，売上高や売上総利益等を指標とすることも許容している。最終的には監査人が判断するのであるが，いずれにしてもそれを開示することは求められていない。まさに，監査人にとっては"セーフハーバー・ルール"（「安全港ルール」）である。と同時に，現代公認会計士監査の重要な問題点の1つである。

　なお，すでに紹介したように，オランダと英国は重要性の基準値を監査報告書に明示することを求めているが（151頁），米国はその開示に反対している。国際監査基準も，重要性の基準値の監査報告書への記載を求めていない。

3　東芝に服する新日本監査法人

　東芝第三者委員会調査報告書に，興味ある事実が記載されている（調査報告書90頁）。

　「久保 誠 CFO〔東芝の財務担当最高責任者〕とコーポレート財務部長は，2014年1月に入って以降，〔2013年度〕第3四半期におけるG案件〔ウェスチングハウス案件〕の会計処置について，新日本監査法人と協議を重ねていた。……決算発表を翌日に控えた〔2014年〕1月29日，久保 誠 CFO は，新日本監査法人と協議。協議でのやり取りを踏まえ，久保CFOは，2013年度第3四半期に織り込むG案件の見積工事原価総額の増加見積値を225百万米ドル（未修正の虚偽表示としては，損益インパクト▲107百万米ドル，約105億円）

とする案を考え，同日午後から翌日午前にかけて，当該案を田中久雄社長に報告して了承を得るとともに，西田厚聰会長に対しても当該案を前提とした第3四半期決算を行うことについて報告した。しかし，かかる225百万米ドルとの見積値は，根拠となる詳細な明細がないなど，何ら具体的な裏付けのない数値であった。

なお，前述のとおり，同月29日に至って225百万ドルを織り込むこととした経緯に関し，久保 誠CFOは，『同日の新日本監査法人との打ち合わせにおいて，新日本監査法人より，2013年度末までに確実に東芝側の見積値である損益インパクト▲75百万米ドルまで見積工事原価総額の増加見積値を削減・挽回できることを条件に，特例として，2013年度第3四半期において100億円程度（100百万米ドル程度）であれば未修正の虚偽表示として処理することを許容する旨の発言があった』旨説明している。

しかし，この点について，新日本監査法人は，かかる発言があった事実を明確に否定しており，上記経緯の詳細を認定するには至らなかった。もっとも，新日本監査法人は，従前の四半期レビューに関する打ち合わせを重ねる中で，久保 誠CFOが，未修正の虚偽表示としてどの程度の金額であれば許容され得るかの見込みをつけていた可能性があることは否定できない旨説明していること（現実にも2013年度第3四半期において未修正の虚偽表示とされている），また，久保 誠CFO自身の上記説明内容からすれば，いずれにしても，<u>見積工事原価総額の増加額225百万米ドルとの数値は，未修正の虚偽表示として許容されると見込まれる金額から逆算的に作られたものであったといわざるを得ない</u>（下線著者）」■下線部分は妥当な見解である。「逆算」で算出された金額であることは間違いない。

■さて，このような局面に遭遇した場合，監査人は，「重要性の基準値はわれわれの判断の問題です。数値は言えません」とするのが現行のルールである。しかし，会社側からすれば，虚偽表示が不正によるものであれ，誤謬によるものであれ，重要性の基準値の範囲内に収まるならば，そうしたいと願うのは常であろう。

被監査会社と監査人との信頼関係を築き，監査の透明性を高めるためにも，

監査人の考える重要性の基準値を開示することが適切ではないだろうか？
監査人と被監査会社との「内輪の取引」によって内密に処理する現行のルール
は適正といえるだろうか。わが国においてもオランダや英国を見習ったら
どうか？

〔付記〕
　上の案件の1年前の2012年度のことである。『日経ビジネス』は，「スクープ
東芝米原発赤字も隠蔽」とのタイトルで，以下のように伝える[4]。
　「2013年3月28日，ウェスチングハウス（WH）幹部が，当時東芝の会長
　であった志賀重範氏を含む複数の東芝経営陣に対して，『E&Yが暴れていて，
　手を焼いています。財務部から新日本へプレッシャーもお願いしています。
　東京側でのご支援も宜しくお願いします』というメールを宛てた」
　米国EYはWHの2012年度決算に当たって，2012年度に9億2,600万ドル
（約860億円）の「のれん」の減損処理を行うことを強力に求めていた。
そして，その処理が行われた。
　当時最高財務責任者（CFO）だった東芝副社長の久保 誠氏は，減損に対す
るEYの見解を変えたかったが，実現できなかった。そこで，同年〔2013年〕
7月28日，WH幹部に向けてこんなメールを送信した。
　「EYに議論を打ち切ろうとする態度が見られる。結論は変えられないと
　いう対応は監査人として明らかに失格。新日本（監査法人）のHパートナー
　〔■東芝の監査報告書にサインする最高責任者〕に強く指摘した。ビッド
　〔bid；競争入札〕を行うので，〔米国〕EYの監査体制を一新してベストで
　臨んでほしいと申し入れた。
　これに対して，新日本のHは，『必ずEYの監査体制を一新するので，
　結果を見てからビッドに進んでほしい』と回答した。その後，EYにおける
　WHの監査担当者はKという日本人に代わり，東芝と密接に連携を取るよう
　になっていく。新日本は本誌の取材に対し，東芝の圧力が原因ではないと
　したものの，その時期にEYで担当替えがあった事実を認めた」
　■久保氏は，米国EYの減損に対する姿勢を変えることができなかったため
に，親会社東芝の監査人である新日本東芝監査チームの最高責任者Hパート

第17章 「安全港」を解放せよ！── 重要性の基準値　231

ナーに対し，「大口顧客」東芝としての"権威"をもって猛然と抗議したのである。そして，新日本監査法人はそれに応じ，EY の監査責任者を日本人に替え，以後の監査契約も受託した。

なお，東芝の2014年3月期の有価証券報告書によると，同期の新日本監査法人に対する監査報酬は，監査証明業務9億8,200万円，非監査業務9,200万円，合計10億7,400万円，EY に対する監査報酬は15億円。東芝の支払う監査報酬は合計25億7,400万円であり，新日本監査法人及び EY にとっては，東芝は「大口顧客」であった。

◆注 ─────────

1　日本公認会計士協会・監査基準報告書450「監査の過程で識別した虚偽表示の評価」，2011年12月22日，最終改正2024年9月26日
2　東芝第三者委員会調査報告書，2015年，89-90頁
3　財務制限条項とは，金融機関が企業に協調融資（1つの企業に対し，複数の金融機関が協力して融資を行うこと）等をする際に，一定の財務健全性維持を求める契約条項のことである。例えば，貸し手の金融機関は財務制限条項（純資産維持，一定の営業利益・最終利益・自己資本比率の確保，格付けの維持等）を設定することで，借り手企業の行動を事前に抑制し，元利払いの確実な回収を図り，条項に抵触すると返済期限前でも金融機関は資金返済を要求することができるというものである。

東芝の場合，2008年度（2009年3月期）から金融機関との債務契約において，財務制限条項が盛り込まれた。そして，以後の各事業年度においても財務制限条項が課されている。東芝の2009年3月期の有価証券報告書は「事業等のリスク」の1つとして「財務制限条項」を開示し，以下のように説明した（東芝2009年3月期有価証券報告書，2009年6月24日，30頁）。

「米国のサブプライム住宅ローン問題に端を発する世界的な金融危機及び景気の後退に伴う消費の減少，市場全体の縮小並びに半導体，液晶等の急激な価格下落という事業環境の悪化を受け，2008年度における当社の連結業績は，売上高6兆6,545億円（前期比13％減），営業損失2,502億円（前期2,464億円の営業利益），当期純損失3,435億円（前期1,274億円の当期純利益）となり，同年度末における連結純資産（資本合計）は，4,473億円（前期比56％減）となりました。

当社が複数の金融機関との間で締結している借入れに係る契約には財務制限条項が定められており，<u>2008年度に係る連結財政状態により，当該財務制限条項に抵触する懸念がありました</u>が，<u>同決算の確定前に，当該金融機関との間で当該財務制限条項の修正を合意しており，現在では当該財務制限条項への抵触は回避されております</u>。

しかしながら，2009年度において連結営業損失を計上するなど，今後当社の連結純資産，連結営業損益又は格付けが修正後の財務制限条項に定める水準を下回ることとなった場合には，借入先金融機関の請求により，当該借入れについて期限の利益を喪失する〔『資金の即時一括返済』のこと〕可能性があります。さらに，当社が財務制限条項に違反する場合，社債その他の借入れについても期限の利益を喪失する可能性があります。当社は，体質改革プログラムの実行により業績改善を図るとともに，借入先金融機関の理解を得る努力を行うなど，2009年度以降における財務制限事項への抵触及びこれによる期限の利益喪失を回避するための施策を最大限継続的に行っていく所存ですが，万一，当社が上記借入れについて期限の利益を喪失する場合，当社の事業運営に重大な影響を生じる可能性があります（下線著者）」

　上の最初の下線部分は，東芝は2008年度には財務制限条項に抵触する状況にあったが，同決算の確定前に金融機関との交渉により，どうにか乗り切ったという厳しい状態に置かれていたということを示している。そして，次の下線部分は，2009年度以降においても，財務制限条項への抵触を回避するためには，目標とする営業利益や最終利益等の計上が必須であることを率直に述べているのである。

　当時の東芝の財務は脆弱であった。貸借対照表に計上された「繰延税金資産」及び「のれん」それに「その他の無形固定資産」という資産価値のリスクの高い合計金額は，株主から調達した資金やこれまでの利益の蓄積である「株主資本」という資産価値の確実性が高い金額を上回る危うい財政状態であった。東芝は，「連結純資産」が赤字になる危険性にあった。

　また，財務の健全性を図る指標として「D/Eレシオ」（Debt Equity Ratio）がある。これは，「負債資本倍率」とも呼ばれ，企業の借金である有利子負債が返済義務のない株主資本の何倍かを示す（「有利子負債÷株主資本」）ので，D/Eレシオは低い方が望ましい。東芝の場合，2006年3月期は0.91倍であったが，2007年3月期以降10期間のすべてにおいて1倍を超えていた（2009年3月期の4.04倍，2016年3月期の4.38倍を除く8期間の平均は1.31倍である）。

　さらに，歴代の3社長（西田厚聡，佐々木則夫，田中久雄）は営業利益の目標達成に固執し，過大な"チャレンジ"を課した。「連結営業利益」が財務制限条項に定める水準を下回ることとなった場合には，借入金の即時一括返済はもとより，社債その他の借入れについても期限の利益を喪失する可能性があった。財務制限条項に定める金額を超える「営業利益」の確保は避けられない状況だったのである。

　融資先金融機関を含む諸般の事情を総合的に考慮すると，東芝が財務制限条項を回避するためにのみ粉飾決算を行ったとは考えにくいが，上述の状況からして，経営者にはその「動機」はあった（拙著『経営者はどこに行ってしまったのか—東芝今に続く混迷』中央経済社，2022年9月10日，81-89頁）。

4　「スクープ　東芝米原発赤字も隠蔽」『日経ビジネス』，2015年11月16日

第18章

監査法人にとっての潜在リスク
── 監査人の異動 ──

　激変する監査環境において，監査法人は，アンテナを高く立てて情報を
キャッチし，迫り来る「危機」に迅速に対応しなければならない。
　本章では，監査人の異動について考える。

1　なぜ，三菱重工業は監査人を変えたのか？

　2017年2月，三菱重工業は，会計監査人を新日本監査法人からあずさ監査
法人へ異動すると発表した[1]。その理由は，型通り「任期満了」である。この
発表はまったく話題にならなかったが，その裏には"泥沼"の闘いがあったの
である。事情はこうである[2]。

(1)　南アフリカプロジェクト

　日立製作所は2007年から2008年にかけて，南アフリカ共和国の電力会社から
12基の石炭火力発電プラント用ボイラー設備を総額約5,700億円で受注した。
巨額である。2012年に初号機が運転開始，2016年ないしは2017年までに完了
する予定であった。しかし，現地の労働者のストライキ等により工期は大幅に
遅れた。
　この事業を，三菱重工業と日立が2014年2月に設立した三菱日立パワー
システムズ（MHPS，出資比率：三菱重工業65％，日立35％。現・三菱パワー株式
会社）が引き継いだ。MHPSが引き継ぐための契約では，分割効力発生日

（2014年2月1日）より前の事象に起因する偶発債務及び同日時点において
すでに発生済みの請求権については日立が責任を持ち，分割効力発生日以降の
事業遂行についてはMHPSが責任を持つことを前提に，分割効力発生日時点
に遡った本プロジェクトの工程と収支見積りの精緻化を行い，それに基づき
最終譲渡価格を決定し，暫定価格との差額を調整する旨が合意されていた。

2年後の2016年3月31日，MHPSは，上の契約に基づき，日立に対し譲渡
価格調整金等の一部として約3,790億円の支払いを請求した。その根拠は，
南アフリカプロジェクトは分割効力発生日時点においてすでに損失が見込まれ
たものであるからである。そして，三菱重工業は，追加で請求する権利を留保
する旨についても日立に通知した。これに対し，日立は，契約に基づく法的
根拠に欠けるため請求には応じられない旨を回答した。

2017年1月31日，MHPSは，本プロジェクトの工程と収支見積りの精緻化
を行った結果，上の請求金額を約7,634億円に増額し日立に請求した。

2月8日，日立は，「法的根拠に欠けるため，応じられない。今後も協議を
続けていく」とのコメントを発表した[3]。

2月9日の日本経済新聞夕刊は，「日立株が急落，終値は8％安」と，以下
のように伝えた[4]。

「9日の東京株式市場で日立製作所株が急反落し，前日比54円40銭安の
622円30銭で取引を終えた。南アフリカの火力発電所建設で発生した損失
負担について三菱重工業から従来の倍になる約7,600億円の請求を受けたと
前日に発表（2月8日）。収益への悪影響を懸念した売りが先行した。日立
の東原敏昭社長は『工事状況は改善しているだけに請求には驚いた。誠意を
もって協議を続ける』と話した」

両社の主張は平行線をたどったままだった。

同年（2017年）7月，三菱重工業は，日立を被申立人とする仲裁申立てを
一般社団法人日本商事仲裁協会に行った[5]。

そして，2年有余経過後の2019年12月，三菱重工業と日立は，このプロジェ
クトに係る損失負担を巡る対立について和解したと発表した[6]。三菱重工業が
MHPSの35％分の株式を日立から譲り受け完全子会社化する，そして，日立は
2,000億円の和解金を三菱重工業に支払う，という内容だ。

⑵　監査法人の見解は？

さて，この事件の監査上の問題は何か。実は，三菱重工業と日立製作所の会計監査人は，ともに新日本監査法人であった。

MHPSが日立に対して請求権を有するという状況において，MHPSの親会社である三菱重工業は，2016年3月期と2017年3月期の連結財務諸表において，日立に対する請求権の一部である金額と本プロジェクトに係る工事損失引当金等の負債を相殺した上で，その残余額を資産に含めた。ただし，その金額は有価証券報告書の貸借対照表等には示されていない。そして，新日本監査法人の三菱重工業監査チームは，この処理・表示を含み両期の三菱重工業の財務諸表は一般に公正妥当と認められる企業会計の基準に準拠しているとして無限定適正意見を表明した。

一方，日立は，本プロジェクトに係る巨額損失を両期の財務諸表では認識していない。これについても，新日本監査法人の日立監査チームは無限定適正意見を表明した。

このように，同一の事象にかかわり，かつ，数千億円もの巨額なプロジェクトの会計処理について両社の扱いが異なるなかで，新日本監査法人は両社の財務諸表に対し無限定適正意見を表明したのである。

この点について，三菱重工業の代理人弁護士は，数度にわたり，新日本監査法人理事長や副理事長，品質管理本部長に対して，両社の財務諸表に無限定適正意見を表明した理由を質問したという。これに対して，新日本監査法人は，異なる会社間で同一の事象について会計上の見積り等が異なっていても，両社に対して無限定適正意見が表明されることはあり得る，と回答したという。

「一般に公正妥当と認められる監査の基準」に準拠した監査においては，一般論からいえば，異なる会社間で同一の事象について会計上の見積り等が異なっていても，両社に対して無限定適正意見が表明されることはあり得る。それは，監査人が決定する両社の「重要性の基準値」が異なるからである。重要性の基準値とは，財務諸表全体において重要であると判断する虚偽表示の金額のことであり，当該金額以下の財務諸表の虚偽表示は監査意見に反映させないことができる（149，227頁を参照のこと）。

当時の監査実務指針である監査基準委員会報告書320（「監査の計画及び実施

における重要性」）は，重要性の基準値の指標について，「税引前利益の５％」を例示しているが，売上高や売上総利益等も示している。最終的には監査人が決定する。

税引前利益の５％を重要性の基準値として選択した場合には，2015年３月期の三菱重工業に対する重要性の基準値は約120億円，日立のそれは約260億円（国際財務報告基準（IFRS）に準拠）である〔三菱重工業；税金等調整前当期純利益232,697百万円×５％＝11,634百万円，日立；継続事業税引前当期利益518,994百万円×５％＝25,949百万円〕。

本件の場合，税引前利益以外のいずれの指標を選択しても，重要性の基準値をはるかに超える金額が両社の財政状態に重大な影響を及ぼしているのである。

問題は，両社の監査人が同一の監査法人だということである。そもそも，監査契約は，委嘱者（三菱重工業，日立製作所）と受嘱者（新日本監査法人）との間で締結されるものであり，委嘱者と監査チームの間で結ばれるものではない。新日本監査法人の対処は妥当といえるだろうか。

度重なる三菱重工業側の質問に対して，新日本監査法人は守秘義務を盾に回答を保留した。痺れを切らした三菱重工業は新日本を切った。あずさ監査法人に変更したのである。

(3) 危ない！　監査法人は気付いていない

本件は，監査法人に対して大きな問題を提起している。

すでに指摘したように，ライバル関係，競争関係にある企業を同時に監査顧客とすることから生じるリスクである。当該企業間で財務諸表上の重要な事項について「対立」が生じた場合，監査法人はいかなる意見を表明するのか。本件に関する新日本監査法人の対処をどう評価するかについては，おそらく意見が分かれるであろう。それを支持する公認会計士と監査法人の声が聞こえてくる。三菱商事・三井物産・伊藤忠等の大手商社を“独占”する監査法人トーマツ，キリンビールとアサヒビールを監査するあずさ監査法人等々の声である。しかし，多様なステークホルダーを含む証券・金融市場は監査法人の監査に大きな疑念を抱くことは間違いない。監査法人は原点に立ち返ってこの問題を考えなければならない。

■同業のライバル関係にある数社を監査顧客としている監査法人にとっては，「問題が発生したら考えよう」だろう。こんな例がある。コカ・コーラ社の監査人は，1921年からErnst & Ernstで，ペプシコ社の監査人はArthur Young & Co.であった。1989年にErnst & Whiney（前身はErnst & Ernst）とArthur Youngの合併により誕生したErnst & Youngは，コカ・コーラ社から「コークかペプシか」の選択を迫られた。コカ・コーラの監査報酬は1,400万ドル（約20億円），ペプシコのそれは900万ドル（約13億円）。E&Yは，コークを「飲んだ」。ペプシコのその後の監査人は，入札で選ばれたKPMG Peat Marwickである[7]。米国の顧客は甘くない。

2 伝統を守ることとその危機——"監査人のローテーション"

粉飾決算が発覚するたびに，「監査人を変えろ」という声が企業内外から強まる。企業と監査人との監査契約については，被監査側の企業が主導権を握る。

財務諸表監査は，被監査側の企業と監査人との「信頼関係」が不可欠だ。両者の信頼関係が崩れる場合，その要因が監査人側にある場合もあり，企業側にある場合もある。監査人側にある場合の典型例は，監査人の職務が顧客の求める標準的なレベルに達していないケースである。このような場合には，監査人が「解雇」されるのは当然である。

一方，企業側に見られる典型例は，経営者が一般に公正妥当と認められる企業会計の基準に反する会計処理を行い，監査人の修正勧告にもかかわらずこれに応えず，監査人が「限定付適正意見」を表明する場合である。往々にして，会社は，「任期満了」を理由に，次期の監査契約の更新を拒否する。まことに残念なケースであるが，その程度の経営者も現に存在する。「意見不表明」寸前のような場合は，間違いなく，監査人は放逐される。もちろん，このケースでは監査人側も織り込み済みである。

問題は，監査人のローテーションを規則で定めようとすることだ。しかも，この主張の根拠は，同一の監査人が同一企業を長年継続すると監査人と企業との間に「癒着」が発生する可能性が高い，というものである。この主張も，

一概に誤っているということではない。確かに癒着が発生しているように見えるからだ。

しかしながら，監査人と企業との信頼関係は，日々の厳しい監査現場でのやり取りのなかで醸成されていることを忘れてはならない。企業側も，監査人に対して厳しくかつ的確な意見を望んでいる。かなり高額な監査報酬に見合う，真に有効な意見を求めているのである。

経営者と監査法人との間で信頼関係が構築できないならば，監査人は交代すべきだ。それは現行体制においても可能である。監査人のローテーションを規則で定めることは避けるべきだ。

一時マスコミもこの問題を取り上げ，紙面一面で「30年にも及ぶ監査人」と報道していた。監査人を辞任したのち当該監査人にお会いしたが，「監査人としての姿勢を貫き，時には厳しく指導しましたが，会社側から何度も依頼され，その結果，30年経ってしまいました」と述べておられた。

そして，100年を超える関与先との信頼関係が維持されている米国の以下のような事実から[8]，われわれは何を学ぶのか？

① Procter & Gamble は，1889年にパートナーシップから株式会社へ組織変更した。それ以来今日まで135年間，Deloitte & Touche が会計監査人である（6頁を参照）。

② General Electric（GE）（1892年設立）の会計監査人は，1906年度から1908年度までは Price Waterhouse（PW）。1909年度から Marwick, Mitchell & Co., 現在は KPMG で119年目である。

③ U.S. Rubber Co.（1892年創立）は，1902年度から現在まで Haskins & Sells（現 Deloitte & Touche），現在123年目である。

④ U.S. Steel（1901年創立）は，創立以来今日まで124年間，PW（PwC）である。

⑤ Eastman Kodak Co. は，第1期の1901年度から現在まで PW（PwC），これも124年目である。

⑥ E.I. Du Pont De Nemours Powder は，1915年に再組織されたが，監査人を頻繁に代える方針を採用，1910年度より1969年度までの60年間に

21事務所と契約，特に当初20年間はほぼ毎年監査人を交代していた。しかし，1953年度から今日まで PW（PwC），現在72年目である。

⑦　General Motors（GM）は1916年に設立されたが，1918年より Haskins & Sells（現 Deloitte & Touche），現在107年目である。

⑧　The Coca Cola Co.（1919年に再編）は，1921年度より今日まで Ernst & Ernst（現 Ernst & Young）が継続，104年目である。

■公認会計士諸君！　これらの会社と監査人は，米国のような訴訟社会においても，「伝統」を継承しようとするからこそ，日々厳しい監査を実施しているのである。その厳然たる事実を忘れてはならない。

◆注

1　三菱重工業「公認会計士等の異動に関するお知らせ」，平成29（2017）年2月2日

2　三菱重工業「南アフリカプロジェクトに関する日立製作所への請求について」，平成29（2017）年2月9日

3　日本経済新聞「日立への請求，倍に」，2017年2月9日

4　日本経済新聞夕刊「日立株が急落，終値は8％安」，2017年2月9日

5　三菱重工業「南アフリカプロジェクトに関する日立製作所への請求に係る仲裁申し立てについて」，平成29（2017）年7月31日

6　三菱重工業「南アフリカプロジェクトに関する日立製作所との和解契約の締結について」，令和元（2019）年12月18日。日本経済新聞「三菱重工と日立，南アフリカの火力巡る和解を正式発表―日立は火力発電から事実上撤退」，2019年12月18日

7　*The Wall Street Journal*, February 27, 1990, p.A6.

8　拙著『財務ディスクロージャーと会計士監査の進化』中央経済社，2018年，7–630頁

補章 **1**

歴史的文書
—— コーエン委員会報告書 ——

　第9章で検討したように，米国においては，1970年代初頭から，企業のお目付役たる監査人に対し，その責任を果たしていないとの議会の追及，訴訟の増加，投資大衆やマスコミ等からの糾弾が続いた。公認会計士と会計事務所そして業界は，まさに「嵐」のなかに置かれたのである。

　1974年1月，AICPAは，「監査人の責任に関する委員会」（「コーエン委員会」）を設置した。同委員会は，1974年11月以来，毎月会合をもちその総日数は66日に達し，多くの関係者と60回を超える協議を行い，AICPA及びその会員と123回に及ぶ討論会を実施，1977年3月に中間報告書（*The Report of Tentative Conclusions*）を公表[1]，6月にはワシントンで公聴会を開催，1978年に最終報告書を発表した[2]。

　最終報告書は，以下で構成される。

　序　章　本報告書の結論と勧告の要約

　第1章　社会における監査人の役割

　第2章　財務諸表に対する意見の形成

　第3章　財務諸表上の重要な未確定事項に関する監査報告

　第4章　不正の発見に対する責任の明確化

　第5章　企業の会計責任と法

　第6章　監査人の役割の境界とその拡大

　第7章　監査人から利用者への伝達

　第8章　監査人の教育，訓練及び能力開発

第9章　監査人の独立性の維持
第10章　監査基準の設定過程
第11章　監査業務の質を維持するための会計プロフェッションに対する規制

1　社会における監査人の役割

コーエン委員会報告書は，次のようにいう[3]。

財務諸表利用者は，監査人が企業活動を掌握するとともに経営者を監視し，かつ，財務諸表における開示の質と範囲の改善に積極的な役割を果たすことを期待している。財務諸表利用者は，監査人が経営者によって行われる可能性のある不正（fraud）と違法行為（illegal behavior）の双方に関心を払うことを求めている。

しかし，多くの監査人は不正の発見を副次的な監査目的として位置付けようとしてきた。これに対してもっとも見識のある財務諸表利用者を含む社会のすべての構成員は，不正の発見を監査の必要かつ重要な目的であると考えているように思われる。

そして，社会は，企業を統制する（control）ために会計を利用し，また，会計情報に対する監査を義務付けることによって，企業の統制という役割の一端を監査人に課している。

監査が必要とされるのは，企業の経営者と彼らが公表する財務諸表の利用者との間に，本質的な潜在的利害の対立が存在しているためである。財務諸表利用者は，経営者が企業の資産を適切に保全するためのシステムを確立し，かつ，それを監視することにより自己の受託責任を果たしている，との保証を求めている。監査は，経営者がその受託責任を果たしていることについて，合理的な保証（reasonable assurance）を与えるものでなければならない。

■監査は経営者と財務諸表利用者との潜在的な利害の対立を解消するためにある。監査は経営者が受託責任を果たすための手段である会計システムが機能しているかについて合理的な保証を提供しなければならない。コーエン委員会報告書を貫く基本用語の1つは「合理的な保証」である。

補章 1　歴史的文書 —— コーエン委員会報告書　243

　監査は会計情報に対する 1 つの統制手段であるが，これ以外にも数多くの
統制手段がある。会計情報は企業の内部統制システムによる統制を受け，その
内部統制システムは経営者による監視と調査を受ける。また，経営者は取締役
会による統制を受ける。社会で行われる統制は，報道関係者や財務分析家を
通じて，証券取引委員会のような監督機関が行う審査や行政処分を通じて，
法律上の刑罰という脅威を通じて，そして名声や安定を重視するようにみえる
証券市場を通じて行われる。資源はこれらさまざまな統制手段に効率的に
配分されなければならない。独立監査人に対して求められている保証の程度が
限定されているのは，監査以外にも統制手段があるからである。
　■「**監査は企業情報に対する 1 つの統制手段である**」という視点は，極めて
重要である。ただし，わが国では，こういう視点から監査を位置付ける意見は
少ない。

　そして，コーエン委員会報告書は，監査人と経営者との関係について，次の
ように主張する。
　経営者は財務諸表上の言明（representations）に対して責任を負う。経営者
の責任は実施された行為を測定し根拠付けることである。一方，監査人の責任
はかかる測定を検討し，経営者の根拠付けが適切であるかどうかを評定するこ
とである（It is management's responsibility to support the measurements made
and the auditor's responsibility to challenge those measurements and evaluate the
adequacy of the management's support.）。
　経営者との間に建設的な信頼関係を築くことが求められている。一方で，
監査人は，職業専門家としての懐疑心（professional skepticism）をもって
監査契約に臨まなければならない。そして，監査人は，経営者が業績を測定
するために選択した会計原則とその適用，必要とされる開示の範囲について，
批判的に評定しなければならない。
　しかしながら，監査人は経営者が不誠実であると仮定することはできない。
もしそのような仮定に基づいて監査が行われた場合には，それに伴う費用は
現在行われている監査の費用の何倍にも達するであろう。また，このような
仮定の下では，監査人は会計システムに対する統制を信頼することはできない

であろうし，また，基礎的な文書や記録の一つひとつについて，その正当性を疑わなければならなくなるであろう。一部の例外を除き，大多数の経営者は誠実であると考えられるので，それとは反対の仮定に基づいて監査を行った場合には，社会に莫大な費用負担を強いることになるであろう。

　不正の疑いがある場合の調査と通常の監査とは，実務では明確に区別されている。例えば，内国歳入局は，納税者に対して通常実施する税務調査官と不正の疑いがあるときにだけ召集される特別調査官とを区別している。

　<u>経営者は不誠実である，との仮定に基づいて監査を行うことは非現実的であるとしても，経営者は誠実であると仮定することは許されない</u>（下線著者）。財務諸表の作成に当たり，経営者は，取引を説明するために多くの事実を解釈し，会計方法を選択し，そして経営上のさまざまな不確実性を伴う見積りを行わなければならない。かくして，悪意もしくは単純な意図によって財務諸表をゆがめようとする行動が起こる可能性は大いにある。かかる行動には，徹底した虚偽記載もあるが，一般に多く見受けられる行動は，会計測定上の数多くの不明瞭な領域につけこんだものである。

　■下線部分がコーエン委員会の主張する，監査人が堅持すべき姿勢である。

2　財務諸表に対する意見の形成

　さらに，コーエン委員会報告書は，次のように指摘する[4]。

　経済誌や裁判所は，監査人が財務諸表の評定に際し適切な判断を行使していない，と批判してきた。また，財務諸表利用者は，監査人が経営者の行った測定と開示を評定し，かつ，たとえ財務諸表が会計技術的にみて権威ある会計原則書に準拠していたとしても，それらが誤解を与えていないかどうかについてまで確かめることを監査人に期待している。

　ところが，監査人と財務諸表作成者が一般に認められた会計原則の範囲を極端に狭く考えていたために，関係者の批判を助長させてしまっている。それは，一般に認められた会計原則が要求する「判断」という極めて重要な要素を経営者と監査人が認識せず，判断の行使を怠ったからである。

　監査基準書第5号〔SAS No.5「監査報告書における『一般に認められた会計

原則に準拠して適正に表示している』の意味」〕は，権威ある機関によって公表された会計原則書がない場合には，監査人は，確立された会計原則について可能な限り他の拠り所を考慮すべきであると指摘している。明確な会計原則を形成しようとしたあまり，われわれは，権威ある文献と権威ある文献がない場合には何でも受け入れられうるとの信念に，あまりに固執してきたように思われる。監査人は，しばしば，依頼人から，「われわれができない（あるいは，反対に"しなければならない"場合を具体的に示すように」求められることがある。そのような要求があるということは，一般に認められた会計原則の範囲が正しく理解されていないことを明らかに物語っている。

　そこで，コーエン委員会は，①細目の会計原則がない場合の指針，②選択可能な会計原則のなかから1つの会計原則を選択する際の指針，③会計原則が財務諸表全体に及ぼす影響を評定するための指針の3つをSAS No.5に盛り込むことを勧告している。

3 財務諸表上の重要な未確定事項に関する監査報告

コーエン委員会報告書はいう[5]。

　多くの未確定事項（uncertainties）については，監査人はそれらの最終結果を予測するうえで，財務諸表利用者に比べて有利な立場にいるとはいえない。特に企業が倒産するかどうかについての監査人の予見能力が，それ以外の未確定事項のもたらす結果についての予見能力よりもすぐれているとはいえない。……企業の事業継続能力が極めて不確かな場合の状況の伝達は監査報告書での記載によるよりも，むしろ財務諸表における開示もしくは財務諸表の修正によっていっそう効果的に行うことができる。企業活動を続けることができるかどうかが不確かであることが財務諸表において適切に開示されている限り，監査人に対してこの問題を監査報告書において取り上げるよう求めるべきではない。

■企業の存続能力の評価は，まずもって経営者が財務諸表で表示すべきである。監査人としては，その財務諸表の表示の適切性に関与することになる。わが国を含む世界の財務諸表監査はそれを実践している。

4 不正の発見に対する責任の明確化

　この課題は，コーエン委員会報告書の中心ともいえるもので，現代財務諸表監査に大きな影響を与えている。長くなるが紹介しよう。

　コーエン委員会報告書は，次のように指摘する[6]。

　「独立監査人が果たす主要な役割のなかで，不正の発見（detection of fraud）に対する監査人の責任ほど，監査人に難しい問題を投げかけたものはない。監査人が数多くの重要な不正を発見できなかったことによって，この10年間，監査職能における不正の発見という側面に厳しい批判が職業会計人に向けられてきた。

　独立監査人は，監査を実施するに当たって，不正が存在しているかどうかを確かめることに対して，ある種の責任を負っていることを常に認めてきた。それにもかかわらず，不正に対する監査人の責任の性質や範囲は，これまで不明確であった。判決や経済誌による批判，監督官庁による措置，財務諸表利用者を対象にした調査は，いずれも，不正の発見に対して監査人が認めている責任の性質や範囲に対して不満を示している」

　また，SEC は，1940年の「会計連続通牒第19号」以来，1974年の「会計連続通牒第153号」においても，一貫して，不正の発見を監査の重要な目的とする立場を堅持している[7]。

　そこで，コーエン委員会報告書は，不正の発見に対する監査人の責任について，次のように提言する[8]。

　「不正の発見に対する監査人の責任を明確にするうえで，われわれが本質的なこととして認識しておかなければならないことは，財務諸表利用者が，監査済財務諸表は不正（fraud）によって歪められていないこと，ならびに，経営者は資産を保全するために適切な統制（controls）を維持していることを，当然のことと考えている〔当然のことと考える権利を有している〕ということである。監査は，財務諸表が重大な不正（material fraud）による影響を受けていないこと，そして，金額の重要な企業資産に対して経営者の会計責任が適切に遂行されていることについて，合理的な保証（reasonable assurance）を与えるものでなければならない。

　財務諸表監査において，独立監査人は，不正の防止を目的とした統制やその他の手段が十分であるかどうかに関心を払うとともに，不正を調査する義務を負い，また，職業専門家としての技量と注意を働かせれば通常発見できるであろう不正については当然発見するもの，と期待されている」

　「『職業専門家としての正当な注意』という概念は，一般に公正妥当と認められる監査基準を構成するものであるが，それは監査業務を判断する際の一つの広範な指針（a broad guide）を提供しているにすぎない。にもかかわらず，監査業務を支配する技量と注意という概念を精緻化する際の基礎をなりうるものである。したがって，職業専門家としての技量と注意の適切な行使に関する具体的な指針が必要である」

　「監査人はすべての不正を発見できると期待されるものではない。欺瞞ではないかと疑う理由をもてない経営者と第三者との間の共謀による不正を，監査人が発見することは不可能である。合理的な費用の範囲内で監査を実施しなければならないということは，監査に限界を課すことになる。社会は，いかなるプロフェッションに対しても完全な業務の遂行を求めているのではない。かくして，職業専門家としての技量と注意の基準が必要であるのは，監査人の業務を評定するためである」

　そして，コーエン委員会報告書は，監査人が不正の発見という監査職能の重要な側面をより効果的に遂行できるように，不正の発見に関する注意の基準の内容をより充実させるという観点から，以下の7つを勧告した（下線著者）[9]。

①　依頼人について有効な審査方針を確立すること

　新たな監査契約を引き受ける前に，依頼人について組織的な調査をすること，また監査契約の継続の是非を定期的に見直すことが重要である。企業及びその経営者の名声と誠実性（reputation and integrity）は，当該企業が監査可能であるか否かを判断するに当たって決定的な要因である。誠実性に不安を感ずる依頼人からの監査契約に応じなければならない責務も，また，そのような依頼人との間の監査契約を継続しなければならない責務も監査人にはない。そのような依頼人は拒否すべきである。

■不正の発見の第1の"ターゲット"は，依頼人である経営者である。経営者の誠実性がカギである。

② 経営者の誠実性に重大な疑問が生じた場合には，即座に講じること

職業専門家としての技量と注意を行使するには，「健全な懐疑心」（healthy skepticism）—— 経営者の重要な陳述については，まずそのすべてを疑ってかかり，その妥当性を確かめようとする心構え —— がなければならない。経営者の誠実性と正直さ（good faith）を判断するに当たっては，監査人は偏見のない姿勢（an open mind）で臨むべきである。監査人は，経営者が不誠実であるとの前提をおくべきではないが，一方で，経営者の誠実性と正直さを当然のことと考えてはならない。監査人が取引及びその結果である財務諸表の金額についての妥当性を確かめた結果，もしくはその他の証拠によって経営者の誠実性や正直さについて疑問をもつようになることもある。

本委員会が監査人を巻き込んだ重要な訴訟事件やその他の事例を検討した結果，経営者が信頼できない場合には，効果的な独立監査を実施することは往々にして不可能であることが明らかになった。不誠実で，頑固で，新しいものをやりたがる経営者は，状況に応じて不正を犯し，しかも，監査人がそれをすぐ発見できないようにする能力に長けているものである。

かくして，経営者の誠実性や正直さについて重大な疑義が生じた場合には，かかる疑義を納得のいくまで解消するために，監査人はあらゆる行動をとるべきである。もし監査人が疑義を晴らすことができない場合には，監査人を辞任するか，その他適切な措置を講じなければならない。

■「職業的懐疑心」の初登場である。

③ 経営者不正の兆候を示す状況を観察すること

監査計画の策定と監査の実施に当たって，監査人は，経営者を不正に走らせるような異常な状況がないかどうかを検討しなければならない。かかる状況をすべて列挙することは不可能であるが，より明白なものについては識別することができる。例えば，経営者をして収益力または支払能力の虚偽表示に走らせるような経済状況の下で企業活動が行われているといった状況である。

より具体的には，業界が衰退しまたは数多くの企業倒産を抱えている状況，事業の継続に必要な運転資本が著しく不足し，または信用が著しく低下している状況，新しい事業または生産ラインを通じて業界全体が急速に拡大しつつある状況，業界全体が過当競争もしくは市場が飽和状態にある状況，株価の下支えのために良好な利益数値を必要としている状況，企業が銀行借入契約もしくは信託契約上の「財務制限条項」（covenants）の適用を受けている状況〔231頁注3参照〕，今後の企業の継続的な成長が単一もしくは比較的少数の製品，顧客または取引に大きく依存している状況等である。同様に，監査人には分かりきったことであるが，企業の規模や経済活動の大きさを考えれば通常は機能しなければならない内部監査が有効に機能していない場合は，それ自体不正の存在を示すものではないが，不正が発見されない可能性は当然大きくなるであろう。

監査人は，上で列挙した状況やそれに類似した状況に注意を払わなければならない。かかる状況を観察する（observe）に際しては，監査人は，監査手続を拡張するかまたはその他適切な手段を講ずる必要があるかの判断を含め，こうした状況が実際に存在しているか否かについて，監査上しかるべき検討を行うべきであろう。

■**下線部分は「不正リスク要因」の例示であり，監査人が職業的懐疑心を発揮すべき状況である。**

④ 被監査会社の事業活動と業界に精通すること

現行の監査基準は，監査人が被監査会社の事業活動とその業界にどのように関与したらよいのか，という点についての指針をほとんどで提供していない。したがって，職業専門家としての技量と注意の基準は，監査人に対して，被監査会社の事業の性質，事業活動の方法，被監査会社もしくは業界特有の重要な実務や規制要件等に精通することを特に（specifically）要求すべきである。本委員会の調査によれば，監査人が被監査会社や業界について十分な知識を持っていなかったことが問題となったことがしばしばあった。

企業に特有な財務上のリスクと事業上のリスク（special financial and business-related risks）に通じておくことは，適切な監査と適切な判断の行使に不可欠で

ある。監査人は，重大な財務上のリスクや事業上のリスクを把握すべく，必要なすべての利用可能な情報を求めて，あらゆる努力を払うべきである。

■下線部分は当然の要求であろう。「事業上のリスク」についても指摘している（154頁参照）。

⑤　内部統制の調査と評定を拡大すること

職業専門家としての技量と注意の基準には，不正の防止と発見に重要な関係をもつ内部統制の調査と評定（evaluation）を拡大することを含めるべきである。また，監査人は，内部統制上の重要な欠陥を，必要とあらば監査委員会や取締役会を含むしかるべき経営者層に報告すべきであり，かかる欠陥が完全に是正されているか否かを確かめるための事後調査を行うべきである。

■監査人による内部統制の理解とその評定への注力は，コーエン委員会報告書の重要な視点である。当時の米国監査基準が定める，監査人が調査及び評定の対象とする内部統制には，監査手続の性質，時期，範囲の決定するに当たって考慮されない統制，例えば「経営統制」（260頁）は含まれていない。補章2で取り上げる内部統制概念の拡充と内部統制監査への指向ともいえる。

⑥　不正及び不正の発見方法についての情報を作成し広めること

不正の手口，不正の隠蔽方法，不正の発見方法等に関する情報を，会計事務所が相互に交換できるような方策及び手続が採用されるべきである。AICPAは，この種の情報を定期的に会員に知らせる手段を確立すべきである。

■この提言も，不正リスク要因とその対応手続としてその後の監査実務指針（SAS）で実現している（第9章参照）。

⑦　個々の監査技術及び監査方法の欠陥に注意すること

外部の第三者との間の「直接確認」のような伝統的な監査技術が，予定していたとおりの保証を常に与えるとは限らないことが明らかとなった。伝統的な監査技術の有効性の見直しと新しい監査技術の開発に，監査人及び AICPA は絶えず関心を払うべきである。

5 企業の会計責任と法

　企業の違法行為に関する監査人の関与については，コーエン委員会報告書は，AICPA が1977年に発表した SAS No17（「顧客による違法行為」）における監査人の責任を支持しかつそれ以上の拡大を勧告している[10]。

　つまり，監査の過程で職業専門家としての技量と注意を行使すれば，通常発見できるであろう違法もしくは疑わしい行為については，監査人は当然に発見しなければならない。と同時に，主として法律的諸問題については，法律顧問がいっそう責任を負うべきである。

　また，企業が「行為綱領」（codes of conduct）を定めている場合には，年次報告書に含まれる「経営者報告書」（the report by management）に，企業には行為綱領が定められており，かつその遵守を監視するための手続が講じられている旨が記載されるべきである。そして，監査人は，企業が違法行為を統制するために有効な対策をとっているかについての保証を積極的に提供すべきである。そのため，監査人は，企業の行為綱領等とその遵守状況を監視するために採用された手続を査閲し，査閲が行われた旨を監査報告書に記載しなければならない。また，経営者及び取締役会が監査人の報告に対して適切な対応を取らなかった場合には，一切の企業行為綱領違反（any violation）を監査報告書に記載する。

　しかしながら，経営者が適切な企業行為綱領等を定めていない場合には，当然のこととして，監査人はより多くの責任を負うことはない。

6 監査人の役割の境界とその拡大

　財務報告は経営者の責任である。経営者がその責任を果たしたかどうかを確かめることが監査人の責任である。会計責任（accountability）に対する関心への高まりのなかで，内部統制の調査と評定の拡大や監査済財務諸表に添付されるその他の財務情報への関与（中間財務諸表に対する"レビュー"）等，監査職能の拡大が必要とされる。しかしながら，経営者と監査人との間の

基本的な役割分担は維持されなければならず，監査人が関与する情報は，会計及び財務的性質をもつ情報に限定されるべきである[11]。

■監査人による内部統制監査，監査報告書における財務情報以外のその他の情報に関する監査人の関与等がその後実現している。

7 監査人から利用者への伝達

監査報告書の改訂に当たっては，技術的な要素が監査職能には存在していることを指摘し，また，監査人の実施した監査と監査人が検出した事項を明確に説明すべきである。細部の説明に不明確な専門用語を使用することは避けなければならない。

そして，コーエン委員会報告書は，監査報告書において，「われわれの意見では，上記の財務諸表は当該状況のもとで適切な一般に認められた会計原則に準拠し，<u>すべての重要な点において</u>，XYZ株式会社の1976年12月31日現在の財政状態ならびに同日をもって終了する事業年度の経営成績及び財政状態の変動を表示している」と記述することを勧告している[12]。

また，経営者は，経営者報告書において会計統制について陳述すべきであり，監査人はそれに同意するかどうかについて監査報告書において明らかにすべきであると提案している。そして，監査人の勧告にもかかわらず重大な内部統制の欠陥が放置されたままになっている場合は，その旨，監査報告書で明示しなければならない[13]。

■コーエン委員会報告書は，監査報告書の「適正に表示している」（present fairly）という用語は，監査人が財務諸表の評定に当たって行使する判断という根本的でより重要な問題から注意をそらすことになるので削除すべきであると強調する。なお，上の下線部分を追加すべきという提言は実現している。

8 監査人の教育，訓練及び能力開発

学問によって支えられている専門職業，つまり"プロフェッション"が自らに課せられた責任を果たすことができるかどうかは，その教育的基盤の強さと

密接に関係していることは事実である。コーエン委員会報告書は，職業会計人の責任を検討するに当たって，職業会計人の責任遂行能力を長期的に引き上げることになると期待される視点から，会計プロフェッションのための教育上の準備（ビジネス・スクールにおける会計教育の位置付け，会計事務所における入門時教育等），教育プロセスの改善（専門教育のための学部と大学院のあり方，統一公認会計士試験，職業再教育等）について各種の勧告を行っている[14]。

9 監査人の独立性の維持

米国や多くの諸外国の民間企業社会では，独立監査人の選任と彼らに対する報酬の支払いは，独立監査人の行う仕事によって影響を受ける者によって行われている。それゆえ，監査人が完全な独立性を維持することは，実際には不可能である。そこで，関心の中心は，監査人が必要な独立性を維持しているかどうかを確かめるのに役立つ手段に注がれてきた。つまり，①会計事務所が提供する業務のなかで，監査職能と両立しない可能性のある業務を制限すること，②経営者の圧力から監査人を保護すること，③パートナー及び監査スタッフの独立性をサポートするような方法で会計事務所の経営が行われていること，を確かめること，である[15]。

コーエン委員会報告書は，以下のように勧告する[16]。

非監査業務の提供によって，監査人の独立性が損なわれたことを示す証拠はないが，財務諸表利用者のなかには非常に少数（a large minority of financial statement users）ではあるが強い疑いをもっている者もいる。それゆえ，会計プロフェッションは，こうした認識がもたれているという問題に取り組むべきである。監査業務と非監査業務との対立を避けるために，会計事務所が講じている方法を広く社会に明らかにするといった啓蒙的な試みは，とくに有用であろう。さらに，特定の監査依頼人に対して提供された非監査業務の性質（nature）を財務諸表利用者に知らせるための努力が払われるべきである。

そして，監査予算や監査報酬，監査事務打切日等がもたらす独立性への圧力に対しては，監査事務所の経営方針において明示すべきである。

また，監査事務所のローテーションについては，監査コストの増大や監査

リスクが高まるので「反対」，監査事務所内での監査責任者の交代については
「支持」している[17]。

　そして，「**監査の失敗の根本的な原因は，常に，不適切な判断により依頼人
の陳述を鵜呑みにしたこと**」と指摘する（太線著者）[18]。

10　監査基準の設定過程

　<u>監査基準は，会計プロフェッションが自ら設定すべきである</u>[19]。

　また，監査人の役割についての記述を監査基準に組み入れるべきである。
そうすることによって，監査の広い枠組みを提供すると同時に，監査職能が
効果的に遂行されるか否かは監査人それぞれの判断と行動に負うところが大で
あることを，監査人に認識させることができるからである[20]。

　■**下線部分については重大な勧告であるが，残念ながら，米国においては
監査基準設定主体が，AICPA から PCAOB（154頁）に移譲されてしまった。
また，監査人の役割については，わが国においては2002年の監査基準の大改正
において採り入れられた（第10章〜第12章参照）。**

11　監査業務の質を維持するための会計プロフェッションに対する規制

　監査業務の質を管理し，監査の失敗を防止するには，会計プロフェッション
に対する規制が必要である。会計プロフェッションに対する規制システムは，
次の4つの要素から構成されている。

① 会計プロフェッションに加入させ，職業会計実務を行う権利を継続して
保持するに必要な技量と専門的能力に関する高い基準を設けること。

② 業務上の目標として，また違反の有無を判断する手段として役立つ技術
的基準と倫理的基準を設け公表すること。

③ 技術的基準と倫理的基準の遵守を監視し，かつ，その遵守を促すために，
監査業務の品質管理についての方針と手続を定め，実施すること。

④ 法律や証券取引委員会（SEC）による規制もしくは職業会計人が定めた

基準に違反した実務または行為に対して，罰を与える有効な懲罰制度が存在していること。

コーエン委員会報告書は，会計プロフェッションに対する規制が全体として有効であるかどうかは，上記の要素のすべてが1つのシステムとして適切に機能し，相互に作用しているかにかかっていると主張する[21]。そして，現在の規制システムは適度に機能していると結論する（Our overall conclusions are that the system is performing reasonably well.）。

本章では，現在の規制システムの有効性をさらに高めるため，③と④について，例えば，職業会計人の業務に対する監視の改善を求めること，基準以下の監査業務と違法行為を罰すること，会計事務所に対する懲罰は著しく不備なので，これを改善すること（例えば，連邦政府が公認会計士の認可業務を行い，かつ，会計事務所を登録制にすること）等を提言している。

■上述のようなコーエン委員会報告書の多くの勧告は，1977年のSAS No.16や No.17，10年後の1988年のSAS No.53を含む10件のSAS（121頁），そしてSAS No.82（1977年）やSAS No.99（2002年）等において実現した。すでに第9章で検討したとおりである。

◆注

1 AICPA, The Commission on Auditors' Responsibilities, *The Report of Tentative Conclusions*, March 1977. 拙稿「AICPA暫定意見書―監査人の責任」『企業会計』，第29巻第9号，1977年9月。拙稿「監査人の責任（暫定意見書）―AICPAスタディ・グループより」『立命館経営学』立命館大学経営学会，第16巻第2号，1977年7月，63-100頁

2 AICPA, The Commission on Auditors' Responsibilities, *The Commission on Auditors' Responsibilities : Report, Conclusions, and Recommendations*, 1978. 鳥羽至英訳『財務諸表監査の基本的枠組み―見直しと勧告』白桃書房，1990年

3 *Ibid.*, pp. 1-12. 邦訳1-23頁

4 *Ibid.*, pp. 13-21. 邦訳25-41頁

5 *Ibid.*, pp. 23-30. 邦訳49-57頁

6 *Ibid.*, p. 31. 邦訳59-60頁

7 証券取引委員会（SEC）は，これまで一貫して，不正の発見を監査の重要な目的とする

立場を採ってきた。この立場は以下の1974年の会計連続通牒第153号においても，そのまま踏襲されている。

「証券が広く大衆に保有されている会社の貸借対照表の監査においては，それが共謀からもたらされたものであるかどうかにかかわらず，会計士は資産と利益の著しい過大表示を発見する（detect）ことを期待されている，と本委員会〔SEC〕は信じる。本件〔利益捻出のために仮装された不動産取引を監査人Touche, Ross & Co.が看過した〕を通じて，会計士は不正の発見の重要性を認識するようになったが，本委員会は，そのずっと以前から，監査担当者全員の注意深さと経験豊かな会計士による企業活動に関する適切な分析とが相互に機能し合えば，いかなる原因に基づくものであれ，財務諸表の過大表示は必ず発見されるはずであると考えてきた。さらに，財務諸表の監査においては，被監査会社の実態を評価するに当たって，その企業の経営首脳陣を監査対象から外してはならないと考える。

本委員会に提出され，かつ，株主に公表される財務諸表の作成に当たり，企業が採用した会計原則を検閲（レビュー）するという独立会計士の重要なサービスを軽視するわけではないが，そして，監査が重要でないすべての金銭の横領までも摘発するとは限らないことは認めるとしても，財務諸表の著しい過大表示を発見（discovery）することは，財務諸表監査の主たる目的の一つである，と本委員会は考える」

SEC Accounting Series Release No.153, "In the Matter of Touche Ross & Co.," February 25, 1974. SEC Accounting Series Release No.19, "In the Matter of McKesson & Robbins & Co.," December 1940.

8　*Ibid.*, pp.36-38. 邦訳69-71頁

9　*Ibid.*, pp.39-40. 邦訳72-77頁

10　*Ibid.*, p.44, pp.46-49. 邦訳85-86頁，90-95頁

11　*Ibid.*, p.57, p.58. 邦訳110頁，112頁

12　*Ibid.*, pp.74-75, p.77. 邦訳144頁，150頁

13　*Ibid.*, p.62. 邦訳120-121頁

14　*Ibid.*, pp.85-92. 邦訳163-177頁

15　*Ibid.*, p.93. 邦訳179-180頁

16　*Ibid.*, pp.102-104. 邦訳197-201頁

17　*Ibid.*, pp.108-109. 邦訳210-211頁

18　*Ibid.*, p.115. 邦訳222頁

19　*Ibid.*, pp.127-128. 邦訳246-249頁

20　*Ibid.*, p.137. 邦訳267頁

21　*Ibid.*, p.141-155. 邦訳271-303頁

補章 2

内部統制概念の「拡充」
──「統制環境」とは？──

　米国では，企業の倒産と会計不祥事が多発し，経営者と監査人が追い込まれた状況において，内部統制概念が企業そのものを意味するほどに拡充され，それを整備しかつ運用することの経営者の責任と内部統制に関与することの監査人の責任も拡大していった。ここでは，その展開を概観しよう。

1　外部監査から見た内部統制

　内部統制（internal control）を「企業がその目的を達成するために採用している方法や手続」と広く解するならば，各種の内部統制の方法や手続が早くから導入されていたことは容易に想像できる。

　しかし，複式簿記の「貸借平均の原則」や「自己検証機能」を通じての会計記録の誤りを自動的に検証する簿記上の内部牽制と，誤謬や不正を防止したり発見したりする事務手続上の内部牽制が一体化した会計組織として導入されたのは，米国においてはそれほど古くない。おそらく19世紀中頃以降であろう。ペンシルベニア鉄道をはじめとする米国の鉄道会社は，19世紀の後半，「内部牽制」や「内部監査」等の内部統制システムを整備した。

　内部統制システムの構築を企業に売り込んだのは職業会計士である。彼らは自らの職域を開拓するために，各種の内部統制方法や手続を企業にアピールしたのである。そのことは，大手会計事務所の「社史」等からも明らかである。

　ところで，第 1 章で指摘したように，米国においては，職業会計士による

財務諸表監査は大企業を中心に1890年代から始まるが，彼らは「試査」の範囲を決定する基礎として内部牽制や内部監査に依拠したのである。R. G. Brownは，経営者による監査時間と監査コストの制約に対して，監査人が短時間に財務データを検証するためには抜き打ち検査の量を制限することは当然であり，その基礎を提供するのは内部牽制組織であるとし，内部牽制組織を利用する試査が採用されてきた時期を1905年前後としている[1]。

そして，職業会計士の団体である米国会計士協会（AIA）が，「内部牽制及び統制とは，記帳事務の正確性をチェックするため，ならびに現金やその他の資産を保全するために組織内で採用されている手段及び方法である」と定義し，監査人に対して，試査の範囲を決定する際に内部牽制及び統制を「査閲」（レビュー）することを勧告したのは，有価証券二法に基づく法定監査に入った1936年に発表した監査実務指針である「独立公会計士による財務諸表の監査」（Examination of Financial Statements by Independent Public Accountants）においてである[2]。

その2年後の1938年に発覚したMcKesson & Robbins事件（同社の売掛金と棚卸資産の過大計上を監査人Price, Waterhouse & Co. が発見できなかった大粉飾事件）の教訓を踏まえて，翌39年にAIAの監査手続委員会（CAP：Committee on Auditing Procedure）が発表した「監査手続書」（SAP：Statement on Auditing Procedure）第1号（「監査手続の拡張」）は，初めて「内部統制」（internal control）という用語を用いて，「サンプリングならびにテスティングの範囲は，内部統制の有効性（effectiveness of internal control）に関する独立監査人の判断に依拠すべきである」とした。そして，監査報告書において，「我々は，会社の内部統制組織と会計手続を査閲（レビュー）した。また，我々は，取引の詳細な監査は実施しなかったが，適切と考える方法と範囲において会社の会計記録とそれを裏付ける証拠を監査または試査した」という文章を加えることを勧告したのである[3]。しかし，SAP No.1は，「内部統制」については何ら説明しなかった。そのため，一般には1936年に定義された「内部牽制及び統制」と同義と考えられていた[4]。

1941年，米証券取引委員会（SEC）は，「監査は『一般に認められた監査基準』に準拠している」旨を監査人の監査報告書に記載することを要求した[5]。

これに応えて AIA が1947年に発表した「監査基準試案」は，「内部統制に信頼を置く基礎として，かつ監査手続の限定に結びつく試査の範囲を決定するための基礎として，〔監査人は被監査会社の〕内部統制を適切に調査及び評価しなければならない」と定めた[6]。この監査基準試案が翌48年の AIA 総会で「一般に認められた監査基準—意義と範囲」（Generally Accepted Auditing Standards — Their Significance and Scope）として採用されたのである。

1949年，AIA は「内部統制に関する特別報告書」（「内部統制—調整された組織の諸要素と経営者及び独立公会計士に対するその重要性」）を発表，内部統制を次のように定義した[7]。

「内部統制は，資産を保全し，会計資料の正確性と信頼性を確保し，経営能率を増進し，さらに定められた経営方針の遵守を促進するために，企業で採用された組織計画及び調整のためのすべての方法と手段から構成される」

そして，このような内部統制の目的を達成するために，以下のような内部統制組織の構成要素を例示し，これらの要素を整備し，定期的に点検し，欠陥を是正する責任は経営者にあると主張した。

① 責任を分担する組織計画—特に，営業・保管・会計の各部門の独立と責任及び権限の委譲
② 取引を承認し記録を統制するためのシステム—勘定科目表，手続要覧，原価計算システム，予算統制等
③ 各部門の健全な実践—①と②の手続や方法の運用
④ 職務に適応する従業員の能力—適切な人事，従業員損害保険，従業員教育訓練の実施等

加えて，同特別報告書は，内部統制組織の信頼性の程度を評価し試査の範囲を決定することは監査人の責任であり，監査人は内部統制組織の整備状況と運用状況を検証するために，内部監査の活動状況を把握すること，主要な財務諸表項目の勘定分析を行うこと，一連の取引の開始から完結に至るまでの流れを追跡すること，内部統制組織の欠陥やその改善方法を経営者に提示すること等を勧告した。

この特別報告書の内部統制は，経営能率の増進や経営方針の遵守を促進するための方法や手段も含む経営者の立場に立った広義の定義である。この見解は，

当時の企業経営において採用されている多様な内部統制の方法や手段を反映したものであるが，外部監査人にとっては，そのような内部統制のどこに焦点を当ててその信頼性を確かめ，それを基礎に試査の範囲を決定すればよいのかについては明確でなく，この報告書の内部統制の定義は広すぎるという監査人側からの批判を浴び，結局，陽の目を見なかった。

その9年後の1958年に発表されたSAP No.29「独立監査人による内部統制の査閲の範囲」は，先の特別報告書における経営者の立場に立った内部統制を「会計統制」（accounting control）と「経営統制」（administrative control）に区分した[8]。会計統制とは資産の保全と財務記録の信頼性に関する方法と手続を意味し，これには，権限の委譲や承認の制度，営業・保管・会計の独立，資産の現物管理，内部監査等が含まれる。経営統制は主に経営能率の増進と経営方針の遵守に関連する。そして，監査人は会計統制については必ず評価しなければならないが，経営統制については原則として評価しない，とした。

つまり，<u>AIA は1949年の内部統制の広義の概念を受け入れながらも，監査人の責任については会計統制の評価に限定したのである。このような米国公認会計士業界の姿勢は1970年代まで続く。</u>

2 海外腐敗行為防止法

1973年5月，ウォーターゲート事件の調査の過程で，アメリカを代表する企業がニクソン大統領の再選を援助するために違法な政治献金を行ったことを告白し，翌74年の上院特別委員会の最終報告書は，Gulf Oil, Goodyear Tire & Rubber, Phillips Petroleum, American Airlines 等17社の会社名を明らかにした[9]。ニクソン大統領は辞任し，有罪を判決された会社やその役員にも軽いペナルティーが科されたが，事件はこれだけにとどまらなかった。

両院外交委員会や上院銀行・住宅・都市問題委員会の公聴会，SEC や内国歳入庁の調査等によって，多くの企業の国内外における政治献金や賄賂，リベート等が明らかにされたのである。

例えば，Gulf Oil は1975年5月までに韓国で400万ドル（1ドル308円で約12億3,000万円）の政治献金を行ったこと，Northrop Corp. はサウジアラビアの

新・旧航空相へ贈賄の目的で同社のエージェントに45万ドルを送金したこと，Exxon はイタリアの政党に4,900万ドル（約123億円）をも献金したこと，IBM や Mobil, Standard Oil of Indiana もカナダやイタリアにおいて政治献金を行っていること，United Brands の取締役会議長がニューヨークのパンナムビル44階から飛び降り自殺したことから同社がホンジュラス共和国の政府高官に125万ドル（3億8,000万円）の賄賂を贈ったことが明らかとなり，このことが一因でホンジュラスに政変が起きたこと等々[10]。

そして，ロッキード事件。有力週刊誌 *TIME* は，ロッキード社（Lockheed Corporation）の株主宛報告書（1975年8月6日）が次のように記述したことを伝えた[11]。

　「海外での販売に関連し，当社はコンサルタント等に1970年から74年の間に総額6,300万ドル（約194億円）を，75年上半期に2,300万ドル（約71億円）をコミッションや報酬として支払った。1975年6月30日現在，コンサルティング契約に基づき6,100万ドル（約188億円）を前払いし，加えて約5,500万ドル（約169億円）を支払っている。これらの合計額2億200万ドル（約622億円）のうち少なくとも15％は外国の高官や政治団体に流れたことが推定できる」

そして，田中角栄首相が逮捕されたのである。

SEC はこれらの不正支払が証券取引所法（Securities and Exchange Act）による開示規定に違反していないかの調査を1974年の春から開始，同時に企業が自発的に不正支払を公表するよう要請した。結局，1977年の海外腐敗行為防止法の成立までに約600社が不正支払や記録の改ざん等を行っていたことを認めたのである[12]。

このような企業腐敗が明るみに出るなかで，監査人である公認会計士に対する批判が高まっていったのは当然である。

The Wall Street Journal は，「Price Waterhouse & Co. は United Brands の贈賄を知っていたが開示を要求せず」との見出しで，次のように伝えた[13]。

　「ユナイテッド・ブランド社の外部監査人プライス・ウォーターハウスは，同社がバナナ輸出税の減税を求めてホンジュラス政府高官に125万ドルの賄賂を贈っていたことを知っていたが，同社のホンジュラスでの営業を危機に陥れることを恐れて開示を要求しなかった」

また，*The Wall Street Journal* は，「Pullman，海外での贈賄に監査人 Arthur Young & Co. を利用」とのショッキングなニュースを伝えた[14]。それによると，プルマン社の子会社が1972年と73年に5,000ドルの小切手を同社の監査人であるアーサー・ヤングの外国事務所に渡し，同事務所がその国の納税者協会を通して当該子会社に影響を与えうる政府高官に渡したということである。アーサー・ヤングもその伝達を認めた。

　反戦歌「花はどこへ行ったの？」(Where have all the flowers gone?) ならぬ「監査人はどこにいたの？」(Where were the auditors?) が流行語となった。

　1977年12月，カーター大統領は，「海外腐敗行為防止法」(Foreign Corrupt Practices Act) にサインした。同法は，すべての合衆国の会社が海外の政治団体や政府役人に対して有利な法律の制定を促したりまたは企業取引を促進するために贈賄することを禁止する規定と，証券取引所法に基づき財務諸表を公表する義務のあるすべての会社に対して取引関係の記帳義務とそれに対する内部統制システムの整備及び運用義務を課す規定（会計規定）から成っている。

　後者については，取引ならびに会社資産の処分等について，適度な詳細性をもってこれを正確かつ公正に反映する帳簿，記録，勘定を作成し維持すべきことを要求し，また，公開会社に対しては次の４つの事項を合理的に保証するための内部会計システムを求めた[15]。

①　取引は社内の権限規定に従って行われること。

②　一般に認められた会計原則または他の基準に準拠して財務諸表を作成し，そして資産に対する会計責任を保持するに足る取引の記録がなされること。

③　資産管理は社内の権限規定に準拠しなければならないこと。

④　記録された資産を，合理的な期間ごとに実在する資産と照合し，その差異については適切に処理すべきこと。

　不正支払は海外の子会社やダミー会社を利用し記録を改ざんしたり，帳簿に現われない銀行口座等を操作して行われていた。海外腐敗行為防止法はこれらを防止するための一手段として「会計規定」を設けたのである。会計規定に違反した者が個人の場合には10,000ドル以下の罰金または５年以下の禁錮を科した。

　かくして，公開会社にとっては会計統制システムの整備及び運用は法律の

問題となったのである。ただし，海外腐敗行為防止法は会計統制システムに対する外部監査人の関与については規定しなかった。

3 内部統制概念の拡充

　話はやや前後するが，そして第9章ですでに紹介したが，1970年代，米国の公認会計士は「嵐」のなかに置かれた。企業が倒産し損害を被った投資者や債権者は集団で，生き残った関係者で資金力のある公認会計士や会計事務所を訴えた。原告の訴えは多くの場合成功し，判決は会計原則に新しい解釈を加え，監査人の第三者に対する責任を拡大したのである（105頁）。

　米国議会も会計職業を攻撃した。1973年10月に始まった第4次中東戦争により国民が石油の節約を強いられる一方で，石油会社が会計処理方法を変更しそれでもなお膨大な利益を報告したこと等が社会問題となるなかで，下院のモス委員会や上院のメトカーフ委員会は，「投資大衆の利益は守られていない。諸悪の根源は "ビッグ8"（8大会計事務所）にある。故に，米国議会や連邦政府は企業会計及び監査に積極的に介入して会計基準や監査基準を設定し，会計事務所の定期的検査を実施すべきである」と主張した（111頁）。

　1974年，AICPAは，「監査人の責任に関する委員会」（コーエン委員会）を設置した。補章1で検討したコーエン委員会報告書（1978年）は現代財務諸表監査制度改革の起爆力と位置付けられるほど重要な文書であるが，内部統制については，経営者が「会計統制」（260頁）について評価しその結果を株主宛年次報告書で開示すること，監査人は不正の防止と発見の視点から内部統制の調査と評定の範囲を拡大すること，上の経営者による会計統制に関する記述に同意するか否かについて監査報告書で明らかにすることを提案した（250頁）。47年も前に現在の内部統制監査の骨格が提案されていたのである。

　コーエン委員会の提案を受けて，AICPAは，1977年8月，財務担当役員，内部監査人，経営助言業務（MAS：Management Advisory Services）に従事する公認会計士と監査業務を実施している公認会計士より成る「内部会計統制に関する特別諮問委員会」（E. J. Minahan 委員会）を設置した。

　その最終報告書（1979年）は，「内部会計統制は，『承認』（authorization），

『会計』（accounting），『資産の保全』（asset safeguarding）という３つに係わる統制に関係する。経営者は，内部会計統制環境及び会計統制手続の適切性と有効性について評価しなければならない」と勧告した[16]。

　このミナハン委員会報告書で特に注目すべき点は，「内部会計統制環境」(internal accounting control environment) という用語を初めて使用したことである。そして，内部会計統制環境の重要な要素として，組織構造，従業員，権限の委譲と責任の伝達，予算と財務報告書，組織上のチェック・アンド・バランス，EDP に関する事項を挙げ，次のように強調した[17]。

　　「統制環境は，企業のすべての従業員を対象とするものであるが，十分な
　　統制環境の確立に果たす取締役会の役割は非常に重要である。統制に対する
　　意識が十分に高揚される環境を作り出し，それを伝達することは，取締役会
　　及び最高経営者が率先して行なわなければならないことである」

　ミナハン委員会の勧告を受けて，SEC は，1979年４月，公開会社に対して，SEC 宛年次報告書（Form 10-K）と株主宛年次報告書において経営者の内部会計統制についてのステートメントを含めること，そして，独立監査人は経営者のこのステートメントを監査（examine）し報告することを提案した[18]。SEC は海外腐敗行為防止法の実効性を高めるため，内部会計統制に関する経営者及び監査人の責任の拡大を企図したのである。

　この SEC の提案に対して，なんと950通を超すコメントが寄せられたという。ほとんどが反対意見であった。その多くは，SEC の提案は株主への有用な情報の提供を意図したものではなく，海外腐敗行為防止法違反を摘発することを狙ったものであると批判した。AICPA も反対した。結局，SEC は，1980年６月，この提案を一時撤回，1982年，内部会計統制について自主的開示が増加していることを理由に，提案を完全に取り下げた[19]。

　1980年，AICPA は公認会計士がマネジメントサービスの一環として「内部会計統制システムに係る報告書」を作成する場合の実務指針（SAS No.30「内部会計統制報告書」）を発表[20]。そこにおいて，「全般的統制環境」(overall control environment) という用語を用いた。SAS No.30は全般的統制環境については定義しなかったが，それには，組織構造（経営者や取締役会，監査委員会等の職務と権限），責任と権限を伝達するための方法，予算，内部会計統制シス

補章2　内部統制概念の「拡充」──「統制環境」とは？　　265

テムに対する経営者の監督，従業員の能力等が含まれるとした。

　このように，1979年のミナハン委員会報告書と80年のSAS No.30は，統制環境という用語を用いることによって，これまで監査人が排除してきた「経営統制」（260頁）も内部統制に含めること，つまり内部統制の概念を拡充するとともに，それを評価することの監査人の責任を拡大するものであった。

　そして，1982年のSAS No.43（「監査基準書総覧」）は，一般に認められた監査基準に基づく通常の財務諸表監査においても，被監査会社の「統制環境」（control environment）を理解することを監査人に求めたのである[21]。

4　「統制環境」が大きくクローズアップ

　投資大衆の公認会計士への期待と現実の公認会計士監査実務との"ギャップ"が拡大するなかで，「不正な財務報告に関する全米委員会」（トレッドウェイ委員会）は，1987年，公開会社の経営者に対し，不正な財務報告を防止または早期に発見するために財務報告に関する総合的な統制環境を確立すること，内部会計統制や内部監査機能を充実すること，内部統制の有効性に関する経営者の意見等を株主宛年次報告書で開示すること等を，また，監査人に対しては，被監査会社の統制環境を評価し，内部会計統制システムをレビューし，その結果を監査報告書において報告すること等を勧告した（115-116頁）。

　そこで，1988年，AICPAは，SAS No.55（「〔一般に認められた監査基準に基づく通常の〕財務諸表監査における内部統制機構の検討」）を発表[22]。そこにおいて，内部統制を「内部統制機構」（internal control structure）という概念に代えて，それは，「統制環境」「会計システム」「統制手続」の3つの要素とこれらの各々に関して設定される方針や手続から構成されるとした。このうち，「統制環境とは企業全体の統制に対する気風」であり，それを構築する最大の責任は経営者と取締役会にあると強調した。また，統制環境は，経営者の経営に関する考え方と統制方法，組織構造，監査委員会，権限と責任を割り当てる方法，内部監査，人事政策とその実践等で構成されるとした。そして，監査人に対しては，統制環境を理解すること，監査人は財務諸表における虚偽表示のタイプを識別し，内部統制がそれらをタイムリーに防止または発見できないリスク

〔監査リスクアプローチにおける内部統制リスク〕を評価することを求めたのである。

　1980年代後半から1990年代初頭にかけて，多くの銀行や貯蓄金融機関が倒産。1991年，「連邦預金保険公社改革法」(Federal Deposit Insurance Corporation Improvement Act) が制定された。同法は，資産 1 億5,000万ドル以上で連邦が保証している銀行と貯蓄金融機関に対して，1993年 1 月より始まる事業年度から財務諸表監査を強制するとともに，財務報告に必要な内部統制を構築し維持することの経営者の責任を明示するステートメント及び内部統制の有効性に対する経営者の評価を経営者報告書に含めること，そして，当該機関の外部監査人は財務報告に必要な内部統制の有効性についてレビューし報告すべきことを要求した。連邦預金保険公社が保証する全米約 1 万4,000の銀行と金融機関のうち約3,000行が対象となった[23]。一定の金融機関に対して「内部統制監査」が導入されたのである。

5 COSO報告書

　「トレッドウェイ委員会の勧告を実現するための支援組織委員会」(COSO：Committee of Sponsoring Organization of the Treadway Commission) は，1992年，「内部統制の統合的枠組み」を発表[24]。同報告書は「内部統制とは，業務の有効性と効率性，財務報告の信頼性，関連法規の遵守という 3 つの目的を達成するために，事業体の経営者や取締役会，その他の構成員によって遂行されるプロセスである」と定義し，それは，統制環境，リスク評価，統制活動，情報の伝達，監視活動の 5 つの要素から成るとした。そして，これらの 5 つの要素が経営管理に組み込まれて一体となって機能することで，内部統制の 3 つの目的が達成されると主張した。

　これを受けて，AICPA は，1995年，SAS No.78「財務諸表監査における内部統制の検討：改正 SAS No.55」を発表[25]。SAS No.78は，これまで 7 年間使用してきた「内部統制構造」の「構造」を削除して「内部統制」(internal control) という従来の用語を採用した。そして，財務諸表監査における内部統制の調査と評価についての基本的フレームワーク，つまり，内部統制の理解，内部統制

リスクの評価，内部統制リスクの評価レベルを裏付ける証拠資料の収集，内部統制リスクと発見リスクとの関係等については，SAS No.55（265頁）を踏襲した。

COSO報告書の内部統制の統合的枠組みとそれをベースとするSAS No.78は，世界の先進国の内部統制構築の基礎となっているが，ここでは，わが国の「財務報告に係る内部統制の評価及び監査の基準（傍点著者）」の定義する内部統制の6つの基本的要素について要約しておこう[26]。

① 統制環境──「統制環境とは，組織の気風を決定し，組織内の全ての者の統制に対する意識に影響を与えるとともに，他の基本的要素の基礎をなし，リスクの評価と対応，統制活動，情報と伝達，モニタリング及びITへの対応に影響を及ぼす基盤をいう。

統制環境としては，例えば，次の事項が挙げられる。①誠実性及び倫理観，②経営者の意向及び姿勢，③経営方針及び経営戦略，④取締役会及び監査役（会）の機能，⑤組織構造及び慣行，⑥権限及び職責，⑦人的資源に対する方針と管理」

内部統制は企業構成員によって遂行されるプロセスであることから，すべての者の誠実性や倫理観に大きく依存するが，特に組織の頂点に立つ社長の誠実性や倫理観に基づいた行動が重要であることは言うまでもない。また，社長の意向や姿勢は，予算・利益・その他の目標を達成しようとする意欲，財務報告に対する考え方（会計方針の選択に際しての強引さや保守性，会計上の見積りを行う際の誠実さや慎重さ）等に影響を及ぼす。

経営方針や経営戦略は，企業の直面するビジネス・リスクへの対処，企業の将来性，事業の運営方法等に大きな影響を与える。

取締役会は，内部統制に係る基本方針を決定し，取締役の内部統制の整備及び運用に対する監督責任を負っている。監査役及び監査役会は，取締役の職務の執行を監査し，内部統制の整備及び運用状況も監査する。

そして，企業目的を達成するための事業活動を計画・実行・管理するための組織構造や慣行，業務活動に対する権限と責任の付与，承認と報告の命令系統等は，内部統制の効果的な運用と密接に関係している。

さらに，人的資源に対する方針と管理，つまり，従業員の採用，教育・

研修，評価，昇進，給与体系，懲戒制度等も，統制環境を構成する。

② リスクの評価と対応 ── リスクの評価とは，天災，市場競争の激化，外国為替や資源相場の変動等の外部的要因と情報システムの故障，不正な会計処理の発生，重要な情報の流出といった内部的要因によってもたらされるビジネス・リスクを識別し，それらのリスクの重要性を分析し，リスク発生の可能性をどのように評価するかということである。

また，リスクへの対応とは，リスクの評価を受けて，当該リスクへの適切な対応を選択するプロセスをいう。例えば，リスクを管理することが困難な場合にはリスクの原因となる活動を見合わせたり，リスクの発生可能性や影響を弱めるための新たな内部統制を構築したり，保険への加入やヘッジ取引の締結等によってリスクを移転することである。

③ 統制活動 ── 統制活動とは，経営者の命令や指示が適切に実行されることを確保するために定める方針や手続のことである。具体的には，職務の分掌，業務を実施する際の承認，権限の委譲と責任の分担，業務相互間の照合・調整，内部牽制，資産の保全等に係る方針と手続を整備し運用することである。これらは，あらゆる階層，部門・部署等の事業活動に組み込まれている。

④ 情報と伝達 ── 情報と伝達とは，必要な情報が識別され，人的及び機械化された情報システムに取り入れられ，目的に応じて処理され，組織内外の関係者に正しく伝えられることを確保することを意味する。なお，不正等の情報は取引先等を通じてもたらされることもあるので，組織の外部からの情報を適切に処理するプロセスも整備する必要がある。

⑤ モニタリング ── モニタリングとは，内部統制が有効に機能していることを継続的に評価するプロセスのことである。これには，経営管理や業務改善等の通常の業務に組み込まれて日常的に行われる活動，例えば，各業務部門における帳簿記録と実際の製造・在庫あるいは販売数量等との全体的チェック，売掛金についての残高確認の実施と発見された差異の分析・修正作業等と，通常の業務から独立した視点で行われる監査役監査や内部監査等が含まれる。

⑥ ITへの対応 ── これは，IT環境への対応やITを有効かつ効率的に

利用するための方針や手続のことである。

■このように，現在の内部統制の概念は，まさに企業全体に係る「総合的統制システム」を意味するのである。

6 サーベインズ・オクスリー法とわが国の内部統制監査

2001年12月2日，総合エネルギー会社エンロンが米連邦破産法の適用を申請した。1985年にテキサス州で設立された同社は2000年度全米第7位の売上高（1,000億ドル，約12兆円）を計上するほどに急成長したが，3つの特別目的会社を利用して簿外取引による粉飾決算を行い破綻した。資産規模で見ると米国における過去最大の倒産である。

同社の監査人は名門 Arthur Andersen & Co. であった。エンロンは，2000年度5,200万ドル（約67億円）の報酬をアーサー・アンダーセンに支払った。そのうち，監査報酬は2,500万ドル（約32億円），コンサルティング報酬が2,700万ドル（約35億円），監査報酬に比してコンサルティング報酬が膨大であり，また，エンロンはアンダーセンにとっては2番目に大きな「得意先」であったので，監査を甘くしたのでないかと疑われた。エンロンの経営者は禁錮刑に処せられ，監査資料を破棄し有罪評決を受けた Arthur Andersen & Co.（当時の米国の上場会社約2,300社を監査）は，2002年，解体した[27]。

その後もワールドコム等の公開会社における会計不正事件が露呈し，米国市場の信用は大きく失墜した。2002年7月，サーベインズ・オクスリー法（The Sarbanes-Oxley Act. SOX 法と略称。正式名称は「公開会社会計改革並びに投資者保護法」）が制定され，上場会社の経営者による財務報告に係る内部統制の有効性の評価と内部統制に対する公認会計士による監査が導入されたのである[28]。

そして，わが国では金融商品取引法により財務報告に係る内部統制報告及び監査が2008年4月以降に開始する事業年度から導入された。この"J-SOX 法"と呼ばれる内部統制報告・監査制度が米国の SOX 法をモデルにしていることは周知の事実である。

◆注

1　R.G. Brown, "Changing Audit Objectives and Techniques," *The Accounting Review*, October 1962, p.698.

2　AIA, *Examination of Financial Statements by Independent Public Accountants*, 1936, pp.8-9.

3　AIA, "Extensions of Auditing Procedure," *The Journal of Accountancy*, June 1939, pp.384-385.

4　V.Z. Brink, "Internal Check," *The Journal of Accountancy*, March 1939, p.138.

5　SEC, "The accountant's certificate shall state whether the audit was made in accordance with generally accepted auditing standards applicable in the circumstances.," SEC, Seventh Annual Report Fiscal Year Ended June 30, 1941, p.186.

6　AIA, Tentative Statement of Auditing Standard — Their Generally Accepted Significance and Scope, 1947, p.11.

7　AIA, Committee on Auditing Procedure, *Internal Control — Elements of a Coordinated System and Its Importance to Management and Independent Public Accountant*, November 1949, p.6.

8　AICPA, Statement on Auditing Procedure No.29, "Scope of the Independent Auditor's Review of Internal Control," October 1958.

9　SEC, "good people, important problems and workable laws," *50 Years of the United States Securities and Exchange Commission*, 1984, p.64.

10　A.J. Briloff, *More Debits Than Credits*, Harper & Row, 1976, pp.51-52.

11　*TIME*, "A Record of Corporate Corruption," February 23, 1976.

12　SEC, *op. cit.*, 1984, p.64.

13　*The Wall Street Journal*, April 11, 1975, p.4.

14　*The Wall Street Journal*, October 25, 1976, p.15.

15　SEC, Accounting Series Release No.242, February 16, 1978.

16　AICPA, Special Advisory Committee on Internal Control, *Report of the Special Advisory Committee on Internal Control*, 1973. 鳥羽至英訳『財務諸表監査と実態監査の融合』白桃書房，1991年。拙著『アメリカ監査論―マルチディメンショナル・アプローチ＆リスク・アプローチ』中央経済社，1994年，361-364頁

17　*Ibid.*, pp.12-13. 拙著，同上書，362頁

18　SEC, Release No.34-15772, April 30, 1979.

19　SEC, Release No.34-18451, June 5, 1982.

20　AICPA, Statement on Auditing Standards No.30, "Reporting on Internal Accounting Control," July 1980.

21　AICPA, Statement on Auditing Standards No.43, "Omnibus Statement on Auditing Standards," August 1982. 拙著，前掲書(16)，1994年，367-368頁

22　AICPA, Statement on Auditing Standards No.55, "Consideration of the Internal Control

Structure in a Financial Statement Audit," April 1988. 拙著，前掲書(16)，1994年，367-368頁

23 T.P. Kelly, "The COSO Report : Challenge and Counterchallenge," *The Journal of Accountancy*, February 1993, pp.10-18.

24 COSO, *Internal Control — Integrated Framework*, September 1992. R.M. Stenberg and F.J. Tanki, "What The Treadway Commission's Internal Control Study Means To You," *The Journal of Accountancy*, November 1992, pp.29-32.

25 AICPA, Statement on Auditing Standards No.78, "Consideration of Internal Control in a Financial Statement Audit : An Amendment to SAS No.55," December 1995. 拙著，前掲書(16)，1994年，385-408頁

26 企業会計審議会「財務報告に係る内部統制基準・実施基準」，2007年2月15日

27 拙稿「アーサー・アンダーセンの崩壊は何を教えているのか」『早稲田商学』第434号，2013年1月，541-576頁

28 企業会計審議会「財務報告に係る内部統制の評価及び監査の基準」，2019年12月6日。拙著『闘う公認会計士―アメリカにおける150年の証跡』中央経済社，2014年，275-289頁

あとがき

　小学校に入る前，秋になると毎年，祖母に連れられて東松山（埼玉県）の山間部にある祖母の生家に行った。バスも車も自転車も通らない，あたり一面黄金色の麦畑で「箕輪耕地」と呼ばれる長い一本道をてくてく歩いた。もうどのくらい歩いただろうかと，何度も何度も後ろを振り返りながら，はるか先にある茶店のアイスキャンディの旗を目指して歩き続けた。道の角々で，小さなお地蔵様に出会った。

　私の出身高校は埼玉県立熊谷高校である。熊谷駅から高校まで下駄履きで30分程かかる。途中，「公認会計士」という小さな看板を掲げていた家があった。黒い板塀に囲まれひっそりとしていた。何をしているのだろう，と通るたびに思った。

　英語の先生は東京帝国大学法学部卒の難波 渉先生。私は，難波先生の朴訥で誠実な姿勢に惹かれた。大学に入学してから，夏休みにはご自宅を訪問，大学生活を報告した。奥様ともども温かく迎えてくださった。胡坐をかいていた弟子に対し，先生はいつも正座であった。商社マンになろうとしていた私に公認会計士という仕事があることを教えてくださった。

　「森を出て　名月の野に　車掌たり」（難波 渉）。先生が，いつも机の前におられる。

　大学1年時，会計学にはあまりなじめなかった。「会計公準」とか，「一般に認められた会計原則」とか，「企業会計原則」とか……。しかも，それらの原則を読んでみると，至極当然のことが述べられているにすぎない。曰く，「企業会計は，企業の財政状態及び経営成績に関して，真実な報告を提供するものでなければならない」。これを，企業会計原則は仰々しく「真実性の原則」と名付ける。このような当たり前のことを「原則」としなければならないほど，日本の会計制度は乱れているのだろうか，と疑問をもった。

生意気にも，会計は「技術」にすぎないのではないかと考えていたとき，会計の「科学性」を主張する論文に出会った（黒澤　清「企業会計の制度的批判」『企業会計』第5巻第9号，1953年）。まず本を読んでみよう，と思った。

22年後，私の最初の研究書『アメリカ監査制度発達史』（中央経済社）を黒澤清先生に謹呈した。「着眼点が面白い」と励ましのお手紙をいただいた。

「大学管理法反対！」，「原潜阻止！」，「沖縄を返せ！」等の立て看板が林立し，白いヘルメットを被った友人のスピーカーからの声が聞こえるキャンパスでの2年間のゼミナールは，財務会計の基礎理論や商法の論理，米国の会計原則等について勉強した。それなりに準備しても問題点が見つからず，指導教授の新井清光先生には何度もやり直しを命じられた。先生が大宮の盆栽村に帰られる，時たま，“ブルーバード”の助手席でお供をした。「もし大学院を希望するなら，私のゼミに来なさい」とも言ってくださった。

ところが，4年時に「授業料値上げ反対」の全学ストライキが150日間も続いた。机や椅子がうず高く積まれた4号館の一室に新井先生は7人のゼミ生を集められ，副学部長として授業再開を主張された。「新井ゼミ授業再開でいいね」と言われた時，私は「もう少しやりましょう」と言ってしまった。糸が切れた。ストライキが終わって，大学院で先生のゼミで勉強したいと申し出たが拒絶された。

28年後，1994年10月末，「日本経済新聞社から頼まれた『アメリカ監査論』の書評です」とのファックスを先生から頂戴した。翌週の11月3日，「日経・経済図書文化賞」をいただいた。

新井先生がお亡くなりになり，奥様とご一緒に墓参させていただいた時，「千代田君はよく勉強している，といつも主人が言っていました」とおっしゃってくださった。

大学4年時，高校通学路の見慣れた小さな看板に難波先生の助言が重なり，公認会計士試験の受験勉強を始めた。夜半，上州の空っ風が激しく戸を叩く部屋で，祖母が準備してくれた火鉢の炭火が真っ赤に燃えていた。

大学院の師は青木茂男先生である。正直，大学院生らしい勉強はしなかった。青木先生は，「君は目的が明確だから」と言われ許してくださった。公認会計士第２次試験に合格し，２年間の大学院修了時，時代は明治から数えて100年。幕末から新時代にかけて多くのリーダーを輩出した「薩摩」に魅せられた。鹿児島で教鞭を執りたいと申し出たら，青木先生は喜ばれ，鹿児島経済大学（現・鹿児島国際大学）を紹介してくださった。

ほとんど年齢の違わない学生と夜を徹して語り合い，リュックを背負って離島や半島を歩き回った。喜界島の夜の海は龍宮城のようだった。開聞岳のレンゲ畑は紅紫のじゅうたんだった。特攻の基地・知覧の飛行場跡は留まって考えることを教えてくれた。

忘れられない出来事。ある夜，事務職員と宿直室で焼酎を飲みながら談論していた時，教務係長がこう言った。「本学の先生方は大体２年ごとに新たな赴任地に帰ってしまう。学生は４年間の生活なのに自分が卒業する時には入学時の教員はほとんどいない。これでは学生がかわいそうだ」

実は，私も２年で東京に帰ろうとしていたので，大変なショックを受けた。よし，４年間を１サイクルとして，教員としての生活を立て直そうと思った。４年間は１つのテーマを追いかける。そして活字に残す……。

とは言え，このまま鹿児島にいてよいのかとも悩み，青木先生に相談した。立命館大学が公募していると教えてくださった。青春のそして豊かな鹿児島生活は２サイクル８年間で終わった。

32歳の時，立命館大学に移り，定年まで33年間務めた。当初の，時には５時間も続く教授会において右と左が，左と左が激しくぶつかり合う中で，そして，公認会計士を目指す学生にとっては"アゲインスト"の風が吹く中で，多くのことを学んだ。理事・学部長・研究科長・就職部長等の大学の行政にも係わり，学生目線で透明性の高い大学・職場でなければならないことを実感した。マイクを使わない講義に学生は応じてくれた。研究生活にも納得している。嵐山はいつもの散歩道だった。

65歳の時，熊本学園大学（旧・熊本商科大学）会計大学院に招かれた。

窓越しに望む紫に煙る阿蘇連峰，ドライブ道から広がる草千里。一見穏やかに見える阿蘇山だが，その底には情熱のマグマが秘められている。最後の赴任地と思っていた肥後の国で，燃焼の意味を教えられた。

68歳の時，母校早稲田大学に赴任した。18歳の入学式は，「都の西北」が流れるなかでガウンを着た教授陣の入場で始まった。50年後，同じ会場でガウンを着て最後に登壇し，入学時の感動が再び胸に迫った。

1年後，金融庁公認会計士・監査審査会会長に任命され，3年間務めた。東芝事件は貴重な経験だった。検査チームをリードしてきたと自負している。

72歳の時，大手損害保険会社 MS&AD（三井住友あいおいニッセイ同和）インシュアランスグループホールディングスの監査役（非常勤）に就任した。世界戦略を進める巨大会社の経営とガバナンス等について格闘したが，思うような成果が出なかった。しかし，充実した8年間であった。

81歳になった。

「おほけなく うき世の民に おほふかな わが立つ杣に 墨染の袖」（前大僧正慈円）と詠われた比叡の山を仰ぎ，桂川に沿って嵐山，常寂光寺，祇王寺，大覚寺等を訪ねる。そして，秋には究極のスポット，「小倉山 峰のもみぢば 心あらば いまひとたびの みゆき待たなむ」（貞信公）の紅葉を満喫する。

でも，まだまだ，目標に向かって努力する，努力することを心がけている。

本書もまた，中央経済社にお世話になった。社長 山本 継氏，取締役常務 秋山宗一氏，取締役編集長 田邉一正氏に心からお礼を申し上げる。

京都西山のなだらかな山なみを眺めながら

千代田邦夫

索　引

━━ 英数 ━━

05年問題（国際会計基準）‥‥‥‥‥‥ 86
APBオピニオンNo.16 ‥‥‥‥‥‥‥‥‥ 95
APBオピニオンNo.17 ‥‥‥‥‥‥‥‥‥ 95
COSO報告書 ‥‥‥‥‥‥‥‥‥‥‥‥ 266
CPAという名称 ‥‥‥‥‥‥‥‥‥‥‥‥ 8
Deloitte & Touche ‥‥‥‥‥‥‥‥‥ 5, 8
Ernst & Ernst ‥‥‥‥‥‥‥‥‥‥‥‥‥ 8
Ernst & Young ‥‥‥‥‥‥‥‥‥‥‥‥‥ 8
EU対米国会計戦争 ‥‥‥‥‥‥‥‥‥‥ 84
FASB ‥‥‥‥‥‥‥‥‥‥‥‥ 85, 98, 111
Haskins & Sells ‥‥‥‥‥‥‥‥‥‥‥‥ 7
KPMG ‥‥‥‥‥‥‥‥‥‥‥‥‥‥‥‥‥ 8
Lybrand, Ross Bros. & Montgomery ‥‥‥ 8
Marwick & Mitchell ‥‥‥‥‥‥‥‥‥‥ 8
POB ‥‥‥‥‥‥‥‥‥‥‥‥‥‥ 122, 127
POB特別報告書 ‥‥‥‥‥‥‥‥‥‥‥ 122
Price, Waterhouse & Co.（PW）‥‥‥‥ 5
PwC（PricewaterhouseCoopers）
　‥‥‥‥‥‥‥‥‥‥‥‥‥‥‥ 5, 8, 126
SAP No.1（1939年）‥‥‥‥‥‥ 104, 258
SAP No.29（1958年）‥‥‥‥‥‥‥‥ 260
SAP No.30（1960年）‥‥‥‥‥‥‥‥ 105
SAS 10件（1988年）‥‥‥‥‥‥‥‥‥ 121
SAS No.1（1972年）‥‥‥‥‥‥ 105, 157
SAS No.16（1977年）‥‥‥‥‥‥‥‥ 109
SAS No.30（1980年）‥‥‥‥‥‥‥‥ 264
SAS No.39（1981年）‥‥‥‥‥‥‥‥ 144
SAS No.43（1982年）‥‥‥‥‥‥‥‥ 265
SAS No.47（1983年）‥‥‥‥‥‥ 112, 144
SAS No.53（1988年）‥‥‥‥‥‥‥‥ 117
SAS No.55（1988年）‥‥‥‥‥‥‥‥ 265
SAS No.78（1995年）‥‥‥‥‥‥‥‥ 266
SAS No.82（1997年）‥‥‥‥‥‥‥‥ 123
SAS No.99（2002年）‥‥‥‥ 128, 140, 184
SEC ‥‥‥‥‥‥ 9, 82, 89, 116, 246, 255
Stuart & Young ‥‥‥‥‥‥‥‥‥‥‥‥ 7
Touche, Niven & Co. ‥‥‥‥‥‥‥‥‥ 8

━━ あ ━━

アーサー・アンダーセンの解体
　‥‥‥‥‥‥‥‥‥‥‥ 84, 126, 269
足利銀行事件 ‥‥‥‥‥‥‥‥‥‥‥‥ 42
あらた監査法人スタート ‥‥‥‥‥‥ 201
あらた監査法人と東芝 ‥‥‥‥‥‥‥ 222
異常点や不規則性の発見に傾注せよ ‥‥ 170
イングランド・アンド・ウェールズ勅許
　会計士協会 ‥‥‥‥‥‥‥‥‥‥‥‥ 5
英国・米国・日本における公認会計士監査
　制度の展開 ‥‥‥‥‥‥‥‥‥‥‥‥ 1
英国の初期会計監査制度（1844年‐1900年）
　‥‥‥‥‥‥‥‥‥‥‥‥‥‥‥‥‥ 2
エクスペクテーション・ギャップ
　‥‥‥‥‥‥‥‥‥‥‥ 107, 114, 122
エディンバラ会計士協会 ‥‥‥‥‥‥‥ 5
大蔵省幹部の大手監査法人への天下り ‥ 21
大手3行による株式評価（2001年3月期）
　と監査法人の姿勢 ‥‥‥‥‥‥‥‥ 52
オマリー委員会報告書 ‥‥‥‥‥‥‥ 127

━━ か ━━

海外腐敗行為防止法（米国）‥‥‥‥‥ 260
懐疑心（skepticism）‥‥‥‥‥‥ 108, 157
会計監査人のミッション ‥‥‥‥‥‥ 168
会計原則審議会（APB）‥‥‥‥‥‥‥ 94
会計ビッグバン ‥‥‥‥‥‥‥‥‥‥ 18
会計ビッグバン総括 ‥‥‥‥‥‥‥‥ 73
会計ビッグバンと監査基準の大改正
　（2002年）‥‥‥‥‥‥‥‥‥‥‥‥ 74
会計ビッグバンと経営者の企業観 ‥‥‥ 74
カネボウ（鐘紡）‥‥‥‥‥‥‥‥‥‥ 26
カネボウ粉飾事件 ‥‥‥‥‥‥‥‥‥ 197
監査監督機関国際フォーラム（IFIAR）
　‥‥‥‥‥‥‥‥‥‥‥‥‥‥‥‥ 164
監査基準書（SAS）‥‥‥‥‥‥‥‥‥ 105
監査現場が危ない ‥‥‥‥‥‥‥ 167, 181
監査チームでの討議（POB）‥‥‥‥‥ 128

監査手続書（SAP）・・・・・・・・・・・・・・・・ 104
監査人に対する訴訟の増加（1980年代）
・・・・・・・・・・・・・・・・・・・・・・・・・・・・・・・・・・・ 113
監査人の責任に関する委員会（コーエン
委員会）・・・・・・・・・・・・・・・・・・・・・・・・・・ 106
監査人のローテーション ・・・・・・・・・・・・・・ 237
監査の厳格化と日本公認会計士協会の対処
・・・・・・・・・・・・・・・・・・・・・・・・・・・・・・・・・・・・ 38
監査の目的の重点の変化 ・・・・・・・・・・・・・・ 139
監査の有効性に関する専門委員会
（オマリー委員会）・・・・・・・・・・・・・・・ 127
監査法人 信頼の危機 ・・・・・・・・・・・・・・・・ 14
監査法人にとっての潜在リスク ・・・・・・・・ 233
監査法人の発足と合併 ・・・・・・・・・・・・・・・・ 12
監査リスク・アプローチと重要性の
基準値 ・・・・・・・・・・・・・・・・・・・・・・・・・・ 149
監査リスク・アプローチによる監査
報告書 ・・・・・・・・・・・・・・・・・・・・・・・・・・ 150
監査リスク・アプローチの展開（米国）
・・・・・・・・・・・・・・・・・・・・・・・・・・・・・・・・・ 143
監査リスク・アプローチの2つの機能
・・・・・・・・・・・・・・・・・・・・・・・・・・・・・・・・・ 146
監査リスク（audit risk）・・・・・・・・・・・ 112, 145
企業会計基準委員会（日本）・・・・・・・・・・・ 83
基本財務三表の相互関係 ・・・・・・・・・・・・・・ 33
金融機関に対する内部統制監査（米国）
・・・・・・・・・・・・・・・・・・・・・・・・・・・・・・・・・ 266
健全な懐疑心（healthy skepticism）・・・・ 108
減損会計凍結論 ・・・・・・・・・・・・・・・・・・・・・・ 56
公開会社会計監督委員会（PCAOB）・・・・・ 84
公共監視審査会（POB）・・・・・・・・・・・・・・ 122
公認会計士監査制度50年「総括」・・・・・・・・ 20
合理的な保証（reasonable assurance）
・・・・・・・・・・・・・・・・・・・・・・・・ 107, 127, 138
コーエン委員会中間報告書（1977年）
・・・・・・・・・・・・・・・・・・・・・・・ 109, 135, 241
コーエン委員会報告書 ・・・・・・・・・・・・・ 106, 241
国際会計基準（IAS）・・・・・・・・・・・・・・ 73, 81
国際会計基準委員会（IASC）・・・・・・・・・・ 81
国際会計基準審議会（IASB）・・・・・・・・・・ 83
国際監査基準 ・・・・・・・・・・・・・・・・・・・ 140, 162
国際監査基準 ISA 240 ・・・・・・・・・・・・・・ 130
国際財務報告基準（IFRS）・・・・・・・・・・・・ 83

護送船団方式 ・・・・・・・・・・・・・・・・・・ 14, 17, 38
固定資産の減損会計 ・・・・・・・・・・・・ 47, 54, 77
誤謬と不正 ・・・・・・・・・・・・・・・・・・・・・・・・・・ 117
固有リスク ・・・・・・・・・・・・・・・・・・・・・・・・・・ 145
コンバージェンス ・・・・・・・・・・・・・・・・・・ 85, 87

━━ さ ━━

サーベインズ・オクスリー法 ・・・ 84, 154, 269
財務会計基準審議会（FASB）・・・・・・・・ 85, 95
財務諸表監査の3つの基軸 ・・・・・・・・・・・・ 103
財務諸表監査の枠組み ・・・・・・・・・・・・・・・・ 103
財務諸表に対する外部監査（米国）・・・・・・ 10
財務諸表の虚偽表示の発見 ・・・・・・・・・・・・ 135
財務諸表の虚偽表示の発見に関する
わが国の監査の基準 ・・・・・・・・・・・・・・ 136
財務制限条項（コベナンツ）・・・ 228, 231, 249
時価評価 ・・・・・・・・・・・・・・・・・・・・・・・・・・・・ 47
時価評価と減損会計 ・・・・・・・・・・・・・・・・ 47, 77
実質支配力基準 ・・・・・・・・・・・・・・・・・・・・・・ 27
社会における監査人の役割（コーエン
委員会報告書）・・・・・・・・・・・・・・・・・・ 242
重要性の基準値 ・・・・・・・・・・・・・・・・・・ 149, 225
重要性の基準値の開示（オランダ・英国）
・・・・・・・・・・・・・・・・・・・・・・・・・・・・・・・・・ 151
重要な虚偽表示のリスク ・・・・・・・・・・・・・・ 154
証券監督者国際機構（IOSCO）・・・・・・・・・・ 82
証券取引所法（Securities and Exchange
Act）・・・・・・・・・・・・・・・・・・・・・・・・・・・・・ 9
証券取引法と公認会計士監査制度（日本）
・・・・・・・・・・・・・・・・・・・・・・・・・・・・・・・・・・ 11
証券法（Securities Act）・・・・・・・・・・・・・・ 9
商法監査 ・・・・・・・・・・・・・・・・・・・・・・・・・・・・ 13
職業専門家としての懐疑心（professional
skepticism）・・・・・・・・・・・・・・・・・・・・・ 109
職業専門家としての正当な注意（due
professional care）・・・・・・・・・・・・・ 107, 129
職業的懐疑心 ・・・・・・・・・・・ 118, 124, 129, 157
職業的懐疑心と中立的な観点 ・・・・・・・・・・ 164
職業的懐疑心の見える化 ・・・・・・・・・・・・・・ 159
職業的専門家としての正当な注意の基準と
職業的懐疑心との関係 ・・・・・・・・・・・・ 160
仕訳の裏に存在する経済実態を把握せよ
・・・・・・・・・・・・・・・・・・・・・・・・・・・・・・・・・ 170

索　引　279

新日本監査法人とりそな銀行 ………… 41
すべての責任はパートナーにある ……… 181
税効果会計 ………………………… 35, 76
税効果会計の活用度ランキング（1999年3
　月期）………………………………… 36
税効果会計の問題点 ……………………… 37
説得力のある証拠と決定的な証拠（確証）
　…………………………… 119, 124, 129
全米16大会計事務所が訴えられた事件
　………………………………………… 133
創造的な刺激物 ………………………… 131

━━ た ━━

大会社 ……………………………………… 13
退職給付会計 ……………………… 63, 77
退職給付会計処理のバラツキ ………… 68
退職給付債務 ……………………………… 64
退職給付債務と割引率 ………………… 64
退職給付債務の積み立て不足 ………… 65
退職給付引当金 ………………………… 63
対等合併は存在しない ………………… 97
大和銀行ニューヨーク支店事件 ……… 45
竹中プラン ……………………………… 38
チャータード・アカウンタント ……… 5
中央青山監査法人と足利銀行 ………… 43
中央青山監査法人の悲劇 ……………… 195
貯蓄金融機関（S&L）の倒産と整理信託
　公社（RTC）………………………… 121
適度な職業的懐疑心 …………………… 117
鉄道会社の会計監査 …………………… 7
東芝 高度かつ巧妙な手口による粉飾決算
　………………………………………… 208
東芝の25年間の業容 …………………… 220
東芝粉飾総額3,568億円 ……………… 207
東芝粉飾大事件 ………………………… 205
東芝米原発赤字も隠蔽 ………………… 230
統制環境（control environment）……… 115
統制リスク ……………………………… 145
特別目的会社（SPC）…………… 88, 202
トヨタが国際会計基準に移行 ………… 90
トレッドウェイ委員会報告書 ………… 114

━━ な ━━

内部会計統制環境（ミナハン委員会）… 264
内部統制概念の拡充（米国）………… 257
内部統制監査（日本）………………… 269
内部統制の6つの基本的要素（日本）… 267
なぜ不正を発見できないのか ………… 167
日興コーディアルグループ事件 ……… 202
日本経済が最大の危機に直面した日（1997
　年11月26日）………………………… 23
日本の地力 ……………………………… 79
日本列島総不況 ………………………… 16
ニューヨーク州公認会計士法 ………… 8
のれんの償却（IASB）……………… 100
のれんベスト10（日本）……………… 99

━━ は ━━

パーチェス法と持分プーリング法 …… 93
バックテスト …………………………… 172
発見リスク ……………………………… 145
パナソニックの23年間の業績 ………… 192
販売用不動産の時価評価 ……………… 47
ピア・レビュー（peer review）……… 112
ビジネス・リスク …………… 128, 154
ビジネス・リスク・アプローチ ……… 153
ビッグ4（日本の4大監査法人）…… 195
ビッグ6の米国内での収入と内訳（1995年
　度）…………………………………… 126
ビッグ8（8大会計事務所）の起源 … 4, 7, 8
複式簿記と文豪ゲーテ ………………… 34
不正捜索型実務 ………………………… 127
不正な財務報告に関する全米委員会
　（トレッドウェイ委員会）………… 114
不正の発見に対する監査人の責任
　（コーエン委員会報告書）………… 246
不正リスク要因 ………………………… 115
フリーキャッシュ・フロー …………… 32
プロクター・アンド・ギャンブル
　135年間の監査 ……………………… 6
文化としての簿記 ……………………… 34
米国会計士協会（AIA）………… 81, 104
米国公会計士協会（AAPA）………… 6
米国公認会計士協会（AICPA）… 6, 81, 104

米国と欧州との主導権争い ……………… 88
米国における監査風土の理解 ………… 104
米国の力 …………………………… 103, 132
米国の任意監査50年 …………………… 9
米国の法定監査開始 …………………… 9
包括利益 ………………………………… 85

― ま ―

ミサワホームホールディングス事件 …… 201
みすず監査法人スタート ……………… 201
三菱重工業の会計監査人の異動 ……… 233
メトカーフ報告書 ……………………… 111
盲腸だった公認会計士 ………………… 20

― や ―

有価証券の時価評価 …………………… 50

― ら ―

リスク・アプローチに基づく監査
　（監査リスク・アプローチ）………… 143
リスク要因 ……………………………… 124
りそな銀行事件 ………………………… 40
レジェンド（警句）……………………… 16
連結会計 ………………………………… 25, 75
連結キャッシュ・フロー計算書 ……… 31
連結経営 ………………………………… 27, 76
連結財務諸表原則（1997年）…………… 26
連結財務諸表の導入 …………………… 25
連結対象社数（1998年3月末）………… 29
連邦預金保険公社改革法 ……………… 266

〔著者紹介〕

千代田　邦夫（ちよだ　くにお）

1966年　早稲田大学第一商学部卒業
1968年　早稲田大学大学院商学研究科修士課程修了
1968年　鹿児島経済大学助手，講師，助教授（〜1976年）
1976年　立命館大学経営学部助教授（〜1984年）
1984年　立命館大学経営学部教授（〜2006年）
2006年　立命館大学大学院経営管理研究科教授（〜2009年）
2009年　熊本学園大学大学院会計専門職研究科教授（〜2012年）
2012年　早稲田大学大学院会計研究科教授（〜2014年）
2013年　金融庁公認会計士・監査審査会会長（〜2016年）
現　在　立命館アジア太平洋大学客員教授
　　　　寺崎電気産業株式会社取締役監査等委員，星和電機株式会社取締役監査等委員
　　　　経営学博士，公認会計士

1973年　チュレイン大学大学院留学（〜1974年）
1981年　ライス大学客員研究員（〜1982年）
1992年　アメリカン大学客員研究員（〜1993年）
1998年　公認会計士試験第2次試験委員（〜2000年）
2003年　公認会計士試験第3次試験委員（〜2006年）

日経・経済図書文化賞
日本会計研究学会太田賞
日本内部監査協会青木賞
日本公認会計士協会学術賞
辻眞会計賞

〈主要著書〉

単　著：『新版会計学入門―会計・監査の基礎を学ぶ』（第8版），中央経済社，2024年
　　　　『経営者はどこに行ってしまったのか―東芝 今に続く混迷』中央経済社，2022年
　　　　『現場力がUPする課長の会計強化書』中央経済社，2019年
　　　　『財務ディスクロージャーと会計士監査の進化』中央経済社，2018年
　　　　『闘う公認会計士―アメリカにおける150年の軌跡』中央経済社，2014年
　　　　『監査役に何ができるか？』（第2版），中央経済社，2013年
　　　　『現代会計監査論』（全面改訂版），税務経理協会，2009年
　　　　『会計学入門―会計・税務・監査の基礎を学ぶ』（第9版），中央経済社，2008年
　　　　『貸借対照表監査研究』中央経済社，2008年
　　　　『日本会計』李敏校閲・李文忠訳，上海財経大学出版社，2006年
　　　　『課長の会計道』中央経済社，2004年
　　　　『監査論の基礎』税務経理協会，1998年
　　　　『アメリカ監査論―マルチディメンショナル・アプローチ＆リスク・アプローチ』中央経済社，1994年
　　　　『公認会計士―あるプロフェッショナル100年の闘い』文理閣，1987年
　　　　『アメリカ監査制度発達史』中央経済社，1984年
共　著：『会計監査と企業統治』（体系現代会計学第7巻）千代田邦夫・鳥羽至英責任編集，中央経済社，2011年
　　　　『公認会計士試験制度』日本監査研究学会編，第一法規，1993年
　　　　『新監査基準・準則』日本監査研究学会編，第一法規，1992年
　　　　『監査法人』日本監査研究学会編，第一法規，1990年
共　訳：『ウォーレスの監査論―自由市場と規制市場における監査の経済的役割』千代田邦夫・盛田良久・百合野
　　　　正博・朴大栄・伊豫田隆俊，同文舘出版，1991年

公認会計士の力―わが国70有余年の監査制度の分析と展望

2025年4月10日　第1版第1刷発行

著　者　千　代　田　邦　夫
発行者　山　　本　　　継
発行所　㈱中　央　経　済　社
発売元　㈱中央経済グループ
　　　　パ　ブ　リ　ッ　シ　ング

〒101-0051　東京都千代田区神田神保町1-35
電話　03（3293）3371（編集代表）
　　　03（3293）3381（営業代表）
https://www.chuokeizai.co.jp
印刷／三英グラフィック・アーツ㈱
製本／誠　　製　　本　　㈱

© 2025
Printed in Japan

＊頁の「欠落」や「順序違い」などがありましたらお取り替えいた
しますので発売元までご送付ください。（送料小社負担）
ISBN978-4-502-52691-6　C3034

JCOPY〈出版者著作権管理機構委託出版物〉本書を無断で複写複製（コピー）することは，
著作権法上の例外を除き，禁じられています。本書をコピーされる場合は事前に出版者著
作権管理機構（JCOPY）の許諾を受けてください。
　JCOPY〈https://www.jcopy.or.jp　eメール：info@jcopy.or.jp〉